普通高等院校"十三五"规划教材

U0368415

施工企业会计

SHIGONG QIYE

KUAIJI

姜月运　李清水◎主　编

马彩凤　丁淑霞　孔　萍　张子贤◎副主编

清华大学出版社

北　京

内 容 简 介

本书以施工项目为会计对象,讲述施工企业会计的特色内容,使学生掌握施工企业行业会计核算的理论与方法,为今后从事施工企业的财务会计核算工作奠定专业基础。全书共包含八个项目,分别为施工企业会计环境认识、施工企业资金筹集业务核算、工程施工准备会计业务、工程施工成本核算、工程价款的结算、非经常性会计业务、施工企业财务成果核算和施工企业财务报表。

本书可作为各高等院校工程管理专业"施工企业会计"课程的教材,也可作为施工企业财会人员的业务学习用书、一级注册建造师考试的参考书,以及工程管理相关业务人员的自学用书。

图书在版编目(CIP)数据

施工企业会计 / 姜月运,李清水主编 .--北京:清华大学出版社,2017(2021.12 重印)
(普通高等院校"十三五"规划教材)
ISBN 978-7-302-47877-5

Ⅰ.①施⋯ Ⅱ.①姜⋯ ②李⋯ ①施工企业-会计-高等学校-教材 Ⅳ.①F407.967.2

中国版本图书馆 CIP 数据核字(2017)第 181031 号

责任编辑:刘志彬
封面设计:汉风唐韵
责任校对:宋玉莲
责任印制:丛怀宇

出版发行:清华大学出版社
    网   址:http://www. tup. com. cn,http://www. wqbook. com
    地   址:北京清华大学学研大厦 A 座   邮   编:100084
    社 总 机:010-62770175   邮   购:010-62786544
    投稿与读者服务:010-62776969,c-service@tup. tsinghua. edu. cn
    质量反馈:010-62772015,zhiliang@tup. tsinghua. edu. cn
印 装 者:三河市国英印务有限公司
经   销:全国新华书店
开   本:185mm×260mm   印   张:17   字   数:415 千字
版   次:2017 年 8 月第 1 版   印   次:2021 年 12 月第 4 次印刷
定   价:48.00 元

产品编号:075460-01

　　应用技术型高校以专业技能教育为主导，是高等教育的重要组成部分，肩负着培养高层次应用技术型人才的重任。应用技术型高校的人才培养目标突出应用性和技术性，培养过程注重理论与实践相结合，研究侧重于应用性创新。构建应用技术型教育体系，发展应用技术型本科教育，已经成为我国经济社会发展的迫切需要。

　　"施工企业会计"课程主要研究施工企业会计核算的理论与方法。通过本门课程的学习，能初步了解施工企业，特别是公路施工企业的生产经营活动，掌握施工企业行业特色的会计核算的理论与方法，为今后从事施工企业的财务会计核算工作奠定专业基础。本课程属于专业课程，应在学习了基础会计、财务会计等专业课后开设。学生在学习本门课程时，必须具有比较扎实的会计基础知识和基本技能，首先注意掌握施工企业生产经营活动的特点，再结合财务会计课程学习的内容，重点理解和掌握特色的会计理论和方法。同时注意查阅参考教材和相关资料。

　　按照应用技术型本科教育的基本思路，结合工程认证教育"以学生为中心"的思想，我们编写了这本《施工企业会计》教材，旨在满足财经类专业人才，尤其是工程施工企业财务人才的需要。在本书编写过程中，结合施工企业财务会计实践现状，着重强调课程的知识目标和能力目标，贯彻以能力培养为核心的教学理念，注重学生学习成果的可考核性，突出以下特色。

　　第一，及时反映最新会计准则和法规动态。本书的内容依据最新会计准则和 2016 年"营改增"的规定，融入最新法律、法规的内容，及时反映施工企业会计的最新发展。例如，施工企业增值税的业务处理。

　　第二，章节和内容安排突出了施工企业生产经营的特点。在编排上与已有教材不同，我们遵循了施工企业的经营规律，体现了企业融资成立、施工准备、施工组织、财务成果呈现的整个经营过程，同时补充了部分非经常性业务。这样，本书的内容更符合施工企业的业务实际，也更有弹性。

　　第三，注重技能，实用性强。鉴于施工企业会计是工程财务专业的核心课程，与以往教材选择通用财务会计例题不同，我们选用施工企业真实业务的例题，使学生可以体会到施工企业的真实场景，有利于对施工企业会计知识的掌握。通过本书的学习，学生既能掌握施工企业相关业务的处理方法，又能把其应用于施工企业会计实践。

第四，配套资源丰富。本书配有电子课件、教案、习题，感兴趣的读者可以登录山东交通学院精品课程网站免费下载使用。

第五，内容设计合理。本书编写人员具有多年的会计教学经验，为了更好地体现产教结合，我们也邀请施工企业从业人员参与了课程内容设计。同时，按照项目化教学设计教材内容，也能够很好地进行项目化教学。

本书由山东交通学院姜月运和三明学院李清水任主编，山东交通学院马彩凤、甘肃交通职业技术学院丁淑霞、山东交通学院孔萍和中南大学张子贤任副主编。由于编者水平有限，书中难免存在不足之处，恳请广大读者指正。

编　者

目　录

1 项目一
施工企业会计环境认识

学习目标

知识目标

1. 掌握施工企业的分类
2. 掌握施工企业的特点
3. 了解工程项目的建设程序
4. 掌握施工企业的财务管理模式

能力目标

1. 能说出施工企业的类型和特点
2. 能模拟工程建设的基本程序
3. 能设计施工企业的财务管理方式

任务一　认识工程建设环境

施工企业又称建筑企业,国际上通称承包商,是指依法自主经营、自负盈亏、独立核算,从事建筑商品生产和经营;具有法人地位的经济组织。

建筑业作为国民经济的支柱产业,主要从事社会基础设施和其他设施建造等生产经营活动。包括与之相关的规划、勘察、设计、采购、施工、安装、维护和运行等若干环节。我国《国民经济行业分类和代码》(GB/T 4754—2002)中,将建筑业分为四大类(47～50),如图1-1所示。

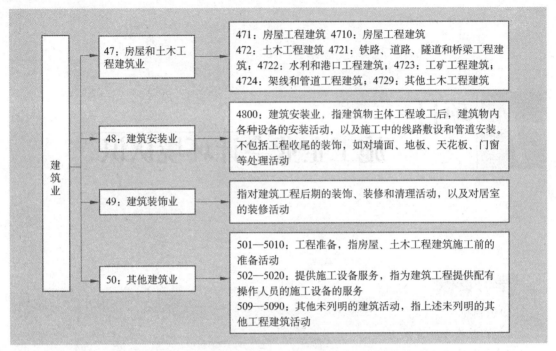

图 1-1　建筑业的分类

一、建设项目的基本特点

建设项目是指需要一定的投资，按照一定的程序，在一定的时间内完成，符合质量要求，以形成固定资产为目标的一次性的任务。它需要按照一个建设单位的总体设计要求，是一个或几个场地上进行建设的所有工程项目之和。

▶ **1. 建设要求的技术性**

建设项目可以用一定功能、实物工程量、质量、技术标准等指标表达预定要求，如一定长度和等级的公路。这个工程技术系统决定了建设项目的范围，它在项目的生命期中经历了由构思到实施、由总体到具体的过程：在项目前期策划和决策阶段形成概念；在项目的设计和计划阶段被逐渐分解、细化和具体化，通过项目任务书、设计图纸等定义和描述；通过工程的施工过程逐渐形成工程实体，形成一个具有完备使用功能的工程技术系统；最终在运行(使用)过程中实现它的价值。

▶ **2. 建设目标的多样性**

建设项目特别是国家基础设施项目，涉及面广，参与者众多；其建设目标既有宏观层面的，又有微观层面的。宏观层面的代表是政府，重点关注的是建设项目的宏观经济效果和社会效果；其他参与者包括承包商、监理单位等，则更多地重视参与项目建设能带来的盈利等微观经济效益。

▶ **3. 建设产品的特殊性**

表现为项目建设地点一次性固定，体积庞大，建成后不可移动；工程建设与一般商品生产不同，不是批量生产，而是单一设计、单件施工；工程项目(尤其是公路项目)建设一旦完成，一般不可能改变用途。

▶ 4. 建设投资的风险性

建设项目一般周期长，往往要跨越一个或几个会计期间；投资金额巨大，动辄上千万、数十亿，加之建设过程中各种不确定性因素很多，因此投资的风险性也很大。

二、我国建设市场概述

建设市场范围，包括建筑、市政、道路桥梁、装饰装修、景观园林等方面的勘察设计、施工、监理以及评估、咨询、中介等。让我们以公路建设为例介绍我国的建设市场情况，公路建设是指公路、桥梁、隧道、交通工程及沿线设施和公路渡口的项目建议书、可行性研究、勘察、设计、施工、竣(交)工验收和后评价全过程的活动。

（一）公路建设市场的"商品"

在公路建设市场上，一个整体建设项目为了便于卖方单位进行"制造"或"施工"，也为了便于买方单位分期购置，通常将其划分为若干个分体，按照建设项目的行语，这种商品的整体和分体，就是平常所说的基本建设项目、单项工程、单位工程、分部工程和分项工程。这些作为投标买方地位的建设单位要购买的商品，各自都有其特定的含义，现分述如下。

▶ 1. 基本建设项目

每项基本建设项目(简称建设项目)不仅有总体设计，而且在经济上实行独立核算，并有独立行政组织和机构行使行政管理职能。这些组织和机构就是公路建设市场中的建设单位。在我国基本建设工作中，通常以一个独立工程作为一个建设项目，如一条公路、一座工厂等。

▶ 2. 单项工程

一个建设项目可以分成若干部分，每一部分称为一个单项工程(又称工程项目)，或一个工程项目。一个单项工程按照设计文件独立计价，独立发挥生产能力或效益，如某公路建设项目中的某独立大、中桥梁工程，某隧道工程等就是一条公路建设项目中的单项工程。

▶ 3. 单位工程

一个建设项目中的单项工程，又可分割成若干单位。对那些不能独立发挥生产能力(或效益)，但具有独立施工条件的工程，通常称为单项工程，如一座隧道单项工程，按其结构可分为土建工程、照明和通风工程等单位工程。

▶ 4. 分部工程

一个单位工程按其部位不同又可分为若干部分，其中每一部分称为分部工程。例如，桥梁的基础工程、下部构造、上部构造，路线的路基工程、路面工程、桥涵工程、防护与排水工程等。

▶ 5. 分项工程

按照工程的不同结构、不同材料和不同施工方法等因素将其划分成若干部分，如基础工程可划分为围堰、挖基、砌筑基础、回填等分项工程(又称中间产品)；钢筋混凝土工程又可划分为钢筋、模板、混凝土等分项工程。分项工程的独立存在是没有意义的，它只是建筑或安装工程的一种基本的构成因素，是为了便于组织施工和确定建筑安装工程造价而设定的一种中间产品。

具体如图 1-2 所示。

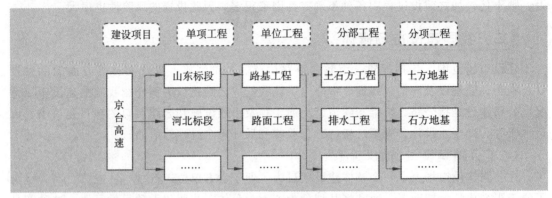

图 1-2　建设项目市场结构

(二) 公路基本建设程序

一个公路建设项目能否进入公路建设市场，不是一件简单的事情，它完全不同于一般商品市场上的商品。一个公路建设项目（或单项工程、单位工程）要想成为市场上的商品，都必须按照法定程序先取得"准入证"（即立项），然后再通过一系列的法定程序和活动，取得产品"合格证"之后方可进入。

在这里，我们所说的法定程序，就是通常所讲的"公路建设基本程序"，用市场用语来说也就是"公路建设市场经营规则"。用工程建设术语来说，就是基本建设项目的决策、设计、施工、竣工、验收和投入运营。因此，一个公路建设项目能否进入建设市场，不是凭某个人的主观意志而转移的，它取决于整个国民经济发展计划，或由一个地区经济发展计划与经济实力来决定。如果经济发展需要，又有足够的资金，并且自然与环境条件许可的话，这样的公路建设项目最终才能进入公路建设市场的经营程序。

按现行规定，政府投资公路建设项目实行审批制，企业投资公路建设项目实行核准制。县级以上人民政府交通主管部门应当按职责权限审批或核准公路建设项目，不得越权审批、核准项目或擅自简化建设程序。

▶ **1. 政府投资项目**

政府投资公路建设项目的实施，应当按照下列程序进行。

（1）根据规划，编制项目建议书。项目建议书应提交主管部门进行审批，主管部门批准后，该项目立项。项目建议书要提出拟建项目的轮廓设想，论述项目建设的必要性、主要建设条件、盈利能力和可行性等，以判定项目是否需要进一步开展可行性研究。

（2）根据批准的项目建议书，进行工程可行性研究，编制可行性研究报告。该阶段的主要任务是编制项目可行性研究报告和项目环境影响报告。经评估后，主管部门批准项目可行性研究。可行性研究报告要对项目在技术上是否可行、经济上是否合理、社会和环境影响是否恰当等进行深入的分析和论证，以最终确定项目投资建设是否进入启动程序。

（3）根据批准的可行性研究报告，编制初步设计文件。工程设计以批复的项目可行性研究为依据，对拟建工程在技术和经济两方面提出详尽具体的实施方案；阐明在既定时间地点和投资条件下，工程技术的可能性和经济的合理性，为工程的组织实施提供依据。

（4）根据批准的初步设计文件，编制施工图设计文件。

（5）根据批准的施工图设计文件，组织项目招标。按照国家有关的招标规定，设立相应的招标机构，科学、公正地选择高质量的投标单位，包括设计单位、施工单位、监理单位、供应单位、中介机构（咨询单位、评估单位、审计单位）等。

（6）根据国家有关规定，进行征地拆迁等施工前准备工作，并向交通主管部门申报施工许可。主要包括建设资金落实、谈判事宜、施工准备、开工报告及其批准文件等。

（7）根据批准的项目施工许可，组织项目实施，包括工程建设、物资采购等。该阶段的主要任务是按照设计要求，保质保量并按期完成工程任务。同时需要做好人员的招收和培训等工作，为项目的运营做好准备工作。

（8）项目完工后，编制竣工图表、工程决算和竣工财务决算，办理项目交、竣工验收和财产移交手续。竣工验收阶段包括指标考核、竣工汇报与验收等，并按照设计文件要求和相关技术经济标准，检验工程是否达到设计标准，是否可以移交运营等。

（9）竣工验收合格后，组织项目后评价。国务院对政府投资公路建设项目建设程序另有简化规定的，依照其规定执行。

▶ **2. 企业投资项目**

企业投资公路建设项目的实施，应当按照下列程序进行。

（1）根据规划，编制工程可行性研究报告。

（2）组织投资人招标工作，依法确定投资人。

（3）投资人编制项目申请报告，按规定报项目审批部门核准。

（4）根据核准的项目申请报告，编制初步设计文件，其中涉及公共利益、公众安全、工程建设强制性标准的内容应当按项目隶属关系报交通主管部门审查。

（5）根据初步设计文件编制施工图设计文件。

（6）根据批准的施工图设计文件组织项目招标。

（7）根据国家有关规定，进行征地拆迁等施工前准备工作，并向交通主管部门申报施工许可。

（8）根据批准的项目施工许可，组织项目实施。

（9）项目完工后，编制竣工图表、工程决算和竣工财务决算，办理项目交、竣工验收。

（10）竣工验收合格后，组织项目后评价。

（三）建设市场主要管理制度

公路建设项目应当按照国家有关规定实行项目法人责任制度、招标投标制度、工程监理制度和合同管理制度四项制度。

▶ **1. 项目法人责任制度**

公路建设项目法人责任制度是指项目的建设方必须组建项目法人。项目法人可按《公司法》的规定设立有限责任公司（包括国有独资公司）和股份有限公司形式。项目法人对项目的策划、资金筹措、建设实施、生产经营、债务偿还和资产的保值增值等，实行全过程负责。

公路建设项目法人分甲级公路建设项目法人和乙级公路建设项目法人。甲级公路建设项目法人能承担各级公路（含各类桥梁和隧道）工程的项目管理，负责项目筹划、资金筹措和建设实施。对经营性公路，项目法人还应负责项目的运营管理、债务偿还和资产管理。乙级公路建设项目法人能承担二级及以下公路(含大桥和长隧道)工程的项目管理，负责项目筹划、资金筹措和建设实施。对经营性公路，项目法人还应负责项目的运营管理、债务偿还和资产管理。

相应的资格标准包括五个方面。

(1) 具有项目法人成立的批准文件，法定代表人的任职文件。

(2) 具有拟建工程项目的工程可行性研究报告的批复文件。

(3) 对经营性公路，项目法人应具有工商行政管理部门颁发的《企业法人营业执照》；对公益性公路，项目法人应具有事业单位登记管理机关颁发的《事业单位法人证书》。

(4) 公路建设项目资金来源已经落实。

(5) 负责项目管理的机构和人员必须具备相应的条件。

▶ 2. 招标投标制度

公路建设的招标投标制度包括公路建设的勘察、设计、施工、监理、材料设备的招标投标。大中型公路建设项目的施工，凡纳入国家或地方财政投资的公路建设项目，可实行国内公开招标；凡利用外资或国际间贷款的公路建设项目，可实行国际招标。

▶ 3. 工程监理制度

公路建设项目必须实行工程监理制度。工程监理是由具有公路工程监理资质的监理单位按国家有关规定受项目法人委托，对施工承包合同的执行、工程质量、进度、费用等方面进行监督与管理。监理单位和监理人员必须全面履行监理服务合同和施工合同规定的各项监理职责，不得损害项目法人和承包商的合法利益。

▶ 4. 合同管理制度

公路建设项目的勘察设计、施工、工程监理以及与工程建设有关的重要建筑材料、设备采购，必须遵循诚实信用原则，依法签订合同，通过合同明确各自的权利义务。合同当事人应当加强对合同的管理，建立相应的制度，严格履行合同。各级交通主管部门应依照法律法规，加强对合同执行情况的监督。

三、国外工程建设管理模式简介

国外工程建设市场经过多年的运作与发展，工程建设项目管理界尤其是各国的专业协会/行业组织已对项目管理模式进行了充分的研究，归纳出多种成熟的项目管理模式。国际工程管理模式虽是基于国外工程建设市场内部/外部的具体条件而产生，不能完全照搬到中国来，但改革开放以来，尤其是中国加入世界贸易组织(WTO)后，"国内市场国际化"的趋势使中国与国际的工程建设市场环境日益接轨，管理模式也日益趋同，作为工程建设项目的管理者与项目招标采购的组织参与者有必要对其中最主要的几个基本管理模式有所了解。

▶ 1. 设计招标建造方式

设计招标建造方式(design-bid-build method，DBB 方式)是一种传统管理模式，在DBB 方式中，参与项目的主要三方是业主、建筑师/工程师、承包商。采用这种方法时，业主与设计机构签订专业服务合同，建筑师/工程师负责提供项目的设计和施工文件。在设计机构的协助下，通过竞争性招标将工程施工的任务交给报价最低且最具资质的投标人

（总承包商）来完成。以这种方式交付，设计人与建造商不存在直接的正式管理，它们通过业主进行沟通。在施工阶段，设计专业人员通常担任重要的监督角色，并且是业主与承包商联络的桥梁。该模式的特点如下。

（1）业主只进行一次施工招标并与一个施工单位签订施工总承包合同，如有其他施工与供货单位参与项目，则它们均将由前述施工单位自行确定并成为它的分包商。

（2）该模式管理的技术基础是线性顺序法，所以具有该方法固有的缺陷，即耗时较长。

（3）项目施工阶段的管理协调已作为一种专业独立出来，往往由参与项目前期策划（项目研究）或设计管理的专业管理公司承担，以确保项目管理达到较高水平。国外在工地现场多采取管理公司派出驻地工程师方式，国内则为委托施工监理方式。

（4）由于国外多基于扩大初步设计深度的招标图进行施工招标并由承包商在驻地工程师指导下进行施工图设计，而承包商在安排各专业施工图设计时，可根据计划进度的要求分轻重缓急依次进行，这就在一定程度上运用了快速路径法，缩短了项目建造周期，弱化了该模式的缺陷。国内可将部分专业工程分割出来做设计施工一体化招标，缩短整体设计及工程的周期。

（5）该模式工作界面清晰，特别适用于项目各个阶段需要严格逐步审批的情况。如政府投资的公共工程、国际金融机构资助的工程以及世行、亚行等国际多边援助银行资助的工程多采用此模式。而采用 FIDIC 施工合同条件（即红皮书）与 FIDIC 施工合同条件——多边援助银行协调版（即粉皮书）的工程项目管理基础也是这一模式。

▶ 2. 建造管理模式

美国建造标准协会（CSI）将建造管理模式（construction management，CM）称为 Construction Manager as Adviser，CMa。又称阶段发包方式或快速轨道方式，这是近年在国外广泛流行的一种合同管理模式。

建造管理模式常用的有两种：第一种形式为代理型建筑工程管理（"Agency"CM）方式。在此种方式下，建造管理经理是业主的咨询和代理。业主和建造管理经理的服务合同规定费用是固定酬金加管理费。业主在各施工阶段和承包商签订工程施工合同。第二种形式称为风险型建筑工程管理（"At-Risk"CM）方式。采用这种形式，建造管理经理同时也担任施工总承包商的角色，一般业主要求建造管理经理提出保证最大工程费用（guaranteed maximum price，GMP），以保证业主的投资控制，如最后结算超过保证最大工程费用，则由建造管理公司赔偿；如低于保证最大工程费用，则节约的投资归业主所有，但建造管理公司由于额外承担了保证施工成本风险，因而能够得到额外的收入。

其特点归纳如下。

（1）与过去那种招标用设计图纸全部完成之后才集合进行一次性招标的传统项目模式（DBB）不同，建造管理模式将全部工程按专业分割为若干子项工程，并对有关子项工程采取依次性发包，其技术基础是快速路径法。

（2）由业主及业主委托的建造管理经理（即管理公司派出的项目管理部或业主专门聘用的职业经理人）与建筑师组成一个联合小组，共同组织和管理项目建造期的规划、设计和施工。在项目总体规划、布局和设计时，要考虑控制项目的总投资。在设计方案确定后，随着设计工作的进展，完成一部分分项工程的招标图纸设计后，即对相应部分分项工程进行招标，发包给一家承包商，由业主直接就每个分项工程与专业承包商签订平行的承包合同，即不设施工总承包商。

（3）建造管理经理在工程设计阶段就参与项目的管理，按子项工程实施的次序安排设计分解与进度计划，对设计的可建造性、材料的可获得性，新施工工艺与方法的采用等向设计方提出建议和要求。

（4）在施工阶段建造管理经理负责工程施工的监督、协调及管理工作，取代了传统模式下施工总承包商的部分管理职能，主要任务是定期与各个设计与施工承包商沟通，对成本、质量和进度进行监督，预测和监控成本与进度的变化。现场监理工作也由建造管理经理承担。

（5）业主与各个设计、施工承包商、设备供应商、安装单位等签订合同，是承包合同关系；业主与建造管理经理、建筑师之间则是咨询合同关系；而业主任命的建造管理经理与各个施工、设计、设备供应、安装等承包商之间则只是业务上的管理和协调关系。

（6）建造管理模式的最大优点是可以缩短工程从设计到竣工的周期，一方面，整个工程可以提前投产，另一方面，减少了由于通货膨胀等不利因素造成的影响，从而节约建设投资，较早取得收益，减少投资的时间风险。

（7）建造管理模式下的合同方式多为平行发包，管理协调困难，对建造管理经理（项目管理部）的管理协调能力有很高的要求，往往均由具有相当管理水平的专业工程顾问公司派出建造管理经理（项目管理部）来担任。

（8）在国外，业主采用建造管理模式取代传统管理模式，一方面，使建造管理工作的承担人由施工总承包转移为业主聘用的建造管理经理（项目管理公司），另一方面，使部分管理风险的承担人由施工总承包转移为业主自身，而管理造成的损失与收益亦将由业主直接承担或享有。

▶ 3. 管理承包模式

建造管理（management contracting，MC）模式与建造管理模式在具体管理操作上具有广泛的共同点，但在管理体系上又存在如下不同。

（1）建造管理模式下的核心参与者不是一般意义上的建造管理经理，而是管理承包商，即承担建造管理工作的管理承包商或对项目管理目标进行风险承包的管理咨询方（管理咨询公司或建造管理经理人）。

（2）项目管理的风险承担关系由业主转移给管理承包商，承包商与供货商均直接与建造管理（管理承包商）签约，而不是与业主签约，这是与承包体制要求相一致的必要安排。

（3）一般来讲，业主均要求管理承包商提出保证最大工程费用，作为建造管理的承包基数，投资一旦超支则由建造管理承担，如有结余则与业主分成。

（4）一般来讲建造管理是有很高质量信誉的咨询公司，所以业主将不再委托其他工程质量监督人。

▶ 4. 设计采购建造模式

设计采购建造模式（engineering procurement construction，EPC）又称为设计施工一体化模式。该模式于 20 世纪 80 年代首先在美国出现，得到了那些希望尽早确定投资总额和建设周期的业主的重视。在国际工程承包市场中的应用逐渐扩大。设计采购建造于 1999 年编制了标准的 EPC 合同条件，这有利于设计采购建造模式的推广应用。设计采购建造模式特别强调适用于工厂、发电厂、石油开发基础设施等工程。

（1）减少了设计与施工方在合同上的工作界面，从而解除了承包商因招标图纸出现错误进行索赔的权力，同时排除了承包商在进度管理上与业主及咨询公司可能产生的纠纷，因而在包干总费用及总工期上非常确定。设计采购建造合同通常应为总价包干合同。

（2）业主一般以包括生产工艺设计在内的方案设计图纸招标，在选定设计采购建造总承包商时，将其投标时所做方案设计优化的水平及扩大初步设计（标图设计）的优劣作为主要评估因素，这样可利用投标人的资源进行设计的优化，从而大大降低总的工程造价。

（3）由于工程设计方就是施工方，所以可以在工程设计中采用更多先进可行的施工技术与标准建筑材料，从而提高质量、缩短工期、降低成本。

（4）设计采购建造模式虽然具有颇多优点，但在运用方面受到较大的专业与行业局限，一般多限于大型工业与基础设施工程建设项目采用。而对于民用建筑项目，由于设计与施工方对项目功能的市场需求比较明确，又不存在工艺设计问题，很难在方案优化及后续的工程设计上有所贡献，所以仅在专业设计施工一体化工程层面而较少在总承包层面采用。

（5）设计采购建造模式还是诸多派生性工程项目管理模式的载体，如 Turn-Key（交钥匙）模式，就是在设计采购建造模式的基础上，业主既向设计施工总包进行更大的放权，出其承担包括项目施工期内融资责任的模式；再如，建造—运营—移交模式（build operation transfer，BOT），是业主在多数情况下将项目融资的责任与运营及回收投资的特许经营权均赋予设计采购建造承包商的模式；而公营私营合作伙伴模式（public private partnership，PPP）则是政府作为业主的一部分——公营合作方，多以设计采购建造模式为基础，将部分融资责任与全部运营收益的特许经营权赋予私营合作方的一种模式。

（6）设计采购建造模式及方法同样适用于一些并不处在总承包层面的设计施工一体化专业工程，甚至是设计施工一体化的专业分包工程。

（7）设计采购建造模式在国内外的运用没有大的不同，所不同的只是其中招标图纸达到的设计深度，国外按行业惯例要求到概要设计（schmatic design，SD），较国内按政府规范要求的方案设计要更深入一些。

▶ **5. 设计＋管理模式**

设计＋管理（design＋manage，D＋M）模式产生的基础是国外许多建筑师也兼作工程管理咨询业务，许多工程管理咨询公司也兼做设计，所以业主将分别委托建筑师与工程管理咨询公司改为委托一家公司同时承担两项业务，减少了两项业务间的工作界面。在具体管理操作上，设计＋管理模式类似于建造管理模式，也有建筑师（设计院所）与工程咨询公司组成联合体在这一模式下分别承担设计及项目管理工作的。具体执行小有代理型与风险型两种责任方式。设计＋管理模式原本是国外工程项目的管理模式，但只要处理好承担相应角色的单位具有相应能力与资质的问题，设计＋管理模式便可以直接在国内运用。

▶ **6. 自设管理机构平行发包模式**

自设管理机构平行发包模式目前在国内仍得到极广泛的采用，其运行具有如下特点。

（1）从其承发包体系上讲，接近于建造管理模式，多有平行的专业承包商与业主直接签约，并且总承包体系是不够清晰的。

（2）业主虽然因法定资质管理的限制，聘用了设计单位与某些专业咨询单位，如监理公司，但没有聘请专业管理咨询公司作为建造管理经理人。

▶ 7. 委托代理式管理模式

这一模式广泛应用于国内各类工程建设项目，为很多业主单位所接受，其基本特点如下。

（1）项目管理公司与业主的关系是委托代理关系，且在项目管理架构中采用了施工和设计总承包的体系，符合建筑法推行的精神，与建设行政管理体系的要求相一致。

（2）项目管理公司承担了相当部分重要专业分包工程的建造管理工作，而并非像传统工程管理模式那样由施工总承包承担绝大部分甚至全部的建造管理工作。

（3）项目管理公司虽然承担了业主单位大部分的具体管理工作，但重大事项的决策仍由业主单位掌握，如全部业主指定分包工程的决标、签约、工程款的支付等，这在相当程度上解决了业主在委托管理时因国内项目管理公司处于成长阶段而对其存有疑虑的问题。

（4）在代理型委托项目管理方式下，项目管理公司亦需要按委托管理合同的约定承担实现管理目标的责任，并在违约情况下承担以管理费为基数的相应经济赔偿责任。

项目管理模式的形成和发展在总体上取决于工程建设项目技术构成的复杂，千程规模的扩大，市场的成熟及社会分工的细化，但业主在采用何种具体管理模式的选择上则不拘一格，需要考虑的因素主要包括工程项目技术构成的特点，参加项目的设计、施工、咨询公司适应不同管理模式的能力及所持有执业资格的具体情况，正确选用最适当的管理模式将使项目的整体管理实现最优。

任务二 熟悉施工企业会计环境

施工企业会计是以施工企业作为会计主体的一门专业会计。它以货币为主要计量单位，对施工企业工程准备、工程施工和工程结算等主要经营过程进行核算和监督，提供真实、准确、及时的会计信息。

一、财务管理模式

（一）大型施工企业

大型施工企业通常以企业集团的形式存在，集团公司是以资本为主要联结纽带的跨地区、跨行业、跨所有制的资本营运实体，具有与单一企业财务管理不同的模式。其财务管理模式一般是"母公司—子（分）公司—项目部"三级控制体系，即"两级法人、项目部制"，公司是利润中心，项目是成本中心。从财务角度来看，母公司拥有对子公司的筹资、投资及利益分配的最终决策权；拥有会计规范权，包括子公司执行母公司统一的会计政策；拥有完善的审计与考评权等，集权程度比较高。项目部没有独立的法人资格，财务控制权应更多地集中在子公司、母公司一级。

与单个企业财务管理体制相比，企业集团财务管理体制环境的变化，主要是增加了集团总部与各子（分）公司的财权划分、利益划分及由此形成的各种相关问题。根据集团总部与各子（分）公司之间财务管理权限划分的不同，集团财务管理体制可分为集权型、分权型、折中型三种管控模式。

▶ **1. 集权型财务管理模式**

集权型财务管理模式下，财务管理权限完全集中于集团公司，由集团总部进行统一决策、核算、经营与管理，所属单位必须严格遵照执行集团总部制定的各种规范、制度及决议。集团总部通常通过设置筹资和投资管理中心、资金集中结算中心、财务信息系统与资本运营监控中心、财务预算控制中心、税费管理中心、财务会计管理中心等进行对所属单位的财务管理。集权型财务管理模式的优点是财务管理效率较高，可通过全方位控制下属子公司的财务行为，协调下属子公司的财务活动，实现资源共享和内部资源的优化配置，降低企业成本。集权型财务管理模式的缺点是由于决策集中容易造成信息不畅通，制约下属子公司理财的积极性和创造性，不能及时应对复杂多变的市场竞争。在集团总部各方面监管过严的情况下，容易使下属单位产生与集团公司对抗情绪，增加集团公司监管难度。

▶ **2. 分权型财务管理模式**

分权型财务管理模式下，下属子公司充分享有理财自主权，对其自身财务有较强的决策权，母公司对子公司采取的是一种间接管理为主的财务管理体制，主要通过合同或协议来规范下属单位的财务行为。分权型财务管理模式的优点是决策周期短、针对性强，能较好地适应复杂多变的外部市场环境和理财环境的变化，较大程度提高下属单位经营者的积极性，为子公司管理人员的成长提供更大空间。分权型财务管理模式的缺点是容易导致集团内部资源配置上的重复浪费，影响规模经济效益的发挥；下属单位的理财自主权过大容易出现随意挪用资金和私设小金库等行为的发生；某些情况下子公司可能为了自身小集团利益而损害其他子公司和母公司利益，最终影响企业集团的整体利益；难以对经营者进行有效约束，有可能形成子公司"内部控制人"问题，不利于企业集团的统一管理。

▶ **3. 折中型财务管理模式**

折中型财务管理模式下，集团仅是财务管理决策机构，集中统一管理集团内带有方向性、战略性的问题，如投资规划、资产组合、产品系列开发等重大事项的决策，而不具体参与下属子公司的经营及财务决策管理，下属子公司董事会及其经营者可依不同市场环境自主运作具体日常财务决策管理，集团仅在宏观上给予指导。折中型财务管理模式的优点是通过逐级审批及管理权限授权，恰当地将集权与分权结合，克服过分集权或分权的缺陷，既发挥集团母公司的财务调控职能，又激发子公司的积极性和创造性，有效控制经营者及子公司的风险，达到增强集团公司竞争力及综合实力的目的，因而是很多企业集团财务管理体制追求的理想模式。但是，如何根据各集团公司的生产规模、运营模式、经营状况，在集权与分权中找到平衡点较为困难。

（二）中小规模企业

从一般的中小规模施工企业来看，公司为独立核算单位，全面核算企业盈亏；公司所属的分公司（项目部）为内部独立核算单位，在公司统筹下组织核算，并单独计算盈亏。

▌二、会计核算的特点

（一）施工企业生产经营活动的特点

由于建筑产品的固定性、多样性、施工周期长等特点，决定了施工企业生产经营活动具有以下几个主要特点。

▶ **1. 施工生产的流动性**

施工生产的流动性是由建筑产品的固定性决定的，主要表现在：不同工种的工人都要在同一建筑物的不同部位进行流动施工；生产工人要在同一工地不同单位工程之间进行流动施工；施工队伍要在不同工地、不同地区承包工程，进行区域性流动施工，等等。

▶ **2. 施工生产的单件性**

施工生产的单件性是由建筑产品的多样性决定的，主要表现在：每一项建筑产品都有其特定的用途和建设要求；施工条件千变万化，即使是同一张图纸，因地质、气象、水文等条件不同，其生产也会有很大的差别，等等。

▶ **3. 施工生产的长期性**

施工生产的长期性是由建筑产品的周期长所决定的，主要表现在：建筑产品规模都比较大，极少有当年施工当年交工的；施工作业要求有一定的保养期，如混凝土的操作必须保证一定时间的保养期，否则，将严重影响建筑产品的质量，等等。

▶ **4. 施工生产受自然气候影响**

建筑产品由于位置固定，体积庞大，其生产一般是在露天进行，并且高空、地下、水下作业较多，直接承受着自然气候条件变化的制约。给施工生产、机械设备带来了不利的影响。

（二）施工企业会计的特征

由于上述施工企业生产经营活动的特点，决定了施工企业会计具有以下几个主要特征。

▶ **1. 采取分级管理、分级核算**

施工生产的流动性，决定了企业的施工及管理人员、施工机具、材料物资等生产要素，以及施工管理、后勤服务等组织机构，都要随工程地点的转移而流动。因此，施工企业在组织会计核算时，要适应施工分散、流动性大等特点，采取分级管理、分级核算，使会计核算与施工生产有机地结合起来，充分调动各级施工单位搞好生产的积极性。同时要更加重视施工现场的施工机具、材料物资等的管理和核算，及时反映它们的保管和使用情况。以避免集中核算造成会计核算与施工生产脱节现象。

此外，施工生产流动性的特点，还决定了企业施工队伍每转移到一个新的施工现场，都要根据施工的需要搭建各种临时设施。因此，施工企业还须做好有关临时设施的搭建、施工过程中的价值摊销、维修、报废、拆除等方面的会计核算工作。

▶ **2. 单独计算每项工程成本**

由于建筑产品的多样性和施工生产的单件性等特点，这就决定施工企业不能根据一定时期内发生的全部施工生产费用和完成的工程数量来计算各项工程的单位成本，而必须按照承包的每项工程分别归集施工生产费用，单独计算每项工程成本。即建筑产品的多样性和施工生产的单件性，决定了施工企业的工程成本核算对象经常发生变化，施工生产费用的归集和分配必须紧紧围绕着确定的工程成本核算对象来进行，严格遵循收入与费用配比的会计原则。同时，由于不同建筑产品之间的差异大、可比性差，不同建筑产品之间的实际成本之不便进行比较，因此，施工企业工程成本的分析、控制和考核不是以可比产品成本为依据，而是以预算成本为依据。此外，施工企业除了主要计算建筑安装工程成本之外，还需要计算其附属工业产品成本、机械施工及运输单位的机械作业成本以及企业内部非独立核算的辅助生产部门所生产的产品成本和提供劳务的成本等。

▶ 3. 工程价款结算方法独特

施工企业的建筑产品造价高、周期长等特点，决定了施工企业在施工过程中需垫支大量的资金。因此，对工程价款结算，不能等到工程全部竣工后才进行，这样势必会影响施工企业的资金周转，从而影响施工生产的正常进行。所以除工期较短、造价较低的工程采用竣工后一次结算价款外，大多采用按月结算、分段结算等方法。为了进一步解决施工企业垫支资金较多的问题，须向发包单位或建设单位预收工程款和备料款，待办理工程价款结算时，再予以扣还。

此外，由于施工周期长，对于跨年度施工的工程，施工企业还需要根据工程的完工进度，采用完工百分比法分别计算和确认各年度的工程价款结算收入和工程施工费用，以确定各年的经营成果。

▶ 4. 成本开支受自然力影响

施工企业由于建筑产品体积庞大，决定了施工企业一般只能露天施工，有些施工机械和材料也只能露天堆放，受自然力侵蚀的影响很大。因此，成本核算应考虑风、霜、雨、雪等气候因素造成的停窝工损失；施工机械除使用磨损外，受自然力侵蚀而造成的有形损耗也较为严重，其折旧率相对较高；在进行材料核算时，也要考虑因自然损耗造成的损失。

三、建账的原则与基本程序

任何一个新设立的企业都必须要根据企业实际情况、按照企业会计准则规定设置会计科目，并开设相应账户进行会计记录；已经设立的企业在每一个会计年度开始时，也应该根据核算工作的需要设置应用账簿，这就是平常所说的"建账"。

（一）建账的基本原则

▶ 1. 依法原则

各单位必须按照《中华人民共和国会计法》、会计准则或者会计制度的规定设置会计账簿，包括总账、明细账、日记账和其他辅助性账簿；不允许不建账，不允许在法定的会计账簿之外另外建账。

▶ 2. 全面系统原则

设置的账簿要能全面、系统地反映企业的经济活动，为企业经营管理提供所需的会计核算资料，同时要符合各单位生产经营规模和经济业务的特点，使设置的账簿能够反映企业经济活动的全貌。实务中应注意的事项如下。

1）避免重复设账

账簿设计的目的是为了取得管理所需要的资料，因此账簿设置也以满足需要为前提，避免重复设账、记账、浪费人力物力。例如材料账，一般来说，应该有总账（金额）、明细账（数量金额）、卡片（实物、品名规格）；但是具体应该怎样设置，却是可以恰当安排的。一些企业在财务部门设了总账和明细账，在材料管理部门又设一套明细账，在仓库还设三级明细账，就是重复设账的典型例子。事实上若在财务部门只设总账，材料管理部门设二级明细账（按类别）、仓库设三级明细账（按品名规格），一层控制一层，互相核对，数据共享，既省时又省力。另外，也可以考虑将数量金额账与卡片账合并设置等。

2）要与账务处理程序相结合

账务处理程序的设计已大致规定了账簿的种类，在进行账簿的具体设置时，应充分注意已选定的账务处理程序。例如若选择的是日记总账账务处理程序，就必须设置一本日记总账，再考虑其他账簿；又如果选择的是多栏式日记账账务处理程序，就必须设置四本多栏式日记账，分别记录现金收付和银行存款收付业务，然后再考虑设其他账簿。

3）要与会计报表项目相衔接

会计报表是根据账簿记录编制的，报表中的有关项目应能直接从有关总分类账户或明细分类账户中取得和填列，以简化并加速会计报表的编制，尽量避免从几个账户中取得资料进行加减运算等来填报。

（二）建账的基本程序

▶ 1. 合理设置会计科目体系

会计科目是按照会计要素的具体构成进行科学分类而确立的会计核算项目，是会计核算的一种基本方法。会计科目作为分类提供会计信息的一种重要手段，其分类的正确与否决定着会计信息的科学性、系统性，从而决定着管理的有效性。由于不同经济组织会计对象的具体内容即经济业务活动的不同，在设置会计科目时要考虑各自的特点和具体情况。

我国《企业会计准则——应用指南》明确规定：企业应当按照《企业会计准则》及其应用指南的规定，设置会计科目进行账务处理，在不违反统一规定的前提下，可以根据本企业的实际情况自行增设、分拆、合并会计科目。不存在的交易或者事项，可以不设置相关的会计科目。因此，企业要结合自身的业务特点，设置的会计科目体系要满足企业会计准则的要求。

总账具有分类汇总记录的特点，为确保账簿记录的正确性，完整性，提供会计要素的完整指标，企业应根据自身行业特点和项目特点建立总账，其总账科目名称应与国家统一规定的会计科目名称一致。

明细科目的名称应根据准则规定和企业管理特别是项目管理的需要设置．准则中对有些明细科目的名称做出了明确规定，有些只规定了设置的方法和原则；对于有明确规定的，企业在建账时应按照准则的规定设置明细科目的名称；对于没有明确规定的，建账时应按照准则规定的方法和原则，以及企业内部管理的需要等设置明细科目。

在会计电算化情况下，总账科目的设置不是问题，重点在于明细科目的设置上。例如各科目应当怎么设置明细科目级数，是采用辅助核算好，还是直接在会计科目下设置明细科目好等。一般情况下，如果涉及的往来单位较多，部门较多且稳定或者项目较多的时候，应当采用辅助核算的方式（可以根据各会计科目的实际情况分别采用，并不需要同时具备）；否则，应当直接在会计科目下设置明细科目，简化工作量。通常情况下，公司本部的账（涉及的往来单位很多，项目多，部门也比较多且稳定）采用辅助核算比较合适，而单一的项目账，直接在会计科目下设置明细科目比较好。

具体如表 1-1 所示。

表 1-1　2014年《会计准则——应用指南》规定的会计科目

序号	代码	科目名称	序号	代码	科目名称	序号	代码	科目名称
		一、资产类	30	1403	原材料	60	1611	未担保余值
1	1001	库存现金	31	1404	材料成本差异	61	1621	生产性生物资产
2	1002	银行存款	32	1405	库存商品	62	1622	生产性生物资产累计折旧
3	1003	存放中央银行款项	33	1407	商品进销差价	63	1623	公益性生物资产
4	1011	存放同业	34	1411	周转材料	64	1631	油气资产
5	1012	其他货币资金	35	1412	包装物	65	1632	累计折耗
6	1101	短期投资	36	1413	低值易耗品包装物	66	1701	无形资产
7	1102	短期投资跌价准备	37	1241	消耗性生物资产	67	1702	累计摊销
8	1021	结算备付金	38	1431	贵金属	68	1703	无形资产兼职准备
9	1031	存出保证金	39	1441	抵债资产	69	1711	商誉
10	1101	交易性金融资产	40	1451	损余物资	70	1815	未确认融资费用
11	1111	买入返售金融资产	41	1461	融资租赁资产	71	1801	长期待摊费用
12	1121	应收票据	42	1471	存货跌价准备	72	1811	递延所得税资产
13	1122	应收账款	43	1501	持有至到期投资	73	1821	独立账户资产
14	1123	预付账款	44	1502	持有至到期投资减值准备	74	1901	待处理财产损溢
15	1131	应收股利	45	1503	可供出售金融资产			二、负债类
16	1132	应收利息	46	1511	长期股权投资	1	2101	短期借款
17	1201	应收代位追偿款	47	1402	长期债券投资	2	2102	存入保证金
18	1211	应收分保账款	48	1512	长期投资减值准备	3	2103	拆入资金
19	1212	应收分保合同准备金	49	1521	投资性房地产	4	2104	向中央银行借款
20	1221	其他应收款	50	1531	长期应收款	5	2011	吸收存款
21	1231	坏账准备	51	1532	为实现融资收益	6	2012	同业存放
22	1301	贴现资产	52	1541	存出资本保证金	7	2021	贴现负债
23	1302	拆出资金	53	1601	固定资产	8	2101	交易性金融负债
24	1303	贷款	54	1602	累计折旧	9	2102	卖出回购金融资产款
25	1304	贷款损失准备	55	1603	固定资产减值准备	10	2201	应付票据
26	1311	代理兑付证券	56	1604	工程物资	11	2202	应付账款
27	1312	代理业务资产	57	1605	在建工程	12	2203	预收账款
28	1401	材料采购	58	1606	在建工程减值准备	13	2211	应付职工薪酬
29	1402	在途物资	59	1607	固定资产清理	14	2153	应付福利费

序号	代码	科目名称	序号	代码	科目名称	序号	代码	科目名称
15	2221	应交税费	3	6021	手续费及佣金收入	30	6701	资产减值损失
16	2176	其他应交款	4	6031	保费收入	31	6711	营业外支出
17	2231	应付利息	5	6041	租赁收入	32	6801	所得税费用
18	2232	应付股利	6	6051	其他业务收入	33	6901	以前年度损益调整
19	2171	应交税金	7	6061	汇兑损益			四、成本类
20	2241	其他应付款	8	6101	公允价值变动损益	1	5001	生产成本
21	2251	应付保单红利	9	5201	投资收益	2	5101	制造费用
22	2261	应付分保账款	10	6201	摊回保险责任准备金	3	5201	劳务成本
23	2311	代理买卖证券款	11	6202	摊回赔付支出	4	5301	研发支出
24	2312	代理承销证券款	12	6203	摊回分保费用	5	5401	工程施工
25	2313	代理兑付证券款	13	6301	营业外收入	6	5402	工程结算
26	2314	代理业务负债	14	6401	主营业务成本	7	5403	机械使用
27	2401	递延收益	15	6402	营业税金及附加			五、共同类
28	2501	长期借款	16	6403	其他业务支出	1	3001	清算资金往来
29	2502	应付债券	17	6411	利息支出	2	3002	货币兑换
30	2601	未到期责任准备金	18	6421	手续费及佣金支出	3	3101	衍生工具
31	2602	保险责任准备金	19	6501	提取未到期责任准备金	4	3201	套期工具
32	2611	保户储金	20	6502	提取保险责任准备金	5	3201	被套期项目
33	2621	独立账户负债	21	6511	赔付支出保险专用			六、所有者权益类
34	2701	长期应付款	22	6521	保户红利支出	1	4001	实收资本
35	2702	未确认融资费用	23	6531	退保金	2	4002	资本公积
36	2711	专项应付款	24	6541	分出保费	3	4101	盈余公积
37	2801	预计负债	25	6542	分保费用	4	4102	一般风险准备
38	2901	递延所得税负债	26	6601	销售费用	5	4103	本年利润
		三、损益类	27	6602	管理费用	6	4104	利润分配
1	6001	主营业务收入	28	6603	财务费用	7	4201	库存股
2	6011	利息收入	29	6604	勘探费用			

▶ 2. 购置账簿

按照需用的各种账簿的格式要求，购置各种账簿，并将活页的账页用账夹等装订成册。不同企业单位所需用的账簿是不尽相同的。但不管账簿的格式如何，从其所起的作用看，大致可分为四类：序时账簿、分类账簿、序时与分类相结合的联合账簿、备查账簿。

序时账簿是指现金、银行存款日记账和转账日记账；分类账簿包括总分类账簿和明细分类账簿；联合账簿是指既是序时记录又分类记录，既是日记账又是总账的账簿，如日记总账；备查账簿是记录非本企业资产或其他重要事项的账簿。

会计账簿从外表形式分，有订本式、活页式、卡片式三种。订本式账簿可防止账面散失和随意抽换；活页式账簿可视经济业务的多少随时增添账页或抽取多余的空白账页，避免浪费；卡片式账簿也具备活页式账簿的优点，但容易失散，必须严加管理。

▶ 3. 登记账簿扉页

在账簿扉页的"启用表"上，写明单位名称、账簿名称、册数、编号、起止页数、启用日期以及记账人员和会计主管人员姓名，并加盖名章和单位公章。记账人员或会计主管人员在本年度调动工作时，应注明交接日期、接办人员和监交人员姓名，并由交接双方签名或盖章，以明确经济责任。

▶ 4. 开设账户

按照会计科目表的顺序、名称，在总账账页上建立总账账户；并根据总账账户明细核算的要求，在各个所属明细账户上建立二、三级……明细账户。原有单位在年度开始建立各级账户的同时，应将上年账户余额结转过来。

▶ 5. 账簿顺序编码与标识

启用订本式账簿，应从第一页起到最后一页止顺序编定号码，不得跳页、缺号；使用活页式账簿，可以暂不编列号码，待年终结账后，装订成册并编订页次号码。各账户编列号码后，应填"账户目录"，将账户名称页次登入目录内，并粘贴索引纸（口取纸——账户标签），写明账户名称，以利检索。

四、会计基础工作规范

▶ 1. 会计机构设置和会计人员配备

（1）单位领导人对本单位的会计基础工作负有领导责任。

（2）各单位应当根据会计业务的需要设置会计机构；不具备单独设置会计机构条件的，应当在有关机构中配人员。设置会计机构，应当配备会计机构负责人；在有关机构中配备专职会计人员，应当在专职会计人员中指定会计主管人员。会计机构负责人、会计主管人员的任免，应当符合《中华人民共和国会计法》和有关法律的规定。

（3）没有设置会计机构和配备会计人员的单位，应当根据《代理记账管理暂行办法》委托会计师事务所或者持有代理记账许可证书的其他代理记账机构进行代理记账。

（4）各单位应当根据会计业务需要配备持有会计证的会计人员。未取得会计证的人员，不得从事会计工作。

（5）会计人员的工作岗位应当有计划地进行轮换。

▶ 2. 会计工作交接

（1）会计人员工作调动或者因故离职，必须将本人所经管的会计工作全部移交给接替人员。没有办清交接手续的，不得调动或者离职。

（2）接替人员应当认真接管移交工作，并继续办理移交的未了事项。

（3）会计人员办理移交手续前，必须及时做好以下工作。

① 已经受理的经济业务尚未填制会计凭证的，应当填制完毕。

② 尚未登记的账目，应当登记完毕，并在最后一笔余额后加盖经办人员印章。

③ 整理应该移交的各项资料，对未了事项写出书面材料。

④ 编制移交清册，列明应当移交的会计凭证、会计账簿、会计报表、印章、现金、有价证券、支票簿、发票、文件、其他会计资料和物品等内容；实行会计电算化的单位，从事该项工作的移交人员还应当在移交清册中列明会计软件及密码、会计软件数据磁盘（磁带等）及有关资料、实物等内容。

（4）会计人员办理交接手续，必须有监交人负责监交。一般会计人员交接，由单位会计机构负责人、会计主管人员负责监交；会计机构负责人、会计主管人员交接，由单位领导人负责监交，必要时可由上级主管部门派人会同监交。

（5）移交人员在办理移交时，要按移交清册逐项移交；接替人员要逐项核对点收。

① 现金、有价证券要根据会计账簿有关记录进行点交。库存现金、有价证券必须与会计账簿记录保持一致。不一致时，移交人员必须限期查清。

② 会计凭证、会计账簿、会计报表和其他会计资料必须完整无缺。如有短缺，必须查清原因，并在移交清册中注明，由移交人员负责。

③ 银行存款账户余额要与银行对账单核对，如不一致，应当编制银行存款余额调节表调节相符，各种财产物资和债权债务的明细账户余额要与总账有关账户余额核对相符；必要时，要抽查个别账户的余额，与实物核对相符，或者与往来单位、个人核对清楚。

④ 移交人员经管的票据、印章和其他实物等，必须交接清楚；移交人员从事会计电算化工作的，要对有关电子数据在实际操作状态下进行交接。

（6）会计机构负责人、会计主管人员移交时，还必须将全部财务会计工作、重大财务收支和会计人员的情况等，向接替人员详细介绍。对需要移交的遗留问题，应当写出书面材料。

（7）交接完毕后，交接双方和监交人员要在移交注册上签名或者盖章，并应在移交注册上注明：单位名称，交接日期，交接双方和监交人员的职务、姓名，移交清册页数以及需要说明的问题和意见等。移交清册一般应当填制一式三份，交接双方各执一份，存档一份。

（8）接替人员应当继续使用移交的会计账簿，不得自行另立新账，以保持会计记录的连续性。

▶ 3. 原始凭证的基本要求

（1）原始凭证的内容必须具备：凭证的名称；填制凭证的日期；填制凭证单位名称或者填制人姓名；经办人员的签名或者盖章；接受凭证单位名称；经济业务内容；数量、单价和金额。

（2）从外单位取得的原始凭证，必须盖有填制单位的公章；从个人取得的原始凭证，必须有填制人员的签名或者盖章。自制原始凭证必须有经办单位领导人或者其指定的人员签名或者盖章。对外开出的原始凭证，必须加盖本单位公章。

（3）凡填有大写和小写金额的原始凭证，大写与小写金额必须相符。购买实物的原始凭证，必须有验收证明。支付款项的原始凭证。必须有收款单位和收款人的收款证明。

（4）一式几联的原始凭证，应当注明各联的用途，只能以一联作为报销凭证。一式几联的发票和收据，必须用双面复写纸（发票和收据本身具备复写纸功能的除外）套写，并连续编号。作废时应当加盖"作废"戳记，连同存根一起保存，不得撕毁。

（5）发生销货退回的，除填制退货发票外，还必须有退货验收证明；退款时，必须取得对方的收款收据或者汇款银行的凭证，不得以退货发票代替收据。

（6）职工公出借款凭据，必须附在记账凭证之后。收回借款时，应当另开收据或者退还借据副本，不得退还原借款收据。

（7）经上级有关部门批准的经济业务，应当将批准文件作为原始凭证附件；如果批准文件需要单独归档的，应当在凭证上注明批准机关名称、日期和文件字号。

（8）原始凭证不得涂改、挖补。发现原始凭证有错误的，应当由开出单位重开或者更正，更正处应当加盖开出单位的公章。

（9）原始凭证不得外借，其他单位如因特殊原因需要使用原始凭证时，经本单位会计机构负责人、会计主管人员批准，可以复制。向外单位提供的原始凭证复制件，应当在专设的登记簿上登记，并由提供人员和收取人员共同签名或者盖章。

（10）从外单位取得的原始凭证如有遗失，应当取得原开出单位盖有公章的证明，并注明原来凭证的号码、金额和内容等，由经办单位会计机构负责人、会计主管人员和单位领导人批准后，才能代作原始凭证。如果确实无法取得证明的，如火车、轮船、飞机票等凭证，由当事人写出详细情况，由经办单位会计机构负责人、会计主管人员和单位领导人批准后，代作原始凭证。

▶ **4. 账簿登记**

会计账簿包括总账、明细账、日记账和其他辅助性账簿。

（1）现金日记账和银行存款日记账必须采用订本式账簿。不得用银行对账单或者其他方法代替日记账。

（2）实行会计电算化的单位，用计算机打印的会计账簿必须连续编号，经审核无误后装订成册，并由记账人员和会计机构负责人、会计主管人员签字或者盖章。

（3）下列情况，可以用红色墨水记账。

① 按照红字冲账的记账凭证，冲销错误记录。

② 在不设借贷等栏的多栏式账页中，登记减少数。

③ 在三栏式账户的余额栏前，如未印明余额方向的，在余额栏内登记负数余额。

④ 根据国家统一会计制度的规定可以用红字登记的其他会计记录。

（4）实行会计电算化的单位，总账和明细账应当定期打印。发生收款和付款业务的，在输入收款凭证和付款凭证的当天必须打印出现金日记账和银行存款日记账，并与库存现金核对无误。

▶ **5. 会计监督**

（1）会计机构、会计人员进行会计监督的依据。

① 财经法律、法规、规章。

② 会计法律、法规和国家统一会计准则。

③ 各单位根据《中华人民共和国会计法》和国家统一会计准则制定的单位内部会计管理制度。

④ 各单位内部的预算、财务计划、经济计划、业务计划。

（2）会计机构、会计人员应当对原始凭证进行审核和监督。对不真实、不合法的原始凭证，不予受理。对弄虚作假、严重违法的原始凭证，在不予受理的同时，应当予以扣留，并及时向单位领导人报告，请求查明原因，追究当事人的责任。对记载不明确、不完整的原始凭证，予以退回，要求经办人员更正、补充。

（3）会计机构、会计人员对伪造、变造、故意毁灭会计账簿或者账外设账行为，应当制止和纠正；制止和纠正无效的，应当向上级主管单位报告，请求做出处理。

（4）会计机构、会计人员应当对实物、款项进行监督，督促建立并严格执行财产清查制度。发现账簿记录与实物、款项不符时，应当按照国家有关规定进行处理。超出会计机构、会计人员职权范围的，应当立即向本单位领导报告，请求查明原因，做出处理。

（5）会计机构、会计人员对指使、强令编造、篡改财务报告行为，应当制止和纠正；制止和纠正无效的，应当向上级主管单位报告，请求处理。

（6）会计机构、会计人员应当对财务收支进行监督。

① 对审批手续不全的财务收支，应当退回，要求补充、更正。

② 对违反规定不纳入单位统一会计核算的财务收支，应当制止和纠正。

③ 对违反国家统一的财政、财务、会计制度规定的财务收支，不予办理。

④ 对认为是违反国家统一的财政、财务、会计制度规定的财务收支。应当制止和纠正；制止和纠正无效的，应当向单位领导人提出书面意见请求处理。单位领导人应当在接到书面意见起十日内做出书面决定，并对决定承担责任。

⑤ 对违反国家统一的财政、财务、会计制度规定的财务收支，不予制止和纠正，又不向单位领导人提出书面意见的；也应当承担责任。

⑥ 对严重违反国家利益和社会公众利益的财务收支，应当向主管单位或者财政、审计、税务机关报告。

参考资料

某工程公司项目部财务管理办法

为了加强、规范经理部财务日常管理工作，强化项目成本管理，发挥财务在经理部经营管理和提高经济效益中的作用，根据新《中华人民共和国会计法》《企业会计准则》和公司《财务管理制度细则》等规定，结合经理部实际情况，制定本财务管理办法。

第一条　财务部门的职责与权利

（1）财务部门的职责：依法组织与实施经理部的会计管理工作，及时、准确地收集、整理和报告会计信息；并适时进行会计分析，提出管理建议，上报项目经理。

（2）财务部门的权利：审核各种原始凭证的真实性、合法性与有效性，对于不真实、不合法的原始凭证有权拒绝报销，情况严重的上报项目经理。

（3）财务部直接对项目经理负责。

第二条　会计和出纳的职责

（1）会计的职责。

① 依法组织进行会计记录和报告，做到手续完备，账目清楚，计算准确，报送及时。

② 收集、整理和分析有关会计数据与资料，适时提出管理建议。

③ 联系工程计量部，准确核算联合施工单位应分摊的各项税费、应拨工程款，以及各施工队的计价工作。

④ 协助设备部和材料部搞好机料管理，严把成本控制关。

⑤ 注意检查资金运用情况，挖掘增收节支潜力，及时提出合理化建议。

⑥ 遵守职业道德规范，不得泄露经理部机密。

⑦ 完成其他交办工作。

（2）出纳的工作职责。

① 认真执行现金管理制度，根据会计审核（签字）的收付款凭证办理款项收付，收付款凭证及原始凭证附件上加盖"收讫""付讫"章。

② 及时准确地办理各项银行结算工作。

③ 严格支票管理制度，建立支票使用档案。

④ 配合会计做好相关辅助工作。

⑤ 遵守职业道德规范，不得泄露经理部机密。

⑥ 完成其他交办工作。

第三条　财务日常工作办法

（1）项目经理部财务采取印鉴分管制度，出纳一枚，会计一枚，其中一人外出时，交由项目经理监管。

（2）财务人员审核各种原始凭证的真实性、合法性与有效性，对于不真实、不合法的原始凭证有权拒绝报销，情况严重的上报项目经理。

（3）对于发生的业务，应开具刘门行业的正规发票，不能取得正规发票的，应由业务经办人到税务局开具税务发票，特殊情况的经项目经理同意后，由财务办理。

（4）发票正面必须注明日期、单位、货物名称、数量、单价、金额、收款人，并盖有销货单位发票专用章或财务专用章。

（5）发票反面必须注明事项、经办人、证明人、验收人或在发票粘贴簿反面注明事由，并根据有关规定办理报账手续。

（6）大额购买材料、办公用品等，须填写《申购单》，经项目经理批准后方可购买。

（7）职工医疗费用原则上不能报销，工伤除外，具体参照总公司《管理办法》执行。

（8）材料部购买固定资产、大型周转材料，必须向总公司设备物资部打正式的申请报告，经总公司审批同意后，材料部才能购买，材料设备发票必须由项目经理签字报账。

（9）准予报销的罚款，应该写明具体情况，并有人证明，经项目经理签字后，列为间接费用。

（10）费用报销的程序是：报销人收集原始单据→会计初步审核同意→项目经理签字同意→会计制凭证→出纳付款或会计制凭证冲账。

第四条　备用金及借款程序管理

（1）采购人员、驾驶员、对外联系业务人员等可借支备用金；每人借支累计总额具体规定为：项目经理、项目副经理20 000元，总工10 000元，办公室主任10 000元，驾驶员3 000元，部门负责人3 000～4 000元，其他人员视具体情况而定。

（2）备用金借支程序：借款人申请→会计审核签署意见→项目经理签字同意→会计出凭证→出纳付款。

（3）民工个人不能直接向财务部借支，必须通过所属施工工区负责人向财务借支。

（4）借款人必须在每年年底，或离职、工程竣工前报销冲账，对借款人未及时偿还的借支，财务部门有权扣工资偿还。

（5）超过借支总额累计金额的，不能再次借支。

（6）备用金使用过程中，1 000元以内的经济活动可由项目部部门负责人签字负责，1 000元以上的必须由项目经理同意，否则不给予报账。

（7）施工队借款必须由工程计划部、质检部、分管领导开具工程量情况说明，交财务扣除借款后报项目经理审批，预防不良超支现象发生。

上述相关规定，若遇到特殊情况，可视具体情况，经项目经理签字同意后，灵活变通处理。

第五条　支票领用管理

（1）为严格控制现金使用量，超过现金结算金额和范围的必须使用支票；特殊情况下，使用大金额现金结算，应事先征得财务部门的同意，并经项目经理同意后，方可进行现金支付。

（2）各部门应在每月月底，将下月的用款计划送交财务部门，支票领用人凭借有效的用款计划填写支票领用单，经领导审批后领用，并同时登记《支票领用登记簿》。支票领用单上应注明所需金额上限，超出上限应通知财务部，否则财务部将通知银行，作废该支票，由此所引起的一切后果，由支票领用人完全承担。

（3）支票存根应由收款人签字，并加盖印章，支票存根因故遗失，支票领用人应立即通知财务部，并以书面形式上报项目经理，由此而造成的一切后果，由支票领用人承担。

（4）已用的支票在3天内必须办理有关冲账手续，对无故拖延冲账的按支票金额的5‰处以罚金，在当月工资中扣缴；特殊情况应向财务部说明。

（5）未用的支票应在当日（最迟次日）退回财务部门，否则罚款500元；如果丢失支票，领用人必须立即报财务部门采取补救措施，并向项目经理写出书面报告，由此造成的一切损失由支票领用人承担。

（6）出纳开具支票，应填写收款人栏目。

（7）支票领用人对所领用的支票的大小写金额、收款人名称等全部内容可能发生的差错负全责。

第六条　业务招待费和误餐费

（1）业务招待费仅限于招待与本项目有关的单位及个人。

（2）因办理经理部相关业务事项，发生的误餐费，可以报销。

（3）业务招待费和误餐费必须取得正式发票，并在发票后注明时间、经办人及证明人。

（4）业务招待费原则上由部门负责人以上报销，但发生业务招待费前应告知项目经理。其他人员一般情况不得报销业务招待费，若特殊情况需由部门负责向项目经理反映审批后方可发生，报销程序按财务日常工作办法执行。

（5）业务招待过程中发生的无票支出，由项目经理同意后，财务统一办理。

（6）项目部各部门的业务招待费，应本着节约的原则合理开支。

第七条　差旅费的报销

（1）因为总公司开会、培训等，需出公差，项目部主要领导和主要负责人，由项目经理根据事由缓急，可自行安排乘坐飞机、火车或汽车，票务费用，按实报销；其余人员按火车(硬卧)标准报销，紧急情况下，项目经理特批者除外。

未经同意的飞机票，只能按照火车(硬卧)票报销，差价由经办人自行承担。

(2) 项目部职工每季度享受 7 天探亲假(含往返时间)，假期不能累计，项目部根据具体情况，适当安排轮休，探亲假为带薪休假，休假期间的工资按照项目部基本工资同期发放，不再享受效益工资和各种补贴。

探亲差旅费可以报销，车船费可包括往返飞机票和汽车票、火车票，省内不允许报销飞机票。

(3) 住宿费标准，执行总公司《管理办法》的相关规定。

(4) 差旅费报销只能包括车船费和住宿费，出差期间发生的其他费用，要单独报销。

(5) 所有休假、请假出公差者，均需填报《请假条》交行办存档，作为发放工资福利的依据；差旅费报销必须填写《差旅费报销单》。

第八条　计价单的开具

(1) 经理部发生的相关工程成本费用支出，收款单位(或个人)凭工程部门开具的《工程计价领款书》到财务部结账。

(2)《工程计价领款书》由计价者根据工程部门相关业务的原始单据，核实计算后开出。财务部审核只对金额正确与否负责，不对原始单据的正确性负责。

(3)《工程计价领款书》由相关部门签字以明确责任后，交项目经理签字同意后，方可作为记账凭据。

(4)《工程计价领款书》应每月开一次，手续完善后交财务列账，做好每月成本核算工作。

(5)《工程计价领款书》采用总公司统一印制的。

第九条　工资核算

(1) 职工工资分为标准工资、加班费、效益工资及其他津贴。

(2) 标准工资按照总公司《项目经理部工资改革方案》执行。

(3) 加班费的计算方法。

① 法定节假日加班，按下列公式计发加班费。

$$(本人月工资×300\%)÷20.92 天×加班天数$$

② 法定节假日以外的加班，按下列公式计发加班费。

$$(本人月工资×200\%)÷20.92 天×加班天数×一定基数$$

每月按 8 天计算加班费，法定节假日按国家相关规定执行。

(4) 效益工资的评定由各部门负责人根据职工的能力、工作表现、工作态度来评定，各部门负责人由项目经理评定。

(5) 每月发放工资，由会计根据行办提供的《职工考勤表》，会同项目办公室一起制定《工资发放单》，经项目经理签字审批后，由出纳发放。

(6) 职工因私事中途请假回家不超过 7 天(含往返时间)，假期超过 15 天者，只发放基本工资，在此期间的所有工资奖金劳保福利均不再发放。职工一次请假时间超过 30 天者，或一年内有 3 次请假时间超过 15 天者，项目部只发放基本生活费 500 元/月，其余所有工资、奖金、劳保、福利均不再发放；一年内请假时间累计超过 183 天(半年)者，取消年终奖、通车奖等的发放。

（7）项目部职工各种补贴遵照国家劳动法和总公司管理办法执行。

第十条　材料、固定资产的核算

（1）钢材、水泥、砂石料、商品混凝土等主要材料，购进时，材料部应向财务部提供规定的《材料结算表》，并附过磅单，经材料部两人签字，主管项目副经理审核，项目经理审批。

（2）其他零星材料的采购，由项目部与固定的供应商签订长期供货合同，定点采购，分月结算。零星材料，必须附有详细清单和单价，由主管项目副经理审核。

以上包括五金材料、电器材料、油料、氧气乙炔、外加剂等。

（3）项目部存货（库存商品）的核算采用"实际成本"法，存货发出时，一律采用"加权平均法"计价。

（4）月末已经入库，未取得发票的材料，按暂估价入账，采用"抽单法"核算。

（5）低值易耗品的摊销，采用"五五摊销法"进行核算，建立低值易耗品领用台账，定期盘点，每月一次，达到报废的予以注销。

（6）周转材料的摊销，采用"分期摊销法"进行核算。

（7）固定资产的核算与管理，按照总公司《财务管理制度细则》《固定资产管理办法》执行。对于固定资产的增减变动，设备部应及时报财务部进行相关的账务处理（否则后果自负），并上报总公司相应部门。

（8）所有材料，全部由材料部编制《验收单》，财务部以此为依据，登记材料账。

（9）每月25日为材料结账日，同时材料部向财务部上报《材料领用汇总表》，并附材料领用的详细清单。上述单据，最后经材料部部长签字并加盖公章生效，财务部以此为依据，进行材料成本核算，并核销材料账。

（10）每月材料部必须与财务部进行账账核对，做到账账相合，账实相合。对于产生的差异，材料部填报《材料盘点表》，说明情况，并报主管项目副经理审批。

低值易耗品、周转材料的摊销、固定资产的折旧，由财务部进行核算并报材料部，材料部依据财务部提供的数据进行账务处理。

第十一条　车辆使用费和办公用品管理

（1）经理部的车辆，每月报销一次车辆使用费，跨月费用不再报销，修车费用的金额使用权限参照备用金管理的相关规定执行。同时必须附有加盖公章的"修理清单"作为附件。

车辆使用费需先由办公室主任审核签字。

（2）办公用品，一般应由办公室定点采购，每月结账报销一次，并附采购清单，说明结账时的折扣情况。

（3）贵重商品的采购，必须附有详细的"采购清单"，并由办公室负责领取登记工作，定期与财务核对实物账。

第十二条　附则

（1）本财务管理办法为试行办法，其未尽事项，由项目部制定相关条款的《实施细则》予以补充说明；最终解释权属于经理部财务部。

（2）本财务管理办法上报总公司审核、备案。

（3）本财务管理办法经项目经理签字同意后生效，自＿＿＿＿年＿＿＿月＿＿＿日起实行。

课后习题

1. 施工企业可以分为几类？它们共同的特点是什么？
2. 什么是工程项目的整体和分体？它们与会计核算有何关系？
3. 施工企业常见的财务管理模式有哪些？
4. 施工企业会计核算有何特点？

2 项目二
施工企业资金筹集业务核算

学习目标

知识目标

1. 熟悉企业资金的筹集渠道
2. 掌握各种筹资方式的特点
3. 掌握企业筹资的管理模式

能力目标

1. 能对不同筹资方式进行账务处理
2. 能说出内部银行的业务处理程序
3. 能根据实际情况选择较佳的筹资方式

导言：为什么施工企业比一般企业更要注重资金管理

随着国内工程建设市场竞争的加剧，资金实力已成为体现施工企业实力的关键因素。承接公路工程项目一般经过投标、中标、前期准备、进场施工、施工结算、交工验收、缺陷责任期维修、竣工验收等环节，运营资金从投标开始即投入，到缺陷责任期结束才能全部收回。我们以四川省为例，一般情况来看，公路工程建设项目应经过以下阶段。

（1）招商谈判阶段。参与四川省内投资建设类项目，需要在招商谈判阶段向业主交纳信用保证金，一般为项目建安投资总额的30％。中选与否，信用保证金都会在中选通知书下发后7天内退还。

（2）资格预审阶段。企业注册资本与经营规模的大小成为工程资格审定环节能否符合资格的重要参考指标；四川省内的项目不需要办理银行信贷及交纳保证金，但是大部分省外市场都需要提供银行信贷证明，信贷额度视工程规模的大小决定，从500万～2 000万元不等。在河南、广西、天津、山西、河北、贵州、湖南等省市，预审阶段均需要交纳信用保证金，从30万～300万元不等。如预审未通过，企业可以在收到业主的预审未通过的通知书后收到退还的信用保证金并解除信贷。

（3）预审通过后，进入投标阶段。企业向业主交纳的投标保证金有现金和保函两种形式，其总和不超过工程造价的 2%。比如，四川省内一般为 80 万元/合同段的现金加上几百万元的银行保函；四川省外一般为 20 万～100 万元的投标保证现金。如果在预审阶段交纳了信用保证金，可以将信用保证金一并转为投标保证金。如落标，在中标单位签订合同后 5 个工作日内，业主将退还投标保证金。资金雄厚的企业可以同时参与多个项目投标，可以承揽的项目也相对较多。

（4）工程中标后，签订合同前（一般为收到中标通知书后 5～14 个工作日内），企业需向业主交纳履约保证金（10% 的现金或保函）。如果是低价中标的项目，还需要交纳低价履约保证金。低价履约保证金可视工程的进度、质量等情况逐步退还。工程竣工验收后，业主退还全部履约保证金。另外，有的地区还要求交纳民工工资保证金。民工工资保证金一般在项目主体工程完后退还 60%，办理完工程决算后，退还余下的 40%；也有的地区在签发交工证书且承包人无民工工资拖欠现象时退还或者等工程全部完工，业主张贴公告后一次性退还。

取得一定的经济资源是进行生产经营活动的前提条件。资金筹集是指企业通过各种方式和法定程序，从不同的资金渠道筹措所需资金的全过程。资金筹集活动是企业生存、发展的基本前提，没有资金企业将难以生存，也不可能有发展。正所谓：巧妇难为无米之炊。

概括来说，企业筹集的资金包括所有者投入的资金和借入资金两类；前者通常称为所有者权益，后者通常称为负债。所有者权益主要包括两项：一是实收资本，指企业所有者按照法律规定在创立时投入的资本或在创立后增加的资本，在公司制企业称为股本；二是留存收益，指企业按照法律规定或企业内部分配政策，为用于补充生产经营资金、用于职工集体福利设施、用于后备或以后年度分配等，将税后利润留在企业的部分；另外，因资产重估增值、股本溢价等形成的资金，也是企业所有者权益的一项内容。负债主要包括向银行借款、发行债券、商业信用等。

任务一 施工企业资金筹集的渠道

一、资本金投入

我国《企业财务通则》规定，"设立企业必须有法定的资本金。资本金是指企业在工商行政管理部门登记的注册资金。"我国有关法规遵循实收资本与注册资金相一致的原则。资本金在不同类型的企业中的表现形式有所不同。股份有限公司的资本金被称为股本，股份有限公司以外的一般企业的资本金被称为实收资本。

经常遇到三个概念：注册资本、实收资本和投入资本。它们三者之间有什么关系呢？注册资本是企业在工商登记机关登记的投资者缴纳的出资额。我国设立企业采用注册资本制，投资者出资达到法定注册资金要求是企业设立的先决条件，而且根据注册资本制的要求，企业会计核算中的实收资本即为法定资本，应当与注册资本相一致，企业不得擅自改变注册资本数额或抽逃资金。投入资本是投资者作为资本实际投入企业的资金数额，一般情况下，投资者投入资本，即构成企业的实收资本，也正好等于其在登记机关的注册资本。但是，在一些特殊情况下，投资者也会因种种原因超额投入（如溢价发行股票等），从而使其投入资本超过企业注册资本，在这种情况下，企业进行会计核算时，应单独核算。

（一）投入资本的形式与计量

▶ 1. 投入资本的形式

（1）以现金投入的资本，是指投资者直接以货币资金向企业出资。

（2）以非现金资产投入的资本，非货币资金主要包括实物、知识产权、土地使用权等非货币性资产。

▶ 2. 投入资本的计量

1）非股份有限公司的资本计量

（1）以实际收到或者存入企业开户行的金额作为实收资本入账，如超过注册资本则计入资本公积。

[例 2-1] 某工程股份有限公司发行普通股 2 000 万股，每股面值 1 元，每股发行价 4 元。发行成功，发行费用忽略不计，股款 8 000 万元已经到账。公司对于以上业务做如下会计分录。

借：银行存款		80 000 000
贷：股本		20 000 000
资本公积		60 000 000

（2）以非现金资产投入的资本按合同或协议约定的价值作为实收资本入账，合同或约定不公允的除外。

[例 2-2] 某工程股份有限公司收到投资人投入的设备一台，价值 20 000 元，增值税进项税额 2 600 元；收到投资人投入的原材料一批，双方确认价值 200 000 元，增值税 26 000 元。编制会计分录如下。

借：固定资产	20 000
原材料	200 000
应交税金——应交增值税（进项税额）	28 600
贷：股本	248 600

[例 2-3] 某施工企业接受 A 公司以一项专有技术向企业投资，经评估作价 130 000 元，接受 B 公司以土地使用权作为投资，经协商确认价值为 100 000 元。根据有关凭证，作如下会计处理。

借：无形资产——专有技术	130 000
——土地使用权	100 000
贷：实收资本——法人资本金（A 公司）	130 000
——法人资本金（B 公司）	100 000

（3）投入的外币。企业收到以外币投入的资本，采用交易日即期汇率折算为记账本位币，不产生外币折算差额。

借：银行存款

贷：实收资本

[**例2-4**] 某非上市施工企业吸收外国 A 公司入股，收到股本100 000欧元，即时汇率为 8.00 元/欧元，存入银行。

借：银行存款　　　　　　　　　　　　　　　　　　(100 000×8.0)800 000
　　贷：实收资本　　　　　　　　　　　　　　　　　　　　　　　　800 000

2）股份有限公司的股本计量

(1) 按面值作为股本，超过面值发行取得的收入，超过面值的部分计入资本公积。

(2) 境外上市公司及在境内发行外资股的公司，按确定的人民币面值和核定的股份总额的乘积计算的金额作为股本入账，按交易日即期汇率折合的人民币金额与按人民币计算的股票面值总额的差额，作为资本公积处理。

(3) 股份有限公司采用收购本企业股票方式减资的，按注销股票的面值总额减少股本，购回股票支付的价款超过面值总额的部分，依次减少资本公积和留存收益，借记"股本""资本公积""盈余公积""利润分配——未分配利润"科目，贷记"银行存款""库存现金"科目。购回股票支付的价款低于面值总额的，按股票面值，借记"股本"科目，按支付的价款，贷记"银行存款""库存现金"科目；按其差额，贷记"资本公积"科目。

[**例2-5**] 某施工企业按法定程序报经批准后，采用收购方式收购企业股票的方式减资，以每股 7 元的价格收回并注销其在外发行的普通股 300 万股，以银行存款实际支付价款2 100万元。该股票的面值为每股 1 元，发行价为每股 4.5 元，假设企业"资本公积——股本溢价"账户的余额为1 500万元，"盈余公积"账户的余额为 200 万元。根据有关凭证，作如下会计处理。

借：股本——普通股　　　　　　　　　　　　　　　　　　　　3 000 000
　　资本公积——股本溢价　　　　　　　　　　　　　　　　　15 000 000
　　盈余公积　　　　　　　　　　　　　　　　　　　　　　　2 000 000
　　利润分配——未分配利润　　　　　　　　　　　　　　　　1 000 000
　　　贷：银行存款　　　　　　　　　　　　　　　　　　　　21 000 000

(二) 账务处理

▶ 1. 非股份有限公司

设置"实收资本"总账科目，并按出资人(股东)名称设置明细账。

新设时，全部计入"实收资本"科目；增资扩股时，资本溢价计入"资本公积"科目。

▶ 2. 股份有限公司

设置"股本"总账科目，并按股东名称设置明细账。

1）关于费用的处理

发起设立的费用较少，可直接计入财务费用；募集设立的，如果溢价发行，从溢价中抵扣，不足抵扣的部分直接计入当期财务费用。

2）可转换债券转股本

(1) 公司发行可转换公司债券并进行初始确认时，要将其包含的负债和权益成分进行分拆——负债成分确认为"应付债券——可转换公司债券"，权益成分确认为"资本公积——其他资本公积"。在分拆时，应该对负债成分的未来现金流量进行折现确定为负债成分的初始确认金额；再按发行价格总额扣除负债成分初始确认金额后的价值为权益成分初始确认金额。可转公司债券的发行费用应该在负债成分和权益成分之间按照各自相对公允价的值进行分摊。

[例2-6] 某公司于2016年1月1日，发行面值为40 000万元的可转换公司债券，发行价格为41 000万元。该债券期限为4年，票面年利率为4%，利息按年支付；债券持有者可在债券发行1年后转换股份，转换条件为每100元面值的债券转换40股该公司普通股。该公司发行该债券时，二级市场上与之类似但没有转股权的债券的市场利率为6%。债券已发行完毕，发行费用为15万元，扣除发行费用后的款项均已存入银行。

会计处理如下。

负债成分应确认的金额＝$40\ 000 \times 4\% \times P/A(i=6\%, n=4) + 40\ 000 \times P/F(i=6\%, n=4) = 37\ 228.16$（万元）

权益成分应确认的金额＝$41\ 000 - 37\ 228.16 = 3\ 771.84$（万元）

负债应分配的发行费用＝$15/(37\ 228.16 + 3\ 771.84) \times 37\ 228.16 = 13.62$（万元）

权益应分配的发行费用＝$15 - 13.62 = 1.38$（万元）

借：银行存款		409 850 000
应付债券——可转换公司债券（利息调整）		27 854 600
贷：应付债券——可转换公司债券（面值）		400 000 000
其他权益工具		37 704 600

（2）在转股前，可转公司债券负债成分应按照一般公司债券进行相同的会计处理，即根据债券摊余成本乘上实际利率确定利息费用计入"财务费用"或相关资产账户，根据债券面值乘上票面利率确定实际应支付的利息计入"应付债券——可转换公司债券（应计利息）"或者"应付利息"账户，两者之间的差额作为利息调整进行摊销，计入"应付债券——可转换公司债券（利息调整）"账户。

[例2-7] 接例2-6，2016年12月31日应对负债成分计提一年的债券利息。会计处理如下。

应付利息＝$40\ 000 \times 4\% = 1\ 600$（万元）

财务费用＝$(40\ 000 - 2\ 785.46) \times 6\% = 2\ 232.87$（万元）

利息调整＝$2\ 232.87 - 1\ 600 = 632.87$（万元）

借：财务费用		22 328 700
贷：应付利息		1 600 000
应付债券——可转换公司债券（利息调整）		6 328 700

（3）投资人到期行使债券的转换权，债权发行方应按合同约定的条件计算转换的股份数，确定股本的金额，计入"股本"账户，同时结转债券账面价值，两者之间的差额计入"资本公积——股本溢价"账户；此外，还要把可转换公司债券初始核算分拆确认的"其他权益工具"金额一同转入"资本公积——股本溢价"账户。

[例2-8] 接例2-7，2017年6月30日，债券持有者将面值为40 000万元的可转换公司债券申请转换股份，并于当日办妥相关手续。假定转换部分债券未支付的应付利息不再支付。相关手续已于当日办妥。

2017年6月30日转换股份时的会计处理如下。

① 计提2017年1月1日至2017年7月30日的利息。

应付利息＝$40\ 000 \times 4\% \times 6/12 = 800$（万元）

财务费用＝(40 000－2 785.46＋632.87)×6％×6/12＝1 135.42(万元)

利息调整＝1 135.42－800＝335.42(万元)

借：财务费用   11 354 200

    贷：应付利息   8 000 000

        应付债券——可转换公司债券(利息调整)   3 354 200

② 编制转股分录。

借：应付债券——可转换公司债券(面值)   400 000 000

    应付利息   8 000 000

    贷：应付债券——可转换公司债券(利息调整)   18 171 700

        股本   160 000 000

        资本公积——股本溢价   229 828 300

借：其他权益工具   37 704 600

    贷：资本公积——股本溢价   37 704 600

3) 重组债务转为资本

股份的公允价值与相应的实收资本或股本之间的差额计入"资本公积——资本溢价或股本溢价"账户，重组债务的账面价值与股份的公允价值总额之间的差额贷记"营业外收入——债务重组利得"。

[例2-9]施工企业甲公司应收乙公司应收账款的账面余额为200 000元，由于乙公司无法偿付，经双方协商同意，乙公司以普通股偿还，假设普通股面值为1元，乙公司以100 000股抵偿该债务(不考虑相关税费)。甲公司对应收账款提取坏账准备10 000元。乙公司债务重组后股票公允价值为1.6元/股。则双方会计分录如下。

(1) 债务人乙公司的账务处理。

借：应付账款   200 000

    贷：股本   100 000

        资本公积   60 000

        营业外收入——债务重组利得   40 000

(2) 债权人甲公司的账务处理。

借：长期股权投资——乙公司(股权投资成本)   160 000

    坏账准备   10 000

    营业外支出——债务重组损失   30 000

    贷：应收账款   200 000

二、银行借款

按借款的时间分，通常可以将企业借款分为短期借款和长期借款。

▶ 1. 短期借款

短期银行借款是指企业根据借款合同向银行或非银行金融机构借入的期限在1年以内(含1年)的借款。短期银行借款是绝大多数企业短期资金来源中最重要的组成部分。

企业应通过"短期借款"科目，核算短期借款的取得及偿还情况。本科目应按债权人设置明细账，并按借款种类进行明细核算。

企业从银行或其他金融机构取得短期借款时，借记"银行存款"科目，贷记"短期借款"科目。

企业应当在资产负债表日按照计算确定的短期借款利息费用，借记"财务费用"科目，贷记"应付利息"科目；实际支付利息时，根据已预提的利息，借记"应付利息"科目，根据应计利息，借记"财务费用"科目，根据应付利息总额，贷记"银行存款"科目。

企业短期借款到期偿还本金时，借记"短期借款"科目，贷记"银行存款"科目。

[例 2-10] 某企业于 2017 年 1 月 1 日向银行借入短期借款 10 万元，期限为半年，年利率为 6%，利息按月预提，分季支付，借款本金到期后一次归还。根据上述经济业务，企业应作如下账务处理。

(1) 1 月 1 日借入款项时，作会计分录如下。

借：银行存款　　　　　　　　　　　　　　　　　　　　　100 000
　　贷：短期借款　　　　　　　　　　　　　　　　　　　　　　100 000

(2) 1 月末预提当月利息时，作会计分录如下。

预提利息 $= 100\ 000 \times 6\% \div 12 = 500$（元）

借：财务费用　　　　　　　　　　　　　　　　　　　　　　500
　　贷：应付利息　　　　　　　　　　　　　　　　　　　　　　500

2 月末预提当月利息的会计处理同上。

(3) 3 月末，支付本季度利息时，作会计分录如下。

借：财务费用　　　　　　　　　　　　　　　　　　　　　　500
　　应付利息　　　　　　　　　　　　　　　　　　　　　1 000
　　贷：银行存款　　　　　　　　　　　　　　　　　　　　　15 000

下一个季度的账务处理与上一个季度相同。

(4) 7 月 1 日借款到期归还本金时，作会计分录如下。

借：短期借款　　　　　　　　　　　　　　　　　　　　　100 000
　　贷：银行存款　　　　　　　　　　　　　　　　　　　　　100 000

▶ **2. 长期借款**

长期借款指企业向银行或其他非银行金融机构借入的使用期超过 1 年的借款，主要用于购建固定资产和满足长期流动资金占用需要。我国银行的长期借款，按照用途分为固定资产投资借款、更新改造借款、技术改造借款、基建借款、网点设施借款、科技开发和新产品试制借款等。

企业应通过"长期借款"科目，核算长期借款的借入、归还等情况。

[例 2-11] 某工程有限公司为修建办公楼，于 2017 年 1 月 1 日借入期限为 2 年的长期专门借款 1 500 000 元，款项已存入银行。借款利率按市场利率确定为 9%，每年付息一次，期满后一次还清本金。2017 年年初，该企业以银行存款支付工程价款共计 900 000元；2018 年年初，又以银行存款支付工程费用 600 000 元。该厂房于 2018 年 8 月 31 日完工，达到预定可使用状态。假定不考虑闲置专门借款资金存款的利息收入或者投资收益，该企业有关账务处理如下。

(1) 2017 年 1 月 1 日，取得借款时，作会计分录如下。

借：银行存款　　　　　　　　　　　　　　　　　　　　　1 500 000

  贷：长期借款——××银行——本金   1 500 000

 （2）2017年年初，支付工程款时，作会计分录如下。

  借：在建工程——办公楼   900 000

   贷：银行存款   900 000

 （3）2017年12月31日，计算2017年应计入工程成本的利息费用时，作会计分录如下。

  借款利息＝1 500 000×9％＝135 000（元）

  借：在建工程——办公楼   135 000

   贷：应付利息——××银行   135 000

 （4）2017年12月31日，支付借款利息时，作会计分录如下。

  借：应付利息——××银行   135 000

   贷：银行存款   135 000

 （5）2018年年初，支付工程款时，作会计分录如下。

  借：在建工程——办公楼   600 000

   贷：银行存款   600 000

 （6）2018年8月31日，工程达到预定可使用状态时，作会计分录如下。

  该期应计入工程成本的利息＝（1 500 000×9％÷12）×8＝90 000（元）

  借：在建工程——办公楼   90 000

   贷：应付利息——××银行   90 000

  同时：

  借：固定资产——办公楼   1 725 000

   贷：在建工程——办公楼   1 725 000

 （7）2018年12月31日，计算2018年9—12月的利息费用时应计入财务费用的利息＝（1 500 000×9％÷12）×4＝45 000（元）。

  借：财务费用——××借款   45 000

   贷：应付利息——××银行   45 000

 （8）2018年12月31日，支付利息时，作会计分录如下。

  借：应付利息——××银行   135 000

   贷：银行存款   135 000

 （9）2019年1月1日，到期还本时，作会计分录如下。

  借：长期借款——××银行——本金   1 500 000

   贷：银行存款   1 500 000

  企业借入长期借款，应按实际收到的金额，借记"银行存款"科目，贷记"长期借款——本金"科目；如存在差额，还应借记"长期借款——利息调整"科目。

  注意：当取得借款与合同约定的数额不一致时，则有"利息调整"，也就意味着实际利率与合同利率不一致，后续期间涉及利息调整的摊销；若取得的借款就是借款合同约定的数额，则没有"利息调整"，也就意味着实际利率和合同利率是相同的。

  长期借款利息费用应当在资产负债表日按照实际利率法计算确定，实际利率与合同利率差异较小的，也可以采用合同利率计算确定利息费用。长期借款计算确定的利息费用，应当按以下原则计入有关成本、费用：属于筹建期间的，计入管理费用；属于生产经营期间的，计入财务费用。用于购建固定资产的，在固定资产尚未达到预定可使用状态前，所发生的应当资本化的利息支出数，计入在建工程成本；固定资产达到预定可使用状态后发生的利息支出，以及按规定不予资本化的利息支出，计入财务费用。

长期借款按合同利率计算确定的应付未付利息，计入"应付利息"科目。分别借记"在建工程""财务费用""工程施工"等科目，贷记"应付利息"科目。

注意：一次还本付息的长期借款，"应付利息"改为"长期借款——应计利息"科目。实务中一般不会出现此种情况。

三、应付债券

▶ 1. 债券的发行条件及分类

应付债券是企业以发行债券的形式，向社会筹资所形成的一种长期负债，其实质是一种长期应付票据。企业公开发行企业债券应符合下列条件：

(1) 股份有限公司的净资产不低于人民币3 000万元，有限责任公司和其他类型企业的净资产不低于人民币6 000万元；

(2) 累计债券余额不超过企业净资产(不包括少数股东权益)的40%；

(3) 最近三年平均可分配利润(净利润)足以支付企业债券一年的利息；

(4) 筹集资金的投向符合国家产业政策和行业发展方向，所需相关手续齐全。用于固定资产投资项目的，应符合固定资产投资项目资本金制度的要求，原则上累计发行额不得超过该项目总投资的60%。用于收购产权(股权)的，比照该比例执行。用于调整债务结构的，不受该比例限制，但企业应提供银行同意以债还贷的证明；用于补充营运资金的，不超过发债总额的20%；

(5) 债券的利率由企业根据市场情况确定，但不得超过国务院限定的利率水平；

(6) 已发行的企业债券或者其他债务未处于违约或者延迟支付本息的状态；

(7) 最近三年没有重大违法违规行为。

按发行方式可分为记名应付债券、无记名应付债券和可转换应付债券；按有无担保可分为有抵押应付债券和信用应付债券；按偿还方式不同可分为定期偿还的应付债券和分期偿还的应付债券。

▶ 2. 账务处理

1) 债券发行

借：银行存款等

　　贷：应付债券——面值

按差额借或贷记"应付债券——利息调整"。

2) 应付债券的利息费用

利息调整应在债券存续期间内采用实际利率法进行摊销。

资产负债表日，对于分期付息、一次还本的债券：

借：在建工程、财务费用等科目

　　贷：应付利息

　　　　应付债券——利息调整(或在借方)

对于一次还本付息的债券：

借：在建工程、财务费用等科目

　　贷：应付债券——应计利息

　　　　应付债券——利息调整（或在借方）

3）应付债券的偿还

采用一次还本付息方式的，企业应于债券到期时，借记"应付债券——面值""应计利息"科目，贷记"银行存款"科目。采用分期付息，一次还本方式的，借记"应付债券——面值""在建工程""财务费用""制造费用"。贷记"银行存款"科目，按借贷双方之间的差额，借记或贷记"应付债券——利息调整"科目。

4）应付可转换债券

企业发行的可转换公司债券，应当在初始确认时将其包含的负债成分和权益成分进行分拆，将负债成分确认为应付债券，将权益成分确认为资本公积。在进行分拆时，应当先对负债成分的未来现金流量进行折现，确定负债成分的初始确认金额，再按发行价格总额扣除负债成分初始确认金额后的金额确定权益成分的初始确认金额。发行可转换公司债券发生的交易费用，应当在负债成分和权益成分之间按照各自的相对公允价值进行分摊。

借：银行存款

　　贷：应付债券——可转换公司债券（面值）

　　　　资本公积——其他资本公积

　　　　应付债券——可转换公司债券（利息调整）（或在借方）

对于可转换公司债券的负债成分，在转换为股份前，其会计处理与一般公司债券相同，即按照实际利率和摊余成本确认利息费用，按照面值和票面利率确认应付利息，差额作为利息调整进行摊销。可转换公司债券持有者在债券存续期间内行使转换权利，将可转换公司债券转换为股份时，对于债券面额不足转换 1 股股份的部分，企业应当以现金偿还。

借：应付债券——可转换公司债券（面值、利息调整）

　　资本公积——其他资本公积

　　贷：股本

　　　　资本公积——股本溢价

　　　　银行存款等

[例 2-12] 某工程有限公司于 1 月 1 日发行公司债券，面值为 100 000 元，期限为 5 年，票面利率为 10%，每年付息一次，到期一次还本。假设发行时市场利率为 8% 时，则发行价格为 100 000 元，发行费用为 6 000 元。

平价发行时：

借：银行存款　　　　　　　　　　　　　　　　　　　　　　　100 000

　　贷：应付债券——债券面值　　　　　　　　　　　　　　　　　　　100 000

溢价（5 000 元）发行时：

借：银行存款　　　　　　　　　　　　　　　　　　　　　　　105 000

　　贷：应付债券——债券面值　　　　　　　　　　　　　　　　　　　100 000

　　　　应付债券——债券溢价　　　　　　　　　　　　　　　　　　　　5 000

折价(5 000 元)发行时：

借：银行存款   95 000

  应付债券——债券折价   5 000

  贷：应付债券——债券面值   100 000

▶ 3. 票面利息的计算、利息费用的确定、利息支付及其账务处理

债券的发行价格不影响票面利息的计算，即票面利息＝面值×票面利率。

但是，债券的不同发行价格影响利息费用的确定。

溢价发行时：利息费用＝票面利息－溢价摊销额。

平价发行时：利息费用＝票面利息。

折价发行时：利息费用＝票面利息＋折价摊销额。

溢价或折价发行的债券，溢价或折价的部分需在债券存续期内分期摊销，以调整各期的票面利息来确定利息费用。

票面利息计入"应付债券——应计利息"账户；溢价摊销额计入"应付债券——债券溢价"的贷方，折价摊销额计入"应付债券——债券折价"的借方；利息费用计入"财务费用"。

[例 2-13] 接例 2-12，溢价发行时，假设每年溢价摊销额为 1 200 元，账户处理如下。

借：财务费用   8 800

  应付债券——债券溢价   1 200

  贷：应付债券——应计利息   10 000

平价发行时：

借：财务费用   10 000

  贷：应付债券——应计利息   10 000

折价发行时，假设每年折价摊销额为 1 000 元，账户处理如下。

借：财务费用   11 000

  贷：应付债券——应计利息   10 000

    应付债券——折价摊销   1 000

每年支付利息时：

借：应付债券——应计利息   10 000

  贷：银行存款   10 000

任务二　施工企业资金筹集的管理

施工企业在成立时，必须按照《中华人民共和国公司法》、建设部门有关资质管理的规定、工商管理部门和公司章程的规定筹集资(股)本，并按企业管理制度的要求管理与核算资本金。货币资金应按规定存入银行，专人管理；实物资产、无形资产要经过评估及全体股东确认后投入公司管理及运营。

一、施工、房地产开发企业的财务制度规定

（1）企业筹集的资本金，按投资主体分为国家资本金、法人资本金、个人资本金和外商资本金等。国家资本金为有权代表国家投资的政府部门或者机构以国有资产投入企业形成的资本金。法人资本金为其他法人单位以其依法可以支配的资产投入企业形成的资本金。个人资本金为社会个人或者本企业内部职工以个人合法财产投入企业形成的资本金。外商资本金为国外投资者以及我国香港、澳门和台湾地区投资者投入企业形成的资本金。

（2）企业应当按照法律、法规和合同、章程的规定，及时筹集资本金。资本金可以一次或者分期筹集。一次性筹集的，从营业执照签发之日起 6 个月内筹足；分期筹集的，最后一期出资应当在营业执照签发之日起 3 年内缴清，其中，第一次筹集的投资者出资不得低于 15%，并且在营业执照签发之日起 3 个月内缴清。投资者未按照投资合同、协议章程的约定履行出资义务的，企业或者其他投资可以依法追究其违约责任。

（3）企业在筹集资本金过程中，吸收的投资者的无形资产（不包括土地使用权）的出资不得超过企业注册资金的 20%；因情况特殊，需要超过 20% 的，应当经有关部门审查批准，但是最高不得超过 30%。法律另有规定的，从其规定。企业不得吸收投资者的已设立有担保物权及租赁资产的出资。

（4）企业筹集的资本金，必须聘请中国注册会计师验资并出具验资报告，由企业据以发给投资者出资证明书。

（5）企业筹集的资本金，在生产经营期间内，投资者除依法转让外，不得以任何方式抽走。法律另有规定的，从其规定。投资者按照出资比例或者合同、章程的规定，分享企业利润和分担风险及亏损。

（6）企业在筹集资本金活动中，投资者实际缴付的出资额超出其资本金的差额（包括股份有限公司发行股票的溢价净收入），接受捐赠的财产，资产的评估确认价值或者合同、协议约定价值与原账面净值的差额等计入资本公积金。资本公积金按照法定程序，可以转增资本金。

二、企业集团（设内部银行、资金结算中心）筹融资管理一般规定

▶ **1. 筹资融资的方式**

（1）以公司名义向金融机构贷款或办理贷款展期。

（2）采用信用借款、抵押借款、质押借款和第三方保证方式对外筹融资。

（3）以公司或集团公司名义办理银行承兑汇票、银行信贷证明等银行信贷业务。

（4）以公司或集团名义办理各种保函、银行直证授权书等相关业务。

▶ **2. 筹资融资管理机构**

（1）为使企业的筹资融资行为始终处于受控状态，公司成立筹资融资论证委员会，负责公司筹资融资项目的论证和管理工作。

（2）筹资融资论证委员会由相关部门的领导组成。对于重大的、情况比较复杂的筹资融资项目，可聘请社会有关专家参与论证。

（3）筹资融资论证委员会的办公室设在财务管理部，具体办理筹资融资有关事宜。

▶ 3. 筹资融资权限

（1）内部银行按照公司年度生产经营计划，拟定公司筹融资（信贷规模）计划，经公司董事会批准后组织实施。

（2）为减少公司资金成本，降低筹资风险，公司应向国有商业银行和股份制商业银行筹措资金，一般不向非银行金融机构筹措资金。

（3）公司所属内部各单位，分公司不得直接从事各种筹资融资活动。

（4）为减轻公司的债务负担，改善企业财务状况，保证正常生产资金需求，当公司资产负债率达到或超过90％时，公司必须停止一切筹资融资活动。

（5）公司的筹资融资活动必须经过董事会批准后，方可实施。

（6）根据集团对筹资融资的管理规定，一切筹资融资活动需上报集团公司批准，由集团公司提供担保。

（7）公司不办理与生产经营无关的筹资融资业务。

（8）为优化公司资产负债结构，减轻偿债压力，提高公司在建筑市场上的竞争能力，公司应控制信贷规模，使资产负债率和流动比率保持在良好的指标范围内。

三、内部银行

实行项目法施工使原有的管理机制发生了较大的变化，由原来的三级管理二级核算的形式，逐步过渡到"以项目为成本中心，公司为利润中心"的管理模式上来，但在资金管理上基本还是沿用了老一套方法，即承揽一个项目就成立一个项目部，相应地就成立一个财务机构，开设一个或多个银行账户，并由项目部自行管理、自己支配，进而导致整个企业资金管理的散和乱。近年来，许多大型企业集团公司以加强资金管理作为企业财务工作的重点，不断完善和探索科学的资金管理方法，成立内部银行，把银行机制引入企业管理，加强企业的内部经济核算。遵循"集中管理，按实结算，以收定支，有偿调剂"的管理原则，发挥企业资金集中管理、合理拨付、灵活调度的功能；成功地实现从内部银行到网上银行的跨越，企业收到良好的经济效益。

（一）内部银行管理一般规定

▶ 1. 内部银行的职责范围

（1）制定内部经济业务管理及结算办法。

（2）对外融资。利用公司的规模和信用优势，办理银行信贷业务，为公司生产经营活动和重大发展项目筹措资金。

（3）对外投资。提高资金收益水平，根据公司发展需要办理对外投资业务。

（4）对内放款。利用统一筹措的资金以及公司内部单位的闲置资金，调剂内部单位的资金供求关系。

（5）对内结算。办理内部开户，银行结算手续和内部资金往来的结算。

（6）督促内部单位的资金收取，监控资金的运用。

▶ 2. 内部银行的业务范围

（1）办理与金融机构的借款和还款业务。

（2）办理公司内部单位的资金调剂业务。

（3）办理公司内部单位之间的资金往来结算业务。

（4）办理公司投标、履约等银行保函、银行信贷证明等业务。

（5）办理公司对外投出货币资金及其他资产等业务。

（6）办理公司授权的其他业务。

▶ 3. 结算原则

（1）公司范围内的一切资金结算必须通过内部银行办理。

（2）内部银行信守"谁施工，谁收款""谁家的钱存入谁家的户，谁家的钱谁家用"的原则，保障内部开户单位随时支配自有资金的权利。

（3）内部银行不垫资，资金余缺通过内部银行借贷解决，实行存贷计息。

（4）开户单位在内部银行的资金存款，由开户单位按规定自行支配。开户单位支配其资金存款，须符合企业财务制度和有关规定。

▶ 4. 内部银行的结算

1）存款

开户单位存入现金，应将收取的现金连同填写规范的一式两联"现金交款单"送交内部银行。内部银行在"现金缴款单"上加盖"现金收讫"章后，返回开户单位一联，留存一联，均作为记账依据。内部银行应及时将收取的现金缴存外部银行。

开户单位收取的银行支票、汇票，应将收取的银行支票、汇票连同填写规范的一式两联"银行存款单"送交内部银行。经审查无误，内部银行在"银行存款单"上加盖"转讫"章后，返回开户单位一联，留存一联，均作为记账依据。

内部银行应及时将收取的支票送存外部银行或集团内部银行。如发生退票，内部银行应立即通知开户单位领取退票，同时由内部银行用红笔填写一式两联"银行存款单"，加盖"转讫"章后，返给开户单位一联，留存一联，均作为记账依据。

2）贷款

开户单位因生产经营资金紧张，需要补充营运资金向内部银行借款的，先向内部银行提出书面申请，经审批同意后，由内部银行直接拨付到开户单位的账号。借款到期后，开户单位按规定时间向内部银行缴存内部支票归还借款。

3）计息

开户单位在内部银行的存贷款均应计算利息。

存贷款利息均按季度计算，每季度最后一个月的 20 日为计息日。计息时间为从上季最后一个月的 21 日至本季最后一个月的 20 日。

存贷款利率均按同期外部银行对外存贷款利率执行。

利息的计算：存（贷）款利息＝积数×年存（贷）款利率÷360 天×天数。

存贷款利息均采用直接划转方式，直接划拨开户单位账户余额。内部银行根据利息填写一式两联的"内部银行利息清单"返给开户单位一联，留存一联，均作为记账依据。

4）内部支票结算

内部支票是内部银行的开户单位签发给收款人办理结算或委托内部银行将应付款项支付给收款人的票据，只限于公司所属内部单位使用，其用途与管理视同外部银行支票。内部支票分为现金和转账支票。现金支票只限于提取现金，不做转账之用，转账支票用于转账结算，不能支取现金。

开户单位之间的往来结算。内部单位之间，收款单位收到付款单位签发的内部转账支票后，填写一式两联"内部银行存款单"，并到内部银行办理转账业务。经内部银行审核无误，在"内部银行存款单"上加盖"转讫"章，一联返收款单位，一联内部银行留存，均作为记账依据。

5）委托结算

开户单位在异地进行商品交易或提供劳务以及其他款项需要使用委托结算的，按结算种类委托内部银行办理各类委托付款，如电汇、信汇、汇票等。

开户单位办理委托结算业务时，应按规范要求填写支票借取单，并在支票借取单借取内容一栏中注明"委托"字样及委托付款种类。开户单位需向内部银行准确提供与签订合同的对方单位相符的收款单位全称、开户行、账号及地址。委托结算业务的其他要求同内部支票结算业务。

内部银行收到开户单位的委托后，应认真审查相关凭据及程序是否完整、无误，开户单位提供的收款单位全称、开户行、账号及地址是否准确。其他审查内容同内部支票结算业务。经审核无误后，方可按委托种类办理各类银行汇款。

6）托收承付结算

托收承付是内部银行内部专用的结算方式，由公司委托内部银行向开户单位收取款项，由开户单位在一定期限内承认付款的结算。

托收承付的范围包括：公司代为缴纳的水电费、电话费等；住房公积金、养老保险金、失业保险金、工伤保险金、医疗保险金及生育保险金；其他需要办理托收的款项。

内部银行办理托收承付应严格按照规定范围办理，款项支付的数额不能超过开户单位在内部银行的存款余额。由内部银行填制一式两联"外部托收承付转付结算凭证"，双方各留一联，均作为入账依据。

▶ 5. 会计凭证的使用

内部银行使用的会计凭证除银行的凭证外，内部使用"付款凭证""收款凭证""转账凭证"，其使用方法如下。

（1）付款凭证。一式两联，第一联内部银行记账，第二联付款单位记账。该凭证核算公司通过银行转账和现金支付的付款业务，由付款单位填制。付款单位必须在凭证上填写款项用途及金额，收款单位名称、开户银行及账号等内容，并连同经有关领导批准的付款依据送内部银行审核无误后付款。

（2）收款凭证。一式两联，第一联内部银行记账、第二联收款单位记账。该凭证核算公司的银行转账收款和现金收款业务，一般由内部银行填制，也可由收款单位填制。内部银行或收款单位收到银行的收款通知、其他单位或个人交来的现金时填制收款凭证，并在凭证上须填明款项来源、付款或交款单位名称和金额等内容。

（3）转账凭证。一式三联，第一联内部银行记账、第二联付款单位记账、第三联收款单位记账。该凭证核算公司内部各单位之间的往来款项业务，不涉及银行存款、现金的结算。该凭证由划账的一方填制，可以是收款单位，也可以是付款单位。凭证上须填明经济业务的内容，并附送有效原始凭证等资料。

（4）银行收、付凭单等原始凭证一律留内部银行附记账凭证，以便查对。

▶ 6. 对账、结账

（1）内部银行每日的凭证必须在次日上午 12 点以前入账，并结出当日各单位内部借款、存款余额。月末结账后打出明细账一式两份，一份交各单位核对账目、一份留内部银行装订成册备查。各单位核对账时如发现有误，应及时与内部银行联系，找出差异并调整账务，以保证账账相符。各单位月末如有未达账项的，要编制未达账调节表。

（2）内部银行月末结账时，要打印出银行存款日记账与银行对账单核对，编制未达账调节表，以保证账实相符。在规定时间内，内部银行要向公司总部报送资产负债表。公司汇总报表时将"应付内部存款""内部借款"与"应收内部借款""内部存款"抵消，抵扣后有余额的，是借方余额的计入"其他应收款"科目，是贷方余额的计入"其他应付款"科目。

（二）账务处理

▶ **1. 开户子公司、分公司的账务处理**

各子、分公司在内部银行开立一个存贷合一的结算账户，增设"内部借款"或"内部存款"科目进行核算。

子、分公司付款时：

借：××××（资产、费用类科目）

　　贷：内部借款（或内部存款）

子、分公司收款时：

借：内部借款（或内部存款）

　　贷：应收账款等

子、分公司内部转账时：

借或贷：内部借款（或内部存款）

　　　贷或借：××××有关科目

[**例 2-14**] 某工程有限公司 A 分公司利用在内部银行存款购买原材料，购买价格为 100 000元，增值税为17 000元，则 A 分公司的会计分录如下。

借：原材料　　　　　　　　　　　　　　　　　　　　　100 000

　　应交税费——应交增值税——进项税额　　　　　　　　17 000

　　贷：内部存款　　　　　　　　　　　　　　　　　　　　117 000

▶ **2. 内部银行的账务处理**

增设"应收内部借款"或"应付内部存款"科目核算。对一个核算单位只开设一个结算账户，根据其原内部往来科目余额的性质确定其是借款账户还是存款账户。

付款时：

借：应收内部存款——A 分公司

　　贷：银行存款（或现金）

收款时：

借：银行存款（或现金）

　　贷：应收内部存款

内部转账时：

借：应收内部存款——A 分公司

　　贷：应收内部存款——B 分公司

[**例 2-15**] 接例 2-14，某工程有限公司 A 分公司利用在内部银行存款购买原材料，购

买价格为100 000元，增值税为17 000元，内部银行开出中国工商银行转账支票付款，则内部银行会计分录如下。

借：应收内部存款——A分公司　　　　　　　　　　　　　　　　　　117 000
　　贷：银行存款——中国工商银行　　　　　　　　　　　　　　　　　　117 000

相关链接

内部银行的运作模式

由于内部银行国家还未有明确的定论，各地区的理解程度有所不同。因而内部银行运作模式也有所不同。下面是两种常见的运作模式。

1. 完全自办

山东省普遍采取企业完全独办的运作方式，即内部银行的人员、场所、设备完全由本企业集团决定。具体结算流程如下。

(1) 内部银行设立结算柜台。

(2) 各企业将原在各银行的结算全部转移到内部银行。

(3) 内部银行统一到银行办理结算。

在这种运行模式下，其日常结算全部由内部银行办理。但由于各企业情况不尽相同，对于银行账户的管理，常有两种常见的做法。

(1) 对各企业除保留一银行账户作为小额费用开支以及交税等外，所有银行存款账户均注销，由内部银行统一到银行开户，内部银行为各单位在内部银行开立各自独立的账户。各单位对外经营活动统一使用内部银行在银行所开设的账号。为了便于各企业日常经营活动，内部银行在银行所开设的结算账户，实行一个账户多个户名。各企业保留的账号只允许付款，不允许收款。其头寸由内部银行根据各企业的实际情况月初划账，其对账单的复印件交内部银行监督。

(2) 各单位原有的银行账号继续保留。但使用权(即银行预留印鉴)归内部银行。内部银行为每个单位在内部银行开立账户，其余额真实反映各单位的银行实际存款余额。而各单位原来的银行账上资金头寸由内部银行管理。

对于贷款，也有下列几种处理办法。

(1) 实行统存统贷，将原各单位的银行贷款转到内部银行来，由内部银行归还本息。而各单位转向内部银行贷款，内部银行向借款单位收取利息或资金占用费。

(2) 成立结算之前各单位向银行的贷款由各单位自己归还，新的贷款向内部银行借。

(3) 各单位部分贷款向内部银行借，部分贷款向银行借。

2. 与银行合办

由于企业的条件所限，如本身无结算人员、无相应的计算机设备，银行对企业办内部银行有不同的看法，因此作为过渡，只有与银行合办。其做法如下。

(1) 企业出场地，银行出结算人员和计算机设备，银行结算人员到内部银行办公。

(2) 银行吸引企业的存款部分贷给企业，并给予一定的优惠条件。

(3) 银行工作人员帮助企业办理对外结算业务，而集团各单位的内部结算由内部银行人员自己办理。

课后习题

1. 为什么施工企业对资金管理非常重视？

2. 内部银行业务开展与企业筹资有什么关系？

3. 目前上市施工企业更青睐哪种筹资方式？为什么？

3 项目三
工程施工准备会计业务

　　一条公路从筹建到投入使用，大致可划分为四个阶段；从提出项目建议书，到编制出初步设计概算，称为规划与研究阶段；从编制出投资概算到完成施工图预算，称为设计阶段；从编制出施工预算到竣工结算，称为合同实施阶段；从工程结（决）算到交付使用，进行后评估，称为营运阶段。从一般施工企业来看，其参与的活动处于合同实施阶段；具体活动内容包括投标中标、施工准备、现场施工、竣工四个阶段。

任务一　投标业务的会计核算

　　《公路工程施工招投标管理办法》规定："凡列入国家和地方公路建设计划的公路基本建设项目，除利用外资的项目需通过国际招标及个别不宜招标的项目外，都应按本办法进行招标"。根据这条规定，除引进外资项目和个别不宜招标的项目（如军事项目）外，所有列入国家和地区公路建设计划的公路建设项目，都要通过招标来选定施工单位。该管理办法还规定："凡持有工商行政管理部门核发的营业执照，并具有与公路规模相应等级资格证书的施工单位，均可参加投标。"

施工企业的投标业务流程如下。

（1）获取建设项目信息，投标报名资格预审阶段。购买资格预审文件→编制资格预审文件→递交资格预审文件→评审（评审小组）→获得投票资格（或未通过→结束）。

（2）编制投标文件阶段。通过购买招标文件及领取施工图纸→熟悉招标文件及施工图纸→现场踏勘→标前会议→编制投标文件→装订、盖章、密封递交投标文件→开标会评标（评标小组）。

（3）中标、签订合同。具体程序如表3-1所示。

表3-1　投标工作各环节工作管理标准

序号	名　称	管理标准（职责）
1	前期准备工作	招投标专员每日查看招标公告，进行招标项目信息登记；经营部负责人对重要招标项目信息进行评判，经评判符合公司投标要求的项目，提请公司领导评估是否投标，通过评估后方可进行投标报名工作
2	招标文件购买	招标文件购买后，招投标专员对招标文件中主要条款进行打印装订呈送总经理及参与投标的相关人员；招标文件或与项目有关的文件应留存在经营部
3	投标文件编制	投标文件编制由经营部负责（重大项目由总经理直接负责）；由经营部负责人召集标书编制人员举行研讨会并制订投标工作计划
4	投标质疑	参与投标人员应认真阅读招标文件、在招标答疑要求时间前将有疑问部分进行整理并在指定网站进行提疑
5	材料询价	工程部根据材料清单询价，并编制高、中、低三种材料报价清单
6	标前分析会	由经营部负责人组织召开标前分析会，确定投标策略
7	商务标编制	预算员负责商务标清单部分报价的制作
8	报价	由总经理、技术负责人、经营主管进行确认报价。主管人员并进行标前检查（如核对工程量清单、主材限价情况核对、安全文明措施费等）
9	商务标（最终）	由总经理负责调整商务标后再返回给经营部进行调整
10	技术标编制	由工程部负责投标文件中技术部分的编制，并交分管技术副总经理审核
11	投标文件整理	按照招标文件的要求，投标函、技术标部分、商务标部分、资信标整理；相关证书、证件、业绩等原件的资料准备齐全
12	封标（密封）	投标文件由经营主管及相关人员检查核对后，确定无遗漏问题进行密封，由经营主管指定专人负责
13	送标、开标	1. 由经营部主管提前指定开标人员；开标人员应提前到达开标现场，绝不能延误； 2. 开标结束后，投标专员负责跟踪开标信息并将招标公告、招标文件、开标记录、中标公告等信息建立存档
14	投标总结	1. 由经营主管召集参与投标相关人员召开总结会议，对本次投标进行总结分析，找出投标过程中存在的问题及侧重点； 2. 根据总结内容形成公司招标、投标文件档案及竞争对手库（商务策略、价格策略、竞争优势）； 3. 投标总结归档（需附招标公告、招标文件、开标记录、中标公告等文件）

一、投标中的成本因素

投标报价不是简单地按招标方提供的工程量清单，套用当地现行的有关造价计价办法，便可简单地得出工程造价，它需要一些精通预结算业务、掌握招投标知识、精通材料市场价格且应变能力强的骨干人员，根据丰富的经验及精湛的业务水平，经过一系列的分析计算而得出的，通常要经过以下几个过程。

▶ 1. 研究制订施工组织计划

要详细研究招标文件，对工程规模、工程性质、建设单位的资金来源和支付能力、施工期限，以及施工地的自然、经济、社会条件等进行仔细的调查分析，制订合理的施工方案及施工组织计划。

▶ 2. 建立企业定额体系

由于各个企业完成各项工程的人力、材料、机械消耗的水平不同，所以不能用统一的预算定额消耗量来计算。应根据图纸，结合施工方案及施工组织计划，并根据以往施工积累的经验计算出全部人工、材料、机械消耗量，再乘以它们的成本单价(材料的成本单价必须将采保费计入其中)。成本单价在成本核算中占据了重要的位置，其价格越低，成本就越低，在投标中就越占据主动。每个施工企业经过多年的材料采购，都有其特有的采购方式和进货渠道，所购材料价格也各不相同，各企业应充分利用互联网的优势，拓宽进货渠道，多方比价，以求购进质更优价更廉的材料，更加有效地调动工人的积极性，减少窝工、怠工现象。人工费、材料费支出约占建筑产品成本的80％左右，并随市场价格波动和资质等级等有所变化。人工的投入及现场材料的损耗在工程中最具压缩性，管理的好坏直接影响到利润的多少。每个企业都应加强管理，作好投标资料、已完工程资料、材料机械采购资料、人力资料的积累工作，必要时可建立计算机数据库，形成企业定额体系。

▶ 3. 统筹考虑风险与收益因素

其他费用的计取一定要经过缜密的调查后计入，在我国现阶段仍存着许多政府规定税费率而实际通过各种渠道可以减免的情况，减免的程度不同，意味着成本可降程度不同。另外，企业内部管理水平也会有颇大影响，管理好、漏洞少的，各种费用支出就少，反之则多。这就要求企业根据以往经验积累来计算，既要细化，又要全面控制，力求准确、翔实；同时也要考虑可能发生的通货膨胀、物价上涨等不可预见因素的影响，什么风险考虑在成本中，什么风险可以通过诸如合同条款的签署等程序进行规避。

如此而分析的成本与实际发生的成本就基本吻合了，这样的成本为决策层制定投标策略提供了准确的依据。决策层再根据招标文件的要求，在充分调查建设单位的资金能力、竞争对手、工程难易度及技术含量后，就可根据自身实力、施工经验及人员、机械设备及资金状态等进行综合分析，对投不投标、投标底线、期望利润及投标策略等做出决策。常有的投标策略有以信誉取胜，以低价取胜，以缩短工期取胜，以改进设计取胜，以低报价高索赔策略，以长远发展而牺牲眼前利益策略等多种方式，具体采用什么策略则要根据实际情况而定。

这样的成本核算实现了从传统的事后算账向事先预测决策，事中的控制调节，事后的分析考核的转变。切实认真地进行成本核算工作，对企业的自身发展、企业内部管理的改善等都大有利处，在施工过程中逐级落实成本目标，做到人力控制、材料控制、进度控制，努力实现"低成本、高质量、高效益"的管理目标，推动企业的改革、创新和发展。

二、账务处理

(一) 投标业务费

一般包括报名费、购买招标文件费（公路工程招标文件或参考资料每套不超过1 000元，图纸每套不超过3 000元）、投标文件制作费以及相关的差旅费等。

▶ 1. 合同准则

合同成本不包括应当计入当期损益的管理费用、销售费用和财务费用。因订立合同而发生的有关费用，应当直接计入当期损益。

[例3-1] 某工程股份有限公司购买投标标书花费300元，以现金支付。

借：管理费用——投标经费 　　　　　　　　　　　　　　　　　　300

　　贷：库存现金 　　　　　　　　　　　　　　　　　　　　　　　　300

▶ 2. 会计实务

施工企业的投标机构的人员劳动报酬、办公、差旅、固定资产使用费等，连同上述投标费，全部计入"管理费用"账户。

[例3-2] 某工程股份有限公司本月应付投标部投标人员薪酬30 000元，会计分录如下。

借：管理费用——职工薪酬 　　　　　　　　　　　　　　　　　30 000

　　贷：应付职工薪酬 　　　　　　　　　　　　　　　　　　　　　30 000

公司经常到全国各地购买投标书，但招标单位都是给开的收据，所得税申报怎么办？

(1) 如果单位所得税属于核定征收方式，没有发票可以根据招标合同和白条入账。因为，核定征收方式不存在费用税前扣除问题。

(2) 如果单位所得税属于查账征收方式，没有发票，可以到税务代开发票入账；如果没有发票入账，成本费用不能税前扣除，年终要做纳税调整的。

(二) 投标保证金

招标文件要求投标人(施工企业)提交投标保证金的，投标保证金不得超过采购项目预算金额的2%。投标保证金应当以支票、汇票、本票(从基本账户转出)或者金融机构、担保机构出具的保函等非现金形式提交，项目招标保证金最高不超过80万元，设计招标保证金最高不超过10万元。投标人未按照招标文件要求提交投标保证金的，投标无效。

投标人撤回已提交的投标文件，应当在投标截止时间前书面通知招标人。招标人已收取投标保证金的，应当自收到投标人书面撤回通知之日起5日内退还。投标截止后投标人撤销投标文件的，招标人可以不退还投标保证金。

中标人(施工企业)无正当理由不与招标人订立合同，在签订合同时向招标人提出附加条件，或者不按照招标文件要求提交履约保证金的，取消其中标资格，投标保证金不予退还。对依法必须进行招标的项目的中标人，由有关行政监督部门责令改正，可以处中标项目金额10‰以下的罚款。竞争性谈判或者询价采购中要求参加谈判或者询价的供应商提交保证金的，参照前两款的规定执行。

[例3-3] 某施工企业为参加投标转账了10 000元投标保证金，已通过银行转账。

借：其他应收款——投标保证金 　　　　　　　　　　　　　　10 000

　　贷：银行存款(或现金) 　　　　　　　　　　　　　　　　　　10 000

[例3-4] 投标工作结束，企业未中标，收回投标保证金，存入银行。

借：银行存款（或现金） 10 000

　　贷：其他应收款——投标保证金 10 000

[例3-5] 投标工作结束，企业中标后投标保证金转为履约保证金10 000元，相关手续已经完成。

借：其他应收款——投标保证金 10 000

　　贷：其他应收款——履约保证金 10 000

(三) 银行保函保证金

▶ 1. 银行保函种类

银行保证函（banker's letter of guarantee，L/G），又称银行保证书、银行保函、保函，是指银行根据客户的申请而开立的具有担保性质的书面承诺文件，若申请人未按规定履行自己的义务，给受益人造成了经济上的损失，则银行承担向受益人进行经济赔偿的责任。

银行保函大多属于"见索即付"（无条件保函），是不可撤销的文件。包括：

1）投标保函

投标保函是指银行应投标人申请向招标人做出的保证承诺，金额通常在报价的2.5%左右。随同标书一同交给业主，担保投标人在开标前不撤销其投标。定标后，未中标人即刻返还投标保函，办理保函注销及保证金解冻。

2）履约保函

履约保函是指银行按照供货方或工程承包商的要求而向买方或业主做出的一种履约保证承诺。金额通常在合同总额的10%，有效期至工程保修期完毕（施工完毕）。中标的企业必须在投标有效期内成交履约保函，业主在拿到履约保函后，才能返还投标保函并与之签订合同。

承包商如果没有在投标有效期内提交履约保函，投标保证金将被没收。

3）预付款保函

预付款保函又称定金保函，是指银行应工程承包商申请向业主开具的保证承诺。保证人为承包商向业主出具与其支付的预付款数额相等的预付款保函，以防止承包商在收到业主的预付款后，将款项挪作他用或宣布破产等。若发生上述情况，业主有权要求保证人在保额内赔付业主的损失。金额一般不会超过合同金额30%，随着工程进度陆续扣回，逐渐递减；承包商应随着预付款金额的减少，办理保函的减额手续，降低风险与保函手续费支出；直至预付款扣完，发还保函。

4）付款保函

付款保函是指银行按照买方或业主的申请，向卖方或承包方所出具的付款保证承诺。保证人为业主向承包商出具支付保函，保证工程款及时支付到位。实行业主支付担保可以有效地防止拖欠工程款现象的发生。

劳务费支付保证担保可以单独出具保函，也可以在业主支付保函中将劳务费支付担保的保额单列，可以对业主不履行劳务费支付单独提出索赔。

5）保留金保函

保留金保函也称"滞留金保函""质保金保函""预留金保函""留置金保函"或"尾款保函"，是指出口商或承包商向银行申请开出的以进口商或工程业主为受益人的保函，保证在提前收回尾款后，如果卖方提供货物或承包工程达不到合同规定的质量标准时，出口商或承包商将把这部分留置款项退回给进口商或工程业主。否则，担保银行将给予赔偿。

在工程承包中，业主一般在每次支付时保留 5%～10% 的工程款作为预留金，待工程保修期满而又无缺陷时再支付给承包商。如承包商需要业主支付全额而不扣预留金时，应提交银行开立的保留金保函，保证在工程保用期满时，如果收到业主关于工程有缺陷的书面通知时，银行负责归还预留金。

▶ **2. 银行保函办理手续**

（1）项目方的营业执照副本、法人代码证副本、税务登记证副本和法定代表人证明文件等。

（2）对外担保主合同、协议或标书及有关交易背景资料。

（3）担保涉及的事项按规定须事先获得有关部门批准或核准的，须提供有关部门的批准或核准文件。

（4）项目方经会计（审计）师事务所审计的上两年财务报表及当期财务报表。

（5）反担保措施证明文件。

（6）银行要求的其他资料。

银行收到申请和有关资料后，对申请人的合法性、财务状况的真实性、交易背景的真实性等进行调查，了解借款人的履约、偿付能力，向申请人做出正式答复。

银行同意开立保函后，与申请人签订"开立担保协议"，约定担保种类、用途、金额、费率、担保有效期，付款条件，双方的权利、义务，违约责任和双方认为需要约定的其他事项；对于需提供反担保的，还应按银行要求办理反担保手续。

项目方也应加强与银行的联系，在确认需要银行提供担保，决定担保项下的各项金融条件以前，应与银行及时进行沟通。项目方在当地银行取得开立保函授信额度后，与银行签订"开立担保协议书"，凭银行"开立担保协议书"及其营业执照副本、法人代码证副本、税务登记证副本和法定代表人证明文件、项目相关批文、可行性研究报告等与投资方签订"项目融资协议书"，投资方提供担保函样本，经担保行确认后，开出担保确认函。

▶ **3. 银行保函保证金的核算**

现实中，企业会计准则对银行保函保证金的核算问题没有明确规定，而金融企业对此类业务的处理视同企业存款对待，到期支付存款利息，只是单独开专户存储而已。由此，造成施工企业对待此类业务同样按银行存款处理，不能反映企业真实的资产负债状况，尤其是对企业的速动比率影响更大。

此类业务，由于已经对相应存款限定用途，企业不能自主支配，应作为"其他应收账款"处理。待限制解除之后，再转作银行存款核算比较适当。而保函手续费支出应作为财务费用处理。

1）存出保证金时

借：其他货币资金——招标单位

　　贷：银行存款——结算账户

2）银行收取手续费

借：财务费用

　　贷：银行存款——结算账户

3) 未中标，退回时

借：银行存款——结算账户

贷：其他货币资金——招标单位

[例 3-6] 海天工程公司参与某市水利局委托招标代理中心关于河道治理工程的招标，发包方要求出具金额为 200 000 元、期限为两个月的投标保函。中标后，海天工程公司接下来办理了金额为 2 000 000 元、期限为 2.5 年的履约保函和金额为 2 000 000 元、期限为 1.5 年的预付款保函。其中，委托人为海天工程公司，担保人为海天工程公司开户银行，受益人为某市水利局，第三方保证人为东方有限公司。海天工程公司因投标需要，向开户银行提交的资料清单必须是在银行开立了保证金专户并存入 100％保证金时提供的资料，如果海天工程公司存入的是部分保证金，其余部分需由第三方提供保证。

(1) 海天工程公司向开户银行存入 100％保证金，办理了金额为 200 000 元、期限为两个月的投标保函后，在开立保证金专户并存入 100％保证金 200 000 元时的会计处理如下。

借：其他货币资金——保函保证金　　　　　　　　　　　　　200 000

贷：银行存款——结算户　　　　　　　　　　　　　　　　200 000

支付办理保函手续费 500 元(200 000×2.5‰)时的会计处理如下。

借：财务费用——其他费用　　　　　　　　　　　　　　　　500

贷：银行存款(或现金)　　　　　　　　　　　　　　　　500

(2) 海天工程公司最终以 20 000 000 元的价格中标。根据招标要求在规定时间内，海天工程公司需提供 2 000 000 元的履约保函(即中标价的 10％)并签署工程合同。海天工程公司因货币资金相对较少，向银行提出"存入部分保证金，其余部分由第三方担保"的申请，银行通过评议同意了海天工程公司的申请，为其出具了金额为 2 000 000 元的履约保函，并收取了 15 000 元的手续费。其会计处理如下。

存入保证金(2 000 000×30％)时：

借：其他货币资金——保函保证金　　　　(2 000 000×30％)600 000

贷：银行存款——结算户　　　　　　　　　　　　　　600 000

在支付办理保函手续费时：

借：财务费用——其他费用　　　　　　　　　　　　　　15 000

贷：银行存款(或现金)　　　　(2 000 000×2.5‰×3)15 000

(3) 因货币资金相对较少，海天工程公司向银行提出"存入部分保证金，其余部分由第三方担保"的申请，银行通过评议同意了海天工程公司的申请，为其出具了金额为 2 000 000 元的预付款退款保函，并收取了 10 000 元的手续费。其会计处理如下。

存入保证金 600 000 元(2 000 000×30％)时：

借：其他货币资金——保函保证金　　　　　　　　　　　600 000

贷：银行存款——结算户　　　　　　　　　　　　　600 000

在支付办理保函手续费 10 000(2 000 000×2.5‰×2)时：

借：财务费用——其他费用　　　　　　　　　　　　　10 000

贷：银行存款(或现金)　　　　　　　　　　　　　10 000

注意：新版公路招标范本对于投标保证金或投标保函中提到一个新概念，即必须从投标企业基本账户开户的银行汇出或开具，否则视为投标保证金无效。鉴于各投标企业基本账户只能开设一个，审批和管理较其他账户更严，这项规定对于有效降低串标、围标现象具有积极的意义，但对于履约担保和预付款保函是否由基本账户汇出或开具没有具体的规定，反倒只是规定出具履约担保的银行级别，且这个级别往往规定为地市级以上分行，实际上国内银行现在基本取消了地市级分行，省一级保留了分行，地方所有的银行均叫支行，省级分行不做具体业务，这种规定让中标企业常为履约担保和预付款保函犯难。

知识链接

银行保函（样例）

编号：

致受益人：×××××

兹因（下称"保函申请人"）与你方签订了编号为的合同（以下简称"合同"），我行接受保函申请人的请求，愿就保函申请人履行上述合同约定的义务向你方提供如下保证。

一、只要你方确定保函申请人未及时、正确或者实际履行合同（违约），并且在本保函约定的保证期限内通知我行索赔，则由我行全额承担返还受益人已预付的合同价款（￥　　　元，人民币大写：　　　元整）并代为清偿应当由保函申请人承担的违约金；但是，上列保证范围应当剔除保函申请人已向你方实际交付的履约保证金。

二、本保函自开立之日起生效，到保证期限届满之日失效。保证期限为6个月，自保函申请人违反合同约定之次日起算。你方超过保证期限提出索赔，或者你方与保函申请人未经我行同意而自行实质性变更合同的，我行不承担保证责任。

三、在我行实际履行了保证责任后，或者一旦保证期限届满而你方未有索赔请求的，保函正本原件必须立即退还我行；于上列应当退还保函正本而你方未予退还之情形，本保函亦自动失效。

四、无论保函申请人有任何反对或异议，我行将在收到你方提交的"索赔文书"之日后的十个工作日审核完毕并按该"索赔文书"所指定的支付方式履行实际支付义务；该"索赔文书"包括：（1）保函申请人违约说明的书面索赔通知正本；（2）本保函复印件；（3）你方通过××××市财政国库支付执行机构已经按合同向保函申请人支付了合同预付款项之支付凭证复印件（加盖支付机构公章），或者保函申请人已全部收妥合同预付款项之有效证明文件。

我行在支付前，仅就索赔额是否属于或超过担保范围、索赔是否超过保证期限、合同是否属实质性变更三个事项进行审查；除此之外，不作审查。如果该三项之中有不符合支付条件的，我行将在收到你方的"索赔文书"之日后的十个工作日内给予书面法律意见之函复。

五、本保函不可撤销，且我行不享有检索抗辩权。你方采取的未明示免除我行责任的任何其他行为，均不能免除我行在本保函项下的责任。

六、本保函规定了我行的全部承诺，该承诺不得通过援引本保函所提及文件或任何其他相关文件进行任何方面的修改或扩大，且任何此类文件不应被视为本保函的一部分。

七、如有索赔，出于验证之需要，请将书面索赔通知加盖你方公章和法定代表人签章，连同本保函之复印件，一式两份，一份送达我行，一份送达保函申请人。

八、本保函以××××为唯一受益人,且不得转让或设定担保。

九、本保函仅限于由中国××银行××××分(×)行偿付。

保证人(公章):　　　　　　　住所或联系地址:

负责人或授权代理人(签字):　　邮政编码:

签发日期:　　年　月　日　　　　联系电话:

任务二　预收工程款和备料款的核算

一、预收账款的种类

预收账款是企业按照合同规定向购货方或劳务接受方预先收取的款项,要用以后的商品或劳务偿付。建筑安装工程价款的结算,与一般商品劳务供应结算不同,预收账款就是施工企业对工程款结算的一种特殊形式,是业主为了帮助承包商解决施工前期开展工作时的资金短缺,从未来的工程款中提前支付的一笔款项。

在工程合同条款中,站在业主(甲方)的立场,通常将此类款项成为预付款,包括动员预付工程款和材料设备预付款。合同工程是否有预付款,以及预付款的金额多少、支付(分期支付的次数及时间)和扣还方式等均要在专用条款内约定。

(一)预收工程款

站在业主的角度,称为动员预付款,也叫开工预付款,是业主提供给承包人用于开工前的一笔款项,以供组织人员、完成临时设施工程等准备工作之用。提供这项资金的目的是减轻承包人施工初期的资金周转压力,当承包人获得工程款的补偿之后应在合同实施中规定的期限内分批扣回。国际上一般规定范围是合同价值的 0%~20%,国内各地标准也不尽统一。

动员预付款的支付条件为已经签订了合同协议书;提供了履约担保(一般为合同价的 10%);提供了相当于动员预付金额的银行保函。监理工程师确认满足支付条件之后,开出支付证书,业主按合同规定的期限支付动员预付款。

根据合同规定,动员预付款将从中期支付证书中逐月扣回,扣回的方法有两种,一是按时间等分扣回,二是按金额比例扣回。等分法的扣回时间开始于工程中期支付证书中工程量清单累计金额超过合同价值的 20% 或 35%(国际招标适用 20%,国内招标适用 35%),止于合同规定竣工日期前三十日的当月。在此期间,从中期支付证书中逐月按等值扣回。

比例法的扣回时间开始于工程中期支付证书中工程量清单累计支付金额超过合同价值一定比例的当月,止于支付金额达合同价值的 80% 或 85% 的当月(国际招标适用 80%,国内招标适用 85%)。在此期间,按中期支付证书当期完成的工程款占合同价值 60% 或 50%的比例(国际招标适用 60%,国内招标适用 50%)予以扣回。

等分法每月的扣回额是不变的,和每期支付的工程款多少没有关系,简单,易掌握。但当工程进度缓慢或因其他原因工程款支付不多的情况下,会出现扣回额大于或接近工程支付额，而使中期支付证书出现负值或接近零。比例法是按金额大小予以扣回，即规定在一定的工程支付金额范围内予以扣回，这种方法与每期支付的工程款有直接关系，因此每次扣回额均随每次的工程支付额不同而改变，每次均需要计算。相对按月等值扣回的方法要合理些，即工程完成额多就多扣，反之亦然，不会出现负值或接近于零的情况。

（二）预收备料款

站在业主的角度，称为材料、设备预付款，按照国际惯例，在合同执行过程中承包人有权获得业主预先支付的一笔无息款项，用于支付购进各种成为永久工程组成部分的材料或设备。

付款金额及货币种类依据合同专用条件的规定，按购货发票面值的比例确定，一般为所购材料或设备单据开列费用的75%，当材料或设备用于永久工程以后逐次扣回。

材料、设备预付款的支付条件为材料、设备将使用于永久性工程；材料、设备已运抵工地现场或监理工程师认可的承包人的生产场地；材料、设备的质量和存放均满足合同要求；承包人提交材料、设备的订货单或收据（进口材料设备为到岸价，国内采购的为出厂价或销售价，地方材料为堆场价）。当以上支付条件满足后，监理工程师签发支付材料、设备的预付款证明，在中期支付书中支付。

监理工程师签发材料、设备预付款支付证明时，除满足支付条件之外，还应注意支付材料、设备预付款的金额不应超过合同剩余工作量，以防止竣工前扣不回来；累计支付材料、设备预付款和材料、设备数量，不应超过工程所需的实际数量，预付材料、设备的品种应与工程计划进度相符合，例如，当混凝土等构造物工程基本完工时，不应有大量的混凝土材料在施工现场，也不应对混凝土材料再支付预付款；已支付预付款的材料、设备，所有权归业主。

当证明材料用于永久性工程后，材料、设备预付款应从中期支付证书中逐次扣回，其扣回的方法可根据合同专用条件规定进行。通常使用以下两种方法。

▶ 1. 按材料消耗量扣回

这种扣回方法就是在本月末现场材料价值调查与计算的基础上，与上月末材料价值相比较，其差额为扣除或支付的预付款。实际上采取了预付款支付与扣回同时进行的方法，其计算公式为

本月付款金额＝（本月末现场材料价值—上月末现场材料价值）×75%

当本月付款金额为正时，表明应支付材料预付款，反之则应扣除预付款。

▶ 2. 按合理比例扣回

为了减轻监理工程师现场管理工作的强度，可以在合同中规定每次预付款支付后的扣回次数及比例。扣回比例及次数的确定要综合考虑进度款与工期的关系，保证竣工之前扣回。正常情况下可按下述比例扣除：前三次支付工程进度款时，每次扣取占材料款总价值10%的额度，但不超过该月工程进度款的50%；第四次至第六次支付工程进度款时，每次扣取材料总价值的10%，但不超过当月工程进度款的70%；第七次以后以材料总价值的10%为限，直至材料预付款全部扣完。

二、账务处理

（1）收到预收工程款时的财务处理。

借：银行存款

　　贷：预收账款——业主单位——预收工程款

　　　　预收账款——业主单位——预收备料款款

（2）办理工程价款结算后，按合同规定扣回时的财务处理。

借：预收账款——业主单位——预收工程款

　　预收账款——业主单位——预收备料款款

　　贷：应收账款——业主单位——工程款

[例 3-7] 某车间工程项目年度计划完成建筑安装工作量 651 万元，计划工期 310 天，材料比例为 60%，材料储备期为 100 天。则根据公式，预付备料款=（年度施工合同价值×主要材料所占比重×主要材料储备天数)/年度施工天数，得预付备料款为 126 万元 [(651×60%×100)/310]。该项目由甲施工企业施工，则收到预付款时，会计分录如下。

借：银行存款　　　　　　　　　　　　　　　　　　　　　1 260 000

　　贷：预收账款——业主单位——预收备料款　　　　　　　1 260 000

对于只包定额工日，不包材料定额，材料供应由建设单位负责的工程，没有预付备料款，只有按进度拨付的进度款。在实际工作中，为了简化备料款的计算，会确定一个系数，即备料款额度，它是指施工单位预收工程备料款数额占年度建筑安装工作量的百分比，其公式为：预付备料款数额=出包工程年度建筑安装工作量×预付备料款额度。

比如，某项目计划年度完成安装工作量 200 万元，按地区规定工程备料款额度为 24%，则工程备料款为 48 万元。

任务三　临时设施搭建的会计处理

一个公路建设项目（或单位工程、单项工程）的招投标活动的结束，标志着公路建设市场买卖双方地位的确立，下一步工作就进入施工准备阶段。在这一阶段，建设单位（业主）应根据计划要求的建设进度，组建组织管理机构或确定总承包单位，办理项目法人工商登记及领取工商营业执照，按照拆迁管理规定办理拆迁手续等。

施工单位应按承包合同规定的期限，组织机具、人员进场，进行施工测量，修筑便道及生产、生活等临时设施，组织材料、物资采购、加工、运输、供应、储备，做好施工图纸的接受工作，熟悉图纸的要求，编制实施性施工组织设计及控制性施工预算，提出开工报告，报请监理部门审批。

一、临时设施的分类

临时设施是为了保证施工和管理的正常进行而建造的各种临时性生产、生活设施。施工队伍进入新的建筑工地时，为了保证施工的顺利进行，必须搭建一些临时设施。但是工程完工后，这些临时设施就失去了它原来的作用，必须拆除或作其他处理。一般包括：

（1）施工现场临时作业棚、机具棚、材料库、办公室、休息室、茶炉棚、厕所、化灰池、储水池、沥青锅灶等设施。

（2）临时铁路专用线、轻便铁道。

（3）临时道路、围墙、护栏、刺丝网等。

（4）临时给排水、供电、供热等管线。

（5）现场预制构件、加工材料和混凝土搅拌站等所需的临时建筑物。

（6）临时性简易周转房，以及现场临时搭建的施工人员的宿舍、食堂、浴室、医务室等临时性福利设施。

二、临时设施搭建流程

（1）规划选址。各合同段项目经理部根据各段高速路建设特点，施工道路沿线实际情况，选择临时设施建设地点。

（2）临时设施建设内容、规模和临时建设用地面积的确定。各合同段项目经理部本着既能满足施工需要又能节约投资精神提出临时用地和设施建设方案，报业主审批。

（3）临时用地和设施建设方案业主批准后，业主协助各合同段项目经理部开始办理用地手续和其他相关手续。

（4）各种手续完备后，开始进行临时设施购建活动。

（5）临时设施建成后，报监理工程师验收签字并结算临时设施费。（有些招标文件规定临时设施费分两次支付，临时设施经监理工程师验收签字后支付所报总额的80%，余20%在承包人已经拆除、恢复原状，使监理工程师满意后予以支付）

三、会计科目设置

（一）业务类型和科目设置

▶ 1. 临时设施的搭建

临时设施应以建造时的实际支出计价入账。搭建临时设施时，其搭建支出一般先通过"专项工程支出"账户核算，搭建完成交付使用时，再将其实际支出转入"临时设施"账户。

"临时设施"账户用以核算企业各种临时设施的实际成本。其借方登记企业建造完成交付使用的各种临时设施的实际成本，贷方登记拆除、报废的临时设施的实际成本，期末借方余额反映在用临时设施的实际成本。本账户应按临时设施的种类设置明细账

▶ 2. 临时设施的摊销

临时设施的摊销方法应采用年限平均法，摊销期限按其耐用期限与建设项目的施工期限孰短确定。

企业应设置"临时设施摊销"账户，核算企业各种临时设施发生的价值损耗。该账户是"临时设施"账户的备抵账户，其贷方登记企业按月计提的临时设施摊销额，借方登记报废、拆除临时设施时转销的已提摊销额，期末贷方余额反映在用临时设施的累计摊销额。本账户应按临时设施的种类和使用部门设置明细账进行明细核算。

▶ 3. 临时设施清理的核算

企业出售、拆除、报废的临时设施应转入清理。转入清理的临时设施，按临时设施账面净值，借记"固定资产清理——临时设施清理"账户，按已计提摊销额，借记"临时设施摊销"账户，按其账面价值，贷记"临时设施"账户。出售、拆除过程发生的变价收入和残料价值，借记"银行存款""原材料"等账户，贷记"固定资产清理——临时设施清理"账户；

若发生净收益，则借记"固定资产清理——临时设施清理"账户，贷记"营业外收入——处理临时设施净收益"；若发生净损失，则借记"营业外支出——处理临时设施净损失"账户，贷记"固定资产清理——临时设施清理"账户。

（二）账务实例

▶ 1. 购置时的会计处理

[例 3-8] 某施工企业在施工现场搭建一栋临时工人宿舍，发生的实际搭建成本为 66 400 元，其中，领用材料的计划成本为 12 000 元，应负担的材料成本差异率为 2%，应付搭建人员的工资为 30 000 元，以银行存款支付其他费用为 22 000 元，搭建完工后随即交付使用。

（1）搭建过程中发生各种费用时的账务处理。

借：在建工程——临时宿舍 　　　　　　　　　　　　　　　　66 400
　　贷：原材料 　　　　　　　　　　　　　　　　　　　　　　12 000
　　　　材料成本差异 　　　　　　　　　　　　　　　　　　　 2 400
　　　　应付工资 　　　　　　　　　　　　　　　　　　　　　30 000
　　　　银行存款 　　　　　　　　　　　　　　　　　　　　　22 000

（2）临时设施搭建完工交付使用时的账务处理。

借：临时设施——临时宿舍 　　　　　　　　　　　　　　　　66 400
　　贷：在建工程——临时宿舍 　　　　　　　　　　　　　　　66 400

▶ 2. 摊销时的会计处理

施工企业的各种临时设施，应根据其服务方式，合理确定摊销方法，在恰当的期限内将其价值摊入工程成本。当月增加的临时设施，当月不摊销，从下月起开始摊销；当月减少的临时设施，当月继续摊销，从下月起停止摊销。摊销时，应将按月计算的摊销额，借记"工程施工"科目，贷记"临时设施摊销"科目。

接例 3-8，如临时宿舍的预计净残值率为 4%，预计工期的受益期限为 30 个月，该临时宿舍的摊销账务处理如下。

借：工程施工 　　　　　　　　　　　　　　　　　　　　　　2 124.8
　　贷：临时设施摊销 　　　　　　　　　　　　　　　　　　　2 124.8

▶ 3. 清理时的会计处理

企业出售、拆除、报废的临时设施应转入清理。转入清理的临时设施，按临时设施账面净值，借记"临时设施清理"科目，按已摊销数，借记"临时设施摊销"科目，按其账面原值，贷记"临时设施"科目。出售、拆除过程中发生的变价收入和残料价值，借记"银行存款""原材料"科目，贷记"临时设施清理"科目，发生的清理费用，借记"临时设施清理"科目，贷记"银行存款"等科目。清理结束后，若发生净损失，借记"营业外支出"科目，贷记"临时设施清理"科目，若发生净收益，则计入"营业外收入"科目。

接例 3-8，临时宿舍，由于承包工程已竣工，不需再用，将其拆除，其账面累计已摊销额为 53 120 元，支付拆除人员工资 3 000 元，收回残料 2 000 元，已验收入库，清理工作结束，其账务处理如下。

（1）将拆除的临时设施转入清理，注销其原值和累计已提摊销额时的账务处理。

借：临时设施清理——临时宿舍 　　　　　　　　　　　　　　13 280

　　　　临时设施摊销　　　　　　　　　　　　　　　　　　　　　53 120
　　　　　　贷：临时设施——临时宿舍　　　　　　　　　　　　　　　66 400
　　（2）分配拆除人员工资时的账务处理。
　　　　借：临时设施清理——临时宿舍　　　　　　　　　　　　　3 000
　　　　　　贷：应付工资　　　　　　　　　　　　　　　　　　　　　3 000
　　（3）残料验收入库时的账务处理。
　　　　借：原材料　　　　　　　　　　　　　　　　　　　　　　2 000
　　　　　　贷：临时设施清理　　　　　　　　　　　　　　　　　　　2 000
　　（4）结转清理后净损失的账务处理。
　　　　借：营业外支出——处置临时设施净损失　　　　　　　　14 280
　　　　　　贷：临时设施清理——临时宿舍　　　　　　　　　　　　14 280

任务四　存货供应的会计核算

　　存货是指企业在日常活动中持有以备出售的产成品或商品、处在生产过程中的在产品、在生产过程或提供劳务过程中耗用的材料、物料等。

一、涉及的基本会计政策

▶ **1. 存货的分类**

按存货经济用途不同，施工企业的存货一般可分为以下几类。

（1）存货原材料。存货原材料是指企业用于工程施工或产品制造并构成工程或产品实体的材料物资。其内容主要包括：

① 主要材料。在施工生产耗用后，构成工程或产品实体的各种材料。如钢材、木材、水泥、砖、瓦、灰、砂、石以及小五金、暖卫设备、电气材料、化工油漆材料、陶瓷材料等。

② 结构件。经吊装、拼砌和安装就能构成房屋建筑物实体的各种金属、钢筋混凝土及木质的结构件和构件等。如钢窗、木门、铝合金门窗、塑钢门窗、钢筋混凝土预制构件等。

③ 机械配件。对施工机械、生产设备、运输设备等各种机械设备进行替换、维修所使用的各种零件和配件等。

④ 其他材料。虽不构成工程或产品实体，但有助于工程或产品形成或便于施工生产进行而使用的各种材料。如燃料、油料等。

（2）周转材料。指在施工生产过程中能够多次使用，可以基本保持其原有实物形态，并逐渐转移其价值的工具性材料。如木模板、组合钢模板、挡土板、脚手架以及塔式起重机使用的轻轨枕木等。

（3）低值易耗品。指不能作为固定资产核算的各种用具物品。如生产用具、管理用具、劳动保护用品、各种包装容器等。

(4) 在建工程。指尚未完成施工过程中，正在建造的各类建筑工程，最终产权归属是施工企业自己。

(5) 在产品。指企业已经投入人工、材料等进行施工生产，但尚未完成预算定额规定的全部工序和工作内容的未完工程，最终产权归属是建设单位。

(6) 产成品。指企业已经完成预算定额规定的全部工序并验收合格，可以按照合同规定的条件移交建设单位或发包单位的工程。

▶ **2. 存货的盘存制度**

一般采用永续盘存制，永续盘存制，亦称账面盘存制，根据会计凭证在账簿中连续记录存货的增加和减少，并随时根据账簿记录结出账面结存数量。即对存货的日常记录既登记收入数，又登记发出数，通过结账，能随时反映账面结存数的一种存货核算方法。

期末存货结存数量＝期初存货结存数量＋本期增加存货数量－本期发出存货数量。

期末存货结存金额＝期初存货结存金额＋本期增加存货金额－本期发出存货金额。

▶ **3. 取得和发出的计价方法**

(1) 取得时按实际成本计价。存货成本包括采购成本、加工成本和其他成本。

① 存货的采购成本，包括购买价款、相关税费、运输费、装卸费、保险费以及其他可归属于存货采购成本的费用。

② 存货的加工成本，包括直接人工以及按照一定方法分配的制造费用。制造费用是指企业为生产产品和提供劳务而发生的各项间接费用。企业应当根据制造费用的性质，合理地选择制造费用分配方法。在同一生产过程中，同时生产两种或两种以上的产品，并且每种产品的加工成本不能直接区分的，其加工成本应当按照合理的方法在各种产品之间进行分配。

③ 存货的其他成本，是指除采购成本、加工成本以外的，使存货达到目前场所和状态所发生的其他支出。

下列费用应当在发生时确认为当期损益，不计入存货成本。

① 非正常消耗的直接材料、直接人工和制造费用。

② 仓储费用(不包括在生产过程中为达到下一个生产阶段所必需的费用)。

③ 不能归属于使存货达到目前场所和状态的其他支出。

(2) 存货发出采用先进先出法、移动加权平均法、月末一次加权平均法和个别计价法等方法；由于计算机信息系统的运用，个别计价法可以广泛运用于发出存货的计价，毕竟该法确定的存货成本是最为准确的。

(3) 存货日常核算以计划成本计价的，期末结转材料成本差异，将计划成本调整为实际成本。

▶ **4. 周转材料的摊销方法**

(1) 企业的周转材料符合存货定义和确认条件的，按照使用次数分次计入成本费用。

(2) 数额较小的，可在领用时一次计入成本费用，以简化核算；但为了加强实物管理，应当在备查簿上进行登记。

▶ **5. 存货跌价准备的计提方法**

资产负债表日，公司存货按照成本与可变现净值孰低计量。当其可变现净值低于成本时，提取存货跌价准备。通常按照单个存货项目计提存货跌价准备；对于数量繁多、单价较低的存货，按照存货类别计提存货跌价准备；与在同一地区生产和销售的产品系列相关、具有相同或类似最终用途或目的，且难以与其他项目分开计量的存货，则合并计提存货跌价准备。

以前减记存货价值的影响因素已经消失的，减记的金额予以恢复，并在原已计提的存货跌价准备金额内转回，转回的金额计入当期损益。

存货可变现净值的确定：产成品、商品和用于出售的材料等直接用于出售的商品存货，以该存货的估计售价减去估计的销售费用和相关税费后的金额，确定其可变现净值。需要经过加工的材料存货，以所生产的产品的估计售价减去至完工时估计将要发生的成本、估计的销售费用和相关税费后的金额，确定其可变现净值。为执行销售合同或者劳务合同而持有的存货，其可变现净值以合同价格为基础计算。若持有存货的数量多于销售合同订购数量的，超出部分的存货的可变现净值应当以一般销售价格为基础计算。

二、原材料

（一）原材料的分类

施工企业原材料按其在生产经营过程中的不同作用，一般可分为如下几类。

（1）主要材料，是指用于工程（产品），并构成工程（产品）实体的各种材料。

公路工程中一般包括：

① 土质材料。

② 砂石材料。

③ 水泥、石灰和粉煤灰。

④ 水泥混凝土。

⑤ 沥青材料。

⑥ 沥青混合料。

⑦ 钢材（黑色及有色金属）。线材、圆钢、螺纹钢、方钢、六角钢、扁钢、角钢、工字钢、槽钢、钢板、带钢、无缝钢管、螺旋钢管、焊接钢管、镀锌钢管、电线管、异型钢管、钢丝及钢丝绳，生铁、上水铸铁管，铜、锌、铝、锡、铅及其制品。公路工程常用钢材有桥梁用结构钢、混凝土用钢筋、预应力混凝土或拉索用钢丝和钢绞线及各类结构用型钢。

⑧ 五金（小五金、五金制品）。各种钉、栓、销、螺母、垫，金属板网、铅丝、刺丝、装配五金（合页、插销、拉手、风钩、地弹簧、门锁、闭门器等）、焊条、焊料、各种铁件。

⑨ 油漆化工。各种油漆、稀料、腻子、涂料、颜料，大白粉，石膏粉，滑石粉，色浆，色粉，各种黏合剂，防水粉，酸、碱、盐类，氧气、乙炔气，各种混凝土外加剂及有机化工材料。

⑩ 木材。原木、电柱、杉木杆及竹材，用于临时设施和消耗性的板材、方材，人造板材（胶合板、纤维板、木丝板、刨花板、细木工板、压缩板等）。

（2）结构件，是指经吊装、拼接、安装即能构成建筑物实体的各种构件。包括金属结构件（如用于悬索桥上部结构的索鞍、主缆索股、钢箱梁、索夹、吊索及附属钢构件和用于斜拉桥的钢箱梁、斜拉索及附属钢构件等。）、混凝土预制构件和木质构件等。

（3）机械配件，是指用于机械设备维护修理的各种车辆配件及机械设备配件。

（4）其他材料，是指在施工生产过程中并不构成工程实体的各种材料。主要包括燃润料等。燃润料是指工艺技术过程或非工艺技术过程用来燃烧取得热能的各种材料，包括煤炭、油料（柴油、汽油、煤油、润滑油、润滑脂）、液化气等。

（二）日常收发按实际成本计价核算的账务处理

▶ **1. 账户设置**

1）"原材料"账户

"原材料"账户属于资产类账户，用来核算和监督原材料的收入、发出和结存情况。借方登记购入、自制、委托加工、接受投资、盘盈等收入原材料的实际成本；贷方登记销售、耗用、盘亏、毁损等减少原材料的实际成本。期末余额在借方，反映库存原材料的实际成本。该账户应按原材料的类别、品种和规格进行明细分类核算。

（1）材料明细分类账的设置。

材料的明细分类核算应涵盖价值量核算和实物量核算两个方面。材料明细分类账的设置有两种考虑：即"两账分设"（账卡分设）和"两账合一"（账卡合一）。

"两账分设"是对材料的明细核算设两套账。仓库设置材料卡片账，核算各种材料收发存的数量；财会部门或者材料管理部门设置材料数量金额明细账，核算各种材料收入、发出和结存的数量和金额。这种设账方法，便于各部门用账，并且两方平行登记，可以起到相互制约和相互控制的作用；但因其重复设账、登记，浪费人力及物力。

"两账合一"是对材料的明细核算设一套账。将仓库的材料卡片账和会计或材料管理部门的材料明细账合并为一套账，由仓库负责登记数量，会计或材料管理人员定期到仓库稽核收发料单，计算登记材料收发存金额，并对材料收发凭证进行计价。这种设账方法的优缺点与"两账分设"正好相反，项目部核算应考虑采用此法。

（2）材料明细分类账的登记。

材料卡片账，按材料的品种、规格开设，根据收发凭单，逐日逐笔登记，序时地反映各种材料收发存的实物数量。

2）"在途物资"账户

"在途物资"账户，也属于资产类账户，用来核算企业购入尚未到达或尚未验收入库的各种物资的实际成本。借方登记已经付款或已经开出经过承兑的商业汇票，而存货尚在运输途中或虽已运达企业但尚未点验入库的存货实际成本；贷方登记验收入库的在途物资的实际成本。期末余额在借方，反映企业已付款或已开出、承兑商业汇票但尚未到达或尚未验收入库的在途物资的实际成本。该账户可按供货单位设置明细账，进行明细分类核算。若企业采用计划成本核算，则需要设置"材料采购"总账账户和明细账户。

在途物资明细账，在供应单位不多且比较固定时，可以按供应单位分户核算；在供应单位多，变动大的情况下，可以采用"在途物资登记簿"或"在途物资登记卡"的形式进行明细核算，账页格式可以选择普通的三栏式，也可以运用较为特殊的双向记录格式。

运用较为特殊的双向记录格式时，采用"横线登记法"，在明细账中，应将购入物资的付款、收货等情况，登记在同一行内，以便反映货款支付和货物到达入库情况。付款栏应根据支付货款的记账凭证和所附原始凭证登记；收货栏应根据收货凭证编制的记账凭证登记。凡付款栏和收货栏都有记录的，就说明该项购货业务已经完结；如果只有付款记录，无收货记录，则是在途物资。月末，在途物资明细账的借方余额或在途物资登记簿付款和收料的差额应与"在途物资"总账的余额相等。

▶ 2．编制会计分录

1）外购材料

外购材料的成本是指从采购到入库前所发生的全部支出，包括购买价款、相关税费、运输费、装卸费、保险费等。

外部购入材料由于结算方式、采购地点和交接货物的方式，支付款项和验收货物的时间，可能不尽相同，其账务处理也有所不同。

（1）付款与收货同时办理（单、货同到）。

在这种情况下，外购材料到达验收入库的同时，支付货款或开出经承兑的商业汇票，所以应根据发货票、结算凭证、有关费用单据和收料单，按材料的实际成本，借记"原材料"账户，贷记"银行存款"或"应付票据"账户。

如果是一般纳税人，还应根据增值税专用发票，将购进材料所支付的增值税单独记账（购进用于非应税项目或免税项目货物支付的增值税不得单独记账），即借记"应交税费——应交增值税（进项税额）"（以下相同，不再赘述）账户。

（2）先支付货款或开出经承兑的商业汇票，材料尚未到达或尚未验收入库（单到货未到）。

在这种情况下，企业先收到结算凭证及发票等单据，经审核无误后即可承付货款或开出经承兑的商业汇票，并根据有关凭证，借记"在途物资"账户，贷记"银行存款"或"应付票据"账户。收到材料时，借记"原材料"账户，贷记"在途物资"账户。

（3）材料先到，发票账单未到，货款尚未支付（货到单未到）。

在这种情况下，由于材料的实际成本无法确定，可按材料的暂估价格（合同订价或计划价格）计价入账，借记"原材料"账户，贷记"应付账款"账户；收到结算凭证时，用红字编制一张相同的记账凭证，予以冲销，以便付款时按正常程序处理。但由于收料后，企业通常能在短期内收到结算凭证，支付款项。所以，为了简化核算手续，企业在先收到材料时，一般只登记材料明细账，暂不进行总分类核算。在收到结算凭证，支付货款时，再按实际成本进行总分类核算。如果月末仍未收到结算凭证时，按材料的暂估价格，借记"原材料"账户，贷记"应付账款——暂估应付账款"账户。下月初用红字作同样的记账凭证予以冲回，以便下月付款或开出经承兑的商业汇票后，按正常程序入账，借记"原材料"账户，贷记"银行存款"或"应付票据"等账户。

（4）购入材料发生短缺和毁损。

购入材料在验收入库时，如发生短缺或毁损，应及时查明原因，根据不同的情况进行处理。属于定额内的合理损耗应计入材料的采购成本，不另作账务处理。属于运输部门、保险公司或个人负责的损失，应根据赔偿请求单所列的索赔金额计入"其他应收款"账户；属于供货单位少发货造成的短缺，在货款未付的情况下，按实收货物的实际成本入账，在货款已经支付的情况下，应将短缺货物的实际成本计入"其他应收款"或"应付账款"账户；属于自然灾害等非常原因造成的损失，应将扣除残料价值和过失人、保险公司赔款后的净损失，计入"营业外支出"账户。

材料入库的当时不能确定短缺毁损原因的，应按短缺材料的实际成本，先计入"待处理财产损溢"账户，待查明原因后再结转到有关账户(管理费用、营业外支出)。

[例3-9] 施工企业企业采用实际成本进行材料日常核算。3月1日，购进原材料一批，买价是200 000元，运杂费为6 000元，支付增值税为34 000元，款项用支票支付。(不考虑运输费用可抵扣的进项税)该企业账务处理如下。

借：在途物资   206 000

  应交税费——应交增值税(进项税额)   34 000

  贷：银行存款   240 000

月末，收到仓库转来的外购收料凭证，按计划成本206 000元入库。

借：原材料   206 000

  贷：在途物资   206 000

如果月末尚未收到购料发票账单的收料凭证，按暂估价180 000入账。

借：原材料   180 000

  贷：应付账款——暂估应付账款   180 000

4月1日冲回：

借：应付账款——暂估应付账款   180 000

  贷：原材料   180 000

4月10日，收到发票账单的收料凭证时：

借：原材料   206 000

  应交税费——应交增值税(进项税额)   34 000

  贷：银行存款   240 000

2) 自制材料或委托加工材料

企业通过进一步加工取得的存货，其成本由采购成本和加工成本构成，包括直接人工、直接材料和制造费用；某些存货还包括可以直接认定的产品设计费用等。

自制材料在完工并验收入库时，应按其实际成本，借记"原材料"账户，贷记"生产成本"账户。

委托发给外单位加工的物资，按实际成本，借记"委托加工物资"科目，贷记"原材料""库存商品"等科目。按支付加工费用、应负担的运杂费等，借记"委托加工物资"科目，贷记"银行存款"等科目；需要交纳消费税的委托加工物资，由受托方代收代交的消费税，借记"委托加工物资"科目(收回后用于直接销售的)等科目，贷记"应付账款""银行存款"等科目；借记"应交税费——应交消费税"科目(收回后用于继续加工的)，贷记"应付账款""银行存款"等科目。

(1) 发出委托加工物资。

[例3-10] 公司3月20日委托北海公司加工包装木箱一批，发出木材的实际成本为150 000元。

借：委托加工物资   150 000

  贷：原材料——材料   150 000

[例3-11] 承例3-10，公司5月10日支付给大地公司的加工费为12 000元，专用发票上注明的增值税额为2 040元。

借：委托加工物资   12 000

应交税费——应交增值税(进项税额)	2 040
贷：银行存款	14 040

(2) 收回委托加工物资。

加工完成验收入库的物资和剩余的物资,按加工收回物资的实际成本和剩余物资的实际成本,借记"原材料""库存商品"等科目,贷记"委托加工物资"科目。

[例 3-12] 公司 5 月 16 日将委托大地公司加工的模板回,按实际成本160 000元验收入库。受托加工单位退回一部分木材的实际成本2 000元,已验收入库。

退回木材的会计分录如下。

借:原材料	2 000
贷:委托加工物资	2 000

加工完成的包装物验收入库的会计分录如下。

借:周转材料——模板	160 000
贷:委托加工物资	160 000

3) 接受投资材料

投资者投入存货的成本应当按照投资协议约定的价值确定,但约定价值不公允的除外。

材料验收入库时,按投资各方确认的材料价值,借记"原材料"等账户,贷记"实收资本"等账户。

[例 3-13] 12 月 20 日,甲、乙、丙、丁、戊五方共同投资设立了兴业施工有限公司(以下简称"兴业公司")。甲以其生产的产品作为投资(兴业公司作为原材料管理和核算),五方确认该批原材料的价值为5 000 000元(不含税)。兴业公司取得的增值税专用发票上注明的不含税价款为5 000 000元,增值税税额为850 000元。同时,假定兴业公司的实收资本总额为30 000 000元,甲在兴业公司享有的份额为10%。兴业公司为一般纳税人,要求采用实际成本法核算存货。

借:原材料	5 000 000
应交税费——应交增值税(进项税额)	850 000
贷:实收资本——甲	3 000 000
资本公积——实收资本溢价	2 850 000

(三) 日常收发按计划成本计价核算的账务处理

存货按计划成本计价的特点是,存货的收发及结存,无论总分类核算还是明细分类核算,均按照计划成本计价。对于施工企业来说,该种方法不仅简化了日常材料核算工作,而且有利于成本控制与管理工作。例如,以合同价格为基础可以准确及时反映材料价差问题,以内部预算价格为基础,则可以反映出材料费的节约或超支问题。

在计划成本法下,存货的收入、发出和结存均采用计划成本进行日常核算,计划成本和实际成本的差异反映在"材料成本差异"科目,月末计算出发出存货和结存存货应分摊的成本差异,再将发出存货和结存存货的计划成本调整为实际成本。

▶ 1. 账户设置

(1) "材料采购"账户。用来核算购入材料的采购成本,借方登记实际采购成本;贷方登记转出实际采购成本,借方余额反映在途材料的采购成本。

材料采购明细账采用横线登记法,借方按照经济业务发生的顺序,根据有关凭证逐笔登记外购材料的实际采购成本;贷方按照借方记录的顺序根据收料单登记验收入库的各批外购材料的计划成本和成本差异额;月末账内只有借方金额而无贷方金额的款项即为在途材料。为了下月记账方便,可将各项在途材料逐笔结转,照抄到下月账内。

(2)"原材料"账户。用来核算购入材料的计划成本,按计划成本计价对材料收发的核算,每一种材料的收入和发出都是按已确定的计划单价计价,因此,更便于采用"一套账"的核算方式。日常核算由仓库人员在材料明细账中登记材料收发结存的数量,财会人员定期到仓库稽核,月末以结存数量乘以计划单价,计算并登记某种材料的结存金额,以便对账。

(3)"材料成本差异"账户。用来核算企业材料的实际成本与计划成本之间的差异,借方登记材料实际成本大于计划成本的差异(超支额)和结转的材料的实际成本小于计划成本的差异;贷方登记材料实际成本小于计划成本的差异(节约额)和结转的各种材料的成本差异;期末借方余额反映超支额,贷方余额反映节约额。

材料成本差异明细账的设置应与材料采购账户口径一致,用以反映各类材料的成本差异额和材料成本差异率,并据以计算和调整发出材料应负担的差异额。

▶ **2. 会计分录**

(1)支付货款时的会计分录。

借:材料采购(实际成本)
　　应交税费——应交增值税(进项税额)(增值税一般纳税人)
　　贷:银行存款(应付票据)

(2)验收入库并结转入库材料成本差异时的会计分录。

借:原材料(计划成本)
　　贷:材料采购

差异金额:超支差异——借记材料成本差异账户,节约差异——贷记材料成本差异账户。

[**例 3-14**]用银行汇票支付材料采购价款,某施工企业收到开户银行转来银行汇票多余款收账通知,通知上填写的多余款为 2 340 元,购入材料及运费 998 000,支付的增值税进项税额 169 660,原材料验收入库,该批材料计划价格 1 000 000 元。在计划成本核算下的会计分录如下。

购买时:

借:银行存款　　　　　　　　　　　　　　　　　　　　　　　　2 340
　　材料采购　　　　　　　　　　　　　　　　　　　　　　　998 000
　　　应交税费——应交增值税(进项税额)　　　　　　　　　169 660
　　　贷:其他货币资金——银行汇票　　　　　　　　　　　1 170 000

入库时:

借:原材料　　　　　　　　　　　　　　　　　　　　　　　1 000 000
　　贷:材料采购　　　　　　　　　　　　　　　　　　　　　998 000
　　　　材料成本差异　　　　　　　　　　　　　　　　　　　　2 000

三、周转材料

周转材料是指企业能够多次使用，但不符合固定资产定义的材料，包括低值易耗品和其他周转材料两种类型。

（一）低值易耗品(包装物)

低值易耗品是指劳动资料中单位价值在 10 元以上、2 000 元以下，或者使用年限在一年以内，不能作为固定资产的劳动资料，低值易耗品(包装物)按用途一般可以有如下分类。

（1）一般工具，是指直接用于生产过程的各种手用工具和电动工具，如刀具、夹具、模具及其他各种辅助工具。

（2）管理用具，是指管理部门和管理人员用的各种家具和办公用品，如文件柜、打字机以及其他用具(袋、桶、勺、斗、扫把、墩布等)等。

（3）劳动保护用品，是指发给工人用于劳动保护的安全帽、工作服和各种防护用品。

（4）替换设备，是指容易磨损、更换频繁或为生产不同产品需要替换使用的各种设备，如轧制钢材用的轧辊、浇铸钢锭的锭模。

（5）包装容器(包装物)，是指用于企业内部周转使用，既不出租也不出借的各种包装物品，如盛放材料、储存商品的木桶、瓷缸等。

（6）其他低值易耗品，是指不属于以上各类的低值易耗品，包括棉麻及制品、棉纱、帆布、苫布等，竹木制品(各种木把、土篮、席箔、毛竹、竹竿等)，草制品(草帘、草袋、草绳等)，各种橡胶制品(板、带、管、绳等)、塑料制品(板、布、管、带、膜及 PVC 制品)、石棉及纤维制品、玻璃纤维及制品、油麻、线麻等。

（二）其他周转材料

其他周转材料与低值易耗品一样，在施工过程中起着劳动手段的作用，能多次使用而逐渐转移其价值。其差别之处在于：周转材料与低值易耗品一样，在施工过程中起着劳动手段的作用，能多次使用而逐渐转移其价值；周转材料一般都要安装后才能发挥其使用价值，未安装时形同材料，为避免混淆，一般应设专库保管；基于周转材料的上述特征，在周转材料的管理与核算上，同用低值易耗品一样，应采用固定资产和材料的管理与核算相结合的方法进行。周转材料按其在施工生产过程中的用途不同，一般可分为下四类。

（1）模板。模板是指浇灌混凝土用的木模、钢模等，包括配合模板使用的支撑材料、滑膜材料和扣件等在内。按固定资产管理的固定钢模、现场使用的固定大模板、万能杆件、贝雷架、钻头、钢板桩等则不包括在内。

（2）挡板。挡板是指土方工程用的挡板等，包括用于挡板的支撑材料。

（3）架料。架料是指搭脚手架用的竹竿、木杆、竹木跳板、钢管及其扣件等。

（4）其他。其他是指除以上各类之外，作为流动资产管理的其他周转材料，如轻轨、枕木、氧气瓶、乙炔瓶、散灰罐、油罐以及施工过程中使用的安全网等。

（三）"周转材料"账户设置及应用

（1）本科目核算企业周转材料的计划成本或实际成本，包括包装物、低值易耗品，以及企业(建造承包商)的钢模板、木模板、脚手架等。

企业的包装物、低值易耗品，企业应当设置"周转材料——低值易耗品"科目。低值易耗品等企业的周转材料符合存货定义和条件的，按照使用次数分次计入成本费用。金额较小的，可在领用时一次计入成本费用，以简化核算，但为加强实物管理，应当在备查簿上进行登记。

采用分次摊销法摊销低值易耗品，低值易耗品在领用时摊销其账面价值的单次平均摊销额。分次摊销法适用于可供多次反复使用的低值易耗品。

（2）本科目可按周转材料的种类，分别"在库""在用"和"摊销"进行明细核算。即在采用分次摊销法的情况下，需要单独设置"周转材料——低值易耗品——在用""周转材料——低值易耗品——在库"和"周转材料——低值易耗品—摊销"明细科目。当然，也可以单独设置"包装物""低值易耗品"科目。

（3）周转材料的主要账务处理。

① 企业购入、自制、委托外单位加工完成并已验收入库的周转材料等，比照"原材料"科目的相关规定进行处理。

② 采用一次转销法的，领用时应按其账面价值，借记"管理费用""生产成本""销售费用""工程施工"等科目，贷记本科目。

周转材料报废时，应按报废周转材料的残料价值，借记"原材料"等科目，贷记"管理费用""生产成本""销售费用""工程施工"等科目。

③ 采用其他摊销法的，领用时应按其账面价值，借记本科目（在用），贷记本科目（在库）；摊销时应按摊销额，借记"管理费用""生产成本""销售费用""工程施工"等科目，贷记本科目（摊销）。

周转材料报废时应补提摊销额，借记"管理费用""生产成本""销售费用""工程施工"等科目，贷记本科目（摊销）；同时，按报废周转材料的残料价值，借记"原材料"等科目，贷记"管理费用""生产成本""销售费用""工程施工"等科目；并转销全部已提摊销额，借记本科目（摊销），贷记本科目（在用）。

④ 周转材料采用计划成本进行日常核算的，领用等发出周转材料时，还应同时结转应分摊的成本差异。

（4）本科目期末借方余额，反映企业在库周转材料的计划成本或实际成本以及在用周转材料的摊余价值。

采用一次转销法的周转材料，可以不设置"在库""在用"和"摊销"明细科目。自制、委托外单位加工完成并已验收入库的周转材料、施工企业接受的债务人以非现金资产抵偿债务方式取得的周转材料、非货币性交易取得的周转材料等，以及周转材料的清查盘点，比照"原材料"科目的相关规定进行账务处理。

［例3-15］某工程项目本月领用分次摊销的钢模板计划成本40 000元，本月应摊销8 000元。另外，本月报废上年度领用的模板一批，计划成本为60 000元，已摊销数为70%，其余30%应在本月摊销。该模板的材料成本差异率为−2%，残值率为6%。

（1）领用时按计划成本由在库转为在用，作如下分录。

借：周转材料——其他周转材料——在用   40 000
    贷：周转材料——其他周转材料——在库   40 000

（2）同时，摊销8 000元，作如下分录。

借：工程施工——合同成本   8 000

贷：周转材料——其他周转材料——摊销　　　　　　　　　　8 000

（3）报废时将报废模板补提摊销，摊销额＝60 000×（1－6％）－60 000×70％＝14 400（元），作如下分录。

借：工程施工——合同成本　　　　　　　　　　　　　　　　14 400

　　贷：周转材料——其他周转材料——摊销　　　　　　　　　14 400

（4）将报废模板收回的残料交库，并转销报废模板的计划成本，作如下分录。

借：原材料　　　　　　　　　　　　　　　　　　　　　　　3 600

　　周转材料——其他周转材料——摊销　　　　　　　　　　56 400

　　贷：周转材料——其他周转材料——在用　　　　　　　　　60 000

（5）月末结转报废模板应分配的材料成本差异－1 200元［60 000×（－2％）］，作如下分录。

借：工程施工——合同成本　　　　　　　　　　　　　　　　1 200

　　贷：材料成本差异——其他周转材料　　　　　　　　　　　1 200

任务五　固定资产购置

一、固定资产的含义与分类

（一）固定资产的含义

固定资产是指同时具有以下特征的有形资产：为生产商品、提高劳务、出租或进行经营管理而特有的；使用寿命超过一个会计年度。

固定资产在同时满足下列条件时予以确认。

（1）与该固定资产有关的经济利益很可能流入企业。

（2）该固定资产的成本能够可靠地计量。

固定资产的各组成部分具有不同使用寿命或者以不同方式为企业提供经济利益，适用不同折旧率或折旧方法的，应当分别将各组成部分确认为单项固定资产。

（二）固定资产的分类

企业的固定资产根据不同的管理需要和核算要求以及不同的分类标准，可以进行不同的分类，主要有以下几种分类方法。

▶ 1. 按固定资产的经济用途分类

按固定资产的经济用途分类，可分为生产经营用固定资产和非生产经营用固定资产。

（1）生产经营用固定资产，是指直接服务于企业生产、经营过程的各种固定资产。如生产经营用的房屋、建筑物、机器、设备、器具、工具等。

（2）非生产经营用固定资产，是指不直接服务于生产、经营过程的各种固定资产。如职工宿舍、食堂、浴室、理发室等使用的房屋、设备和其他固定资产等。

▶ 2. 按固定资产的使用情况分类

按固定资产使用情况分类，可分为使用中固定资产、未使用固定资产和不需用固定资产。

(1) 使用中固定资产，是指正在使用中的经营性和非经营性固定资产。由于季节性经营或大修理等原因，暂时停止使用的固定资产仍属于企业使用中的固定资产，企业出租（指经营性租赁）给其他单位使用的固定资产和内部替换使用的固定资产也属于使用中的固定资产。

(2) 未使用固定资产，是指已完成或已购建的尚未正式使用的新增固定资产以及因进行改建、扩建等原因暂停使用的固定资产。如企业购建的尚未正式使用的固定资产、经营任务变更停止使用的固定资产以及主要的备用设备等。

(3) 不需用固定资产，是指本企业多余或不适用的各种固定资产。

▶ 3. 按固定资产的经济用途和使用情况综合分类

采用这一分类方法，可把企业的固定资产分为七大类。

(1) 生产经营用固定资产。

① 房屋。指企业所属各施工单位、生产单位和行政管理部门等所使用的各种房屋，如厂房、仓库、办公楼、配电室等。与房屋不可分割的各种附属设备，如水、暖、电、卫生、照明、通风、电梯等设备，其价值均应包括在房屋价值之内。

② 建筑物。指除房屋以外的各种建筑物，如烟囱、水塔、蓄水池、储油罐、企业的道路、铁路、停车场、围墙等。

③ 施工机械。指施工用的各种机械，如起重机械、挖掘机械、土方铲运机械、凿岩机械、基础及凿井机械、钢筋混凝土机械、筑路机械、皮带螺旋运输机及各种泵类等。

④ 钢模。指固定资产管理的固定钢模和现场大型钢模板。实务中为了避免税务纠纷，一般将其列为周转材料。

⑤ 运输设备。指运载物资用的各种运输工具，如铁路运输用的机车、罐车，水路运输用的船舶，公路运输用的汽车、拖车等。所有作为运输设备组成部分的附属装置，都列入运输设备价值。

⑥ 生产设备。指加工、维修用的各种机器设备，如木工加工设备、金属切削设备、锻压设备、焊接及切割设备、铸造及热处理设备、动力设备、传导设备、维修专用设备和其他加工设备等。

⑦ 仪器及试验设备。指对材料、工艺、产品进行研究实验用的各类仪器及设备。如计量用的精密天平，测绘用的经纬仪、水准仪，探伤用的探伤机、裂痕测探仪，分析测定用的渗透仪、显微镜、温度测定仪，以及材料试验用的各种验机、白金坩埚、高压斧等。

⑧ 其他生产用固定资产。指不属于以上各类的其他生产经营用固定资产，包括计量用具（如地磅等）、消防用具（如消防车等）、办公用具（如计算机、复印机、传真机、电视机、文字处理、保险柜等）以及行政管理的汽车、电话总机等。

(2) 非生产经营用固定资产。

(3) 租出固定资产，指在经营租赁方式下出租给外单位使用的固定资产。

(4) 不需用固定资产。

(5) 未使用固定资产。

(6) 土地，指过去已经估价单独入账的土地。因征地而支付的补偿费，应计入与土地有关的房屋、建筑物的价值内，不单独作为土地价值入账。企业取得的土地使用权不能作为固定资产管理。

（7）融资租入固定资产，指企业以融资租赁方式租入的固定资产，在租赁期内，应视同自有固定资产进行管理。

二、一般会计政策

▶ 1. 固定资产

（1）固定资产通常按照实际成本作为初始计量

是指企业购建某项固定资产达到预定可使用状态前所发生的一切合理的必要支出。这些支出包括直接发生的价款、相关税费、运杂费、包装费和安装成本等；也包括间接发生的其他一些费用，如应承担的借款利息、外币借款折算以及应分摊的其他间接费用。

（2）购买固定资产的价款超过正常信用条件延期支付，实质上具有融资性质的，固定资产的成本以购买价款的现值为基础确定。如超过正常信用条件的分期付款购买资产。

（3）债务重组取得债务人用以抵债的固定资产，以该固定资产的公允价值为基础确定其入账价值。并将重组债务的账面价值与该用以抵债的固定资产公允价值之间的差额，计入当期损益。在非货币性资产交换具备商业实质和换入资产或换出资产的公允价值能够可靠计量的前提下，非货币性资产交换换入的固定资产通常以换出资产的公允价值为基础确定其入账价值，除非有确凿证据表明换入资产公允价值更加可靠；不满足上述前提的非货币性资产交换，以换出资产的账面价值和应支付的相关税费作为换入固定资产的成本，不确认损益。

（4）以同一控制下的企业吸收合并方式取得的固定资产按被合并方的账面价值确定其入账价值；以非同一控制下的企业吸收合并方式取得的固定资产按公允价值确定其入账价值。

（5）融资租入的固定资产按租赁资产原账面价值与最低租赁付款额的现值两者中较低者作为入账价值。

▶ 2. 在建工程

（1）在建工程的类别。在建工程以立项项目分类核算。

（2）在建工程结转为固定资产的时点。在建工程项目按建造该项资产达到预定可使用状态前所发生的全部支出，作为固定资产的入账价值。所建造固定资产在建工程已达到预定可使用状态，但尚未办理竣工决算的，自达到预定可使用状态之日起，根据工程预算、造价或工程实际成本等，按估计价值确定其成本，并计提折旧，待办理竣工决算后，再按实际成本调整原来的暂估价值，但不调整原已计提的折旧额。

（3）在建工程于资产负债表日存在减值迹象的，进行减值测试。减值测试结果表明资产的可收回金额低于其账面价值的，按其差额计提减值准备并计入减值损失。可收回金额为资产的公允价值减去处置费用后的净额与资产预计未来现金流量的现值两者之间的较高者。资产减值准备按单项资产为基础计算并确认，如果难以对单项资产的可收回金额进行估计的，以该资产所属的资产组确定资产组的可收回金额。资产组是能够独立产生现金流入的最小资产组合。

在建工程减值准备一旦计提，不得转回。

三、账务处理

▶ 1. 购入固定资产

施工企业购入固定资产的成本，包括购买价款、相关税费、使固定资产达到预定可使用状态前所发生的可归属于该项资产的运输费、装卸费、安装费和专业人员服务费等。但是，与设备使用有关员工培训费应该计入当期损益。

企业用一笔款项购入多项没有单独标价的固定资产时，应按各项固定资产公允价值的比例对总成本进行分配，以确定各项固定资产的入账价值。

[例3-16] 甲施工企业为降低采购成本，向乙公司一次购进了三套不同型号的施工设备 X、Y 和 Z。以银行存款支付货款880 000元、增值税税额149 600元、包装费20 000元。X设备在安装过程中领用材料账面成本20 000元，支付安装费30 000元。假定设备 X、Y 和 Z 分别满足固定资产的定义及其确认条件，公允价值分别为300 000元、250 000元、450 000元。假设不考虑其他相关税费，则 X 设备的入账价值为多少元？

X 设备的入账价值＝300 000/(300 000＋250 000＋450 000)×(880 000＋20 000)＋20 000＋30 000＝320 000(元)。

外购固定资产分为购入不需要安装的固定资产和购入需要安装的固定资产两类。

1) 不需要安装的固定资产

[例3-17] 甲施工企业为增值税一般纳税人，购进一台不需要安装的施工设备，收到的增值税专用发票上注明的设备价款为3 000万元，增值税税额为510万元，款项已支付；另支付保险费15万元，装卸费5万元。当日，该设备投入使用。

借：固定资产　　　　　　　　　　　　　　　　　　　　　　30 200 000

　　应交税费——应交增值税——进项税额　　　　　　　　　　5 100 000

　　　贷：银行存款　　　　　　　　　　　　　　　　　　　　　35 300 000

2) 需要安装的固定资产

[例3-18] 甲施工企业用银行存款购入一台需要安装的施工设备，增值税专用发票上注明的设备买价为200 000元，增值税税额为34 000元，支付运输费10 000元，支付安装费30 000元。甲企业应作如下会计处理。

(1) 购入进行安装和支付运费。

借：在建工程　　　　　　　　　　　　　　　　　　　　　　　210 000

　　应交税费——应交增值税——进项税额　　　　　　　　　　　34 000

　　　贷：银行存款　　　　　　　　　　　　　　　　　　　　　244 000

(2) 支付安装费。

借：在建工程　　　　　　　　　　　　　　　　　　　　　　　　30 000

　　　贷：银行存款　　　　　　　　　　　　　　　　　　　　　　30 000

(3) 设备安装完毕交付使用时，确定的固定资产成本＝210 000＋30 000＝240 000(元)。

借：固定资产　　　　　　　　　　　　　　　　　　　　　　　240 000

　　　贷：在建工程　　　　　　　　　　　　　　　　　　　　　240 000

▶ 2. 建造固定资产

企业通过自营方式或出包工程方式建造的固定资产，其入账价值应当按照该项资产达到预定可使用状态前所发生的必要支出确定，包括直接材料、直接人工、直接机械施工费或工程价款等。

工程完工后剩余的工程物资，如转作本企业库存材料的，按其实际成本或计划成本转作企业的库存材料。存在可抵扣增值税进项税额的，应按减去增值税进项税额后的实际成本或计划成本，转作企业的库存材料。

盘盈、盘亏、报废、毁损的工程物资，减去保险公司、过失人赔偿部分后的差额，工程项目尚未完工的，计入或冲减所建工程项目的成本；工程已经完工的，计入当期营业外收支。

所建造的固定资产已达到预定可使用状态，但尚未办理竣工决算的，应当自达到预定可使用状态之日起，根据工程预算、造价或者工程实际成本等，按暂估价值转入固定资产，并按有关计提固定资产折旧的规定，计提固定资产折旧。待办理竣工决算手续后再调整原来的暂估价值，但不需要调整原已计提的折旧额。

企业建造生产线等动产领用生产用材料，不需要将材料购入时的进项税额转出；但建造厂房等不动产领用材料时，则需要将材料购入时的进项税额转出。

[例3-19] 甲公司是一施工企业，为扩大生产规模，2019年1月经批准启动生产辅助建设工程，整个工程包括建造钢窗车间和木工车间以及安装龙门吊等3个单项工程。2019年2月1日，甲公司与乙公司签订合同，将该辅助项目出包给乙公司承建。根据双方签订的合同，建造钢窗车间的价款为6 000 000元，建造木工车间的价款为4 000 000元，安装龙门吊需支付安装费用500 000元。建造期间发生的有关经济业务如下。

（1）2019年2月10日，甲公司按合同约定向乙公司预付10%备料款1 000 000元，其中钢窗车间600 000元，木工车间400 000元。

（2）2019年8月2日，钢窗车间和木工车间的工程进度达到50%，甲公司与乙公司办理工程价款结算5 000 000元，其中钢窗车间3 000 000元，木工车间2 000 000元。甲公司抵扣了预付备料款后，将余款通过银行转账付讫。

（3）2019年10月8日，甲公司购入需安装龙门吊，取得的增值税专用发票上注明的价款为4 500 000元，增值税税额为765 000元，已通过银行转账支付。

（4）2020年3月10日，建筑工程主体已完工，甲公司与乙公司办理工程价款结算5 000 000元，其中，钢窗车间3 000 000元，木工车间2 000 000元，款项已通过银行转账支付。

（5）2020年4月1日，甲公司将龙门吊运抵现场，交乙公司安装。

（6）2020年5月10日，龙门吊安装到位，甲公司与乙公司办理安装价款结算500 000元，款项已通过银行转账支付。

（7）整个工程项目发生管理费、可行性研究费、监理费共计300 000元，已通过银行转账支付。

（8）2020年6月1日，完成验收，各项指标达到设计要求。

假定不考虑其他相关税费，甲公司的财务处理如下。

（1）2019年2月10日，预付备料款。

借：预付账款——乙公司   1 000 000
  贷：银行存款   1 000 000

（2）2019 年 8 月 2 日，办理工程价款结算。

借：在建工程——乙公司——建筑工程——钢窗车间   3 000 000
           ——木工车间   2 000 000
  贷：银行存款   4 000 000
    预付账款——乙公司   1 000 000

（3）2019 年 10 月 8 日，购入设备龙门吊。

借：工程物资——××设备   4 500 000
  应交税费——应交增值税（进项税额）   765 000
  贷：银行存款   5 265 000

（4）2020 年 3 月 10 日，办理建筑工程价款结算。

借：在建工程——乙公司——建筑工程——钢窗车间   3 000 000
           ——木工车间   2 000 000
  贷：银行存款   5 000 000

（5）2020 年 4 月 1 日，将设备龙门吊交乙公司安装。

借：在建工程——乙公司——安装工程——龙门吊   4 500 000
  贷：工程物资——龙门吊   4 500 000

（6）2020 年 5 月 10 日，办理安装工程价款结算。

借：在建工程——乙公司——安装工程——龙门吊   500 000
  贷：银行存款   500 000

（7）支付工程发生的管理费、可行性研究费、监理费。

借：在建工程——乙公司——待摊支出   300 000
  贷：银行存款   300 000

（8）结转固定资产。

① 计算分摊待摊支出。

待摊支出分摊率＝300 000÷（6 000 000＋4 000 000＋4 500 000＋500 000）×100%
    ＝2%

钢窗车间应分摊的待摊支出＝6 000 000×2%＝120 000（元）

木工车间应分摊的待摊支出＝4 000 000×2%＝80 000（元）

龙门吊安装工程应分摊的待摊支出＝（4 500 000＋500 000）×2%＝100 000（元）

借：在建工程——乙公司——建筑工程——钢窗车间   120 000
           ——木工车间   80 000
           ——安装工程——××设备 100 000
  贷：在建工程——乙公司——待摊支出   300 000

② 计算完工固定资产的成本。

钢窗车间的成本＝6 000 000＋120 000＝6 120 000（元）

木工车间的成本＝4 000 000＋80 000＝4 080 000（元）

龙门吊设备的成本＝（4 500 000＋500 000）＋100 000＝5 100 000（元）

借：固定资产——钢窗车间   6 120 000
    ——木工车间   4 080 000

	——龙门吊	5 100 000
贷：在建工程——乙公司——建筑工程——钢窗车间		6 120 000
——木工车间		4 080 000
——安装工程——龙门吊		5 100 000

▶ 3. 投资者投入的固定资产

施工企业接受投资者投入的固定资产，在办理了固定资产移交手续之后，按投资合同或协议约定的价值作为固定资产的入账价值，借记："固定资产"科目；按投资各方确认的价值在其注册资本中所占的份额，确认为实收资本或股本，借"实收资本"或"股本"科目；按投资各方确认的价值与确认为实收资本或股本的差额，确认为资本公积，贷记"资本公积——资本溢价（股本溢价）"科目；按应支付的相关税费，确认为银行存款或应交税费，贷记"银行存款""应交税费"等科目。

▶ 4. 接受捐赠的固定资产

接受捐赠的固定资产，按下列规定确定其入账价值。

（1）捐赠方提供有关凭据的，按凭据上注明的金额加上应支付的相关税费，作为入账价值。

（2）捐赠方没有提供有关凭据的，按如下顺序确定其入账价值。

① 同类或类似固定资产存在活跃市场的，按同类或类似固定资产的市场价格估计的金额，加上应支付的相关税费，作为入账价值。

② 同类或类似固定资产不存在活跃市场的，按同类或类似固定资产的预计未来现金流量的现值，作为入账价值。

③ 如受捐赠旧的固定资产，按照上述方法确认的价值，减去按该项固定资产的新旧程度估计的价值损耗后的金额，作为入账价值。

企业接受捐赠固定资产应按会计规定确定的入账价值，借记"固定资产"科目；按税法规定确定的入账价值与适用的所得税税率的乘积，贷记"递延所得税负债"科目；按两者的差额，贷记"营业外收入"科目。

▶ 5. 改建、扩建固定资产

施工企业的固定资产改、扩建工厂，应按照固定资产的原价加上改、扩建发生的支出减去改、扩建过程中发生的固定资产变价收入后的余额作为改、扩建后的固定资产价值入账。

为了区分在用和未用固定资产的界限，便于计提折旧，在改、扩建设之前，应将使用中的固定资产转入未使用固定资产。

在会计核算上，对改、扩建过程中发生的有关经济业务，先通过"在建工程"科目核算，待改、扩建工程完工后，再将新增加的固定资产价值自"在建工程"科目转入"固定资产"科目。

▶ 6. 融资租入固定资产

企业采用融资租赁方式租入固定资产，由于在租赁期里承租企业实质上获得了该资产所提供的主要经济利益，同时承担了与资产有关的风险。因此承租企业应将融资租入资产作为一项固定资产计价入账，同时确认相应的负债，并且要计提固定资产折旧。为了区别融资租入固定资产和企业其他自有固定资产，企业应对融资租入固定资产单独设立"融资租入固定资产"明细科目核算,《企业会计准则第 21 号——租赁》中规定:在租赁开始日,承租人应当将租赁开始日租赁资产公允价值与最低租赁付款额现值两者较低者作为租入资产的入账价值,将最低租赁付款额作为长期应付款的入账价值,其差额作为未确认融资费用。承租人在租赁谈判和签订租赁合同过程中发生的,可归属于租赁项目的手续费、律师费、印花税等初始直接费用,应当计入租入资产价值,而不是确认为当期费用。《企业会计准则第 4 号——固定资产》中规定:购买固定资产的价格超过正常信用条件延期支付,实质上具有融资性质的,固定资产的成本以购买价格的现值为基础确定。实际支付的价格与购买价格之间的差额,除应予资本化的以外,应当在信用期间内计入当期损益。

[例 3-20] 某企业采用融资租赁方式租入生产设备一台,按照租赁合同的规定双方确定的租赁资产公允价值为 2 000 万元,租赁期限为五年,最低租赁付款额为 2 400 万元。

借:在建工程 20 000 000
　未确认融资费用 4 000 000
　贷:长期应付款——应付融资租赁款 24 000 000

企业支付了生产设备的运输费、保险费、安装调试费等计 30 万元。

借:在建工程 300 000
　贷:银行存款 300 000

[例 3-21] 承例 3-20,该企业在采用融资租赁方式租入生产设备时,支付手续费、公证费、印花税等各项费用为 50 万元。

借:在建工程 500 000
　贷:银行存款 500 000

融资租入固定资产安装调试完工后投入使用时:

借:固定资产——融资租入固定资产 20 800 000
　贷:在建工程 20 800 000

根据规定,未确认的融资费用应当在租赁期内各个期间进行合理分摊,每年分摊的金额为 80 万元,每年分摊时的会计处理如下。

借:财务费用 800 000
　贷:未确认融资费用 800 000

如按租赁合同规定:租金应于每年年初支付,每年支付租金 580 万元,在支付租金时的会计处理如下。

借:长期应付款——应付融资租赁款 5 800 000
　贷:银行存款 5 800 000

在实际融资合同中一般同时规定:在租赁期间内,由于中国人民银行上调(下降)金融机构贷款基准利率,将按上调(下降)幅度相应调整租金。

[例 3-22] 承例 3-21,如在租赁期内的第 4 年年初,中国人民银行上调金融机构贷款利率,假定经计算后,则每年需 20 万元,第 4、第 5 年应分别支付租金为 600 万元。

借:财务费用 200 000
　长期应付款——应付融资租赁款 5 800 000
　贷:银行存款 6 000 000

5 年融资租赁期限届满后,企业应将固定资产从"融资租入固定资产"科目转入"固定资产"科目。

借：固定资产   20 800 000

贷：固定资产——融资租入固定资产   20 800 000

课后习题

1. 保函的种类和用途有哪些？
2. 临时设施包括哪些？
3. 存货包括哪些？施工企业存货管理有何特殊方法？
4. 固定资产折旧的提取方法有哪些？

4 项目四
工程施工成本核算

学习目标

知识目标

1. 掌握施工企业成本的分类
2. 掌握施工企业成本管理的特点
3. 掌握工程项目成本的组成
4. 掌握施工成本的核算

能力目标

1. 能理解正确组织工程成本核算的要求
2. 能进行材料费和人工费的归集与分配
3. 能对机械使用费进行核算
4. 能对其他直接费用、间接费用进行核算
5. 能进行工程成本明细核算、单位工程竣工成本决算

　　按照工程项目管理的要求，中标的承包商（施工单位）应建立施工组织、项目经理部及各职能部门；按照承包合同规定的工期、质量标准及经过批准的实施性施工组织设计，合理组织施工。施工管理的核心是"进度、质量、成本"三大控制和"合同、信息"两大管理，通称为三控两管。因此，针对进度、质量、成本、合同、信息承包商要制订管理实施细则和控制措施，做到组织落实、人员落实和措施落实。在施工过程中，承包商应严格执行承包合同中规定的各项条款，按照设计要求、监理规范和施工规范，围绕进度、质量和成本进行科学有效的组织和管理，确保工程质量和工程进度，安全施工。

　　工程施工阶段财务会计的主要任务是正确计算工程实际成本，及时提供工程耗费的相关信息，为改进施工管理、提高经济效益服务。

任务一 认识工程成本

一、相关概念

（一）成本

▶ 1. 中国成本协会

在中国成本协会《成本管理体系术语》标准中第2.1.2条中对成本术语的定义是："为过程增值和结果有效已付出或应付出的资源代价。"

人们在生产和生活过程中不断地追求过程的增值或结果有效，并为此付出代价，这种代价是组织或个人为一定目的所付出的，这就是成本的目的性。因为，人们发生成本的本意一般都是有目的的。成本一定在过程中发生：如生产成本是在生产过程中发生的；销售成本是在销售过程中发生的。有些组织的过程不直接增加经济价值，例如，政府的行政管理过程，那么，它们所发生的成本是为了结果的有效。任何组织或个人的活动其过程都是为了增值，都在追求结果的有效性。过程是将输入转化为输出的系统，过程是一个广义的概念，任何一个过程都有输入和输出，输入是实施过程的基础、前提和条件；输出是完成过程的结果，输入和输出之间是一种增值转换，过程的目的就是为了增值，不增值的过程没有意义。为了实现输入和输出之间的增值转换要投入必要的资源和活动。所以，我们说的成本是在过程中（输入和输出转化中）的一组资源消耗的总和，是换取过程增值或结果有效的代价。

▶ 2. 美国会计学会（AAA）

美国会计学会所属的"成本与标准委员会"对成本的定义是："为了达到特定目的而发生或未发生的价值牺牲，它可用货币单位加以衡量。"

以上两种解释并无实质性差别，成本的本质是为了达到特定目的而付出的代价。其代价的内涵是什么，马克思曾对产品成本的经济内涵进行过剖析，指出：按照资本主义方式生产的每一件商品 w 的价值，用公式表示是 $w=c+v+m$。如果从这个产品价值中减去剩余价值 m，那么在商品中剩下的只是一个在生产要素上耗费的资本价值 $c+v$ 的等价物或补偿价值。$c+v$ 就是产品生产过程中的资本耗费称为成本。因此，成本的实质是生产经营过程中所耗费的生产资料的转移价值和活劳动耗费为劳动者自己创造价值的货币表现。

（二）费用

▶ 1. 国际会计准则委员会

国际会计准则委员会对费用要素的定义是："费用是指会计期间内经济利益的减少，其表现形式为资产减少或负债增加而引起的所有者权益减少，但不包括向所有者进行分配等经济活动引起的所有者权益减少"。这里的费用包含了损失，属于广义的费用概念。

▶ 2. 美国财务会计准则委员会

美国财务会计准则委员会（FASB）在其第 6 号概念公告中，将费用定义为："某一主体在其持续的、主要或核心业务中，因交付或生产了货品，提供了劳务，或进行了其他活动，而付出的或其他耗用的资产，或因而承担的负债（或两者兼而有之）"。

▶ 3. 我国会计准则

我国会计准则对费用的定义为："费用是指企业在日常活动中发生的、会导致所有者权益减少的、与向所有者分配利润无关的经济利益的总流出。"

美国财务会计准则委员会和我国会计准则规定的费用仅指日常活动或主要业务发生的耗费，因而属于狭义的费用概念。

（三）支出

支出具有支付、开支、花销之意。从企业角度来说，是因为特定的目的而发生的支付行为，进而导致了企业的资源减少。包括偿债性支出、资本性支出、收益性支出、权益性支出等。

（四）支出、成本、费用之间的关系

▶ 1. 支出和费用

在会计上，支出比费用所含范围要广泛。只有那些在企业生产经营活动中为取得营业收入而发生的各种支出，才是费用。例如办公费、差旅费、广告费等支出；而其他原因发生的支出，如偿还借款、支付应付账款、为分配利润而支付的款项等都与营业收入无关，都不能构成企业的费用；购买材料、机械设备等支出，在购买时也与营业收入不直接相关，并非费用，但是这些支出或早或迟最终会转化为费用。

▶ 2. 成本和费用

在会计领域中，成本与费用是两个并行的概念，也是经常被混淆的两个概念，尽管它们之间有一定的联系，但实际上它们之间有本质的区别。成本与企业特定资产或劳务相关，企业为取得某种资产或劳务所付出的代价，首先是以资产的形式存在的，如材料、固定资产等，成本不能直接抵减收入；但成本通过"资产化"，再通过耗费过程可以转化为费用；如为了生产产品，企业必须采购材料而发生支出，从而形成材料的采购成本。材料验收入库后，采购成本转化为企业的存货成本，如果企业领用材料用于生产产品，则存货的成本则转化为产品的生产成本，产品完工验收入库则生产成本又转化为存货的成本，将产品出售，存货成本则转化为费用，进而抵减收入。而费用则与特定期间相关；是为取得收入而发生的资源耗费金额，包括管理费用、财务费用等，也称为期间费用；费用必须冲减当期的收入反映在利润表中。

▶ 3. 支出与费用、成本

1）收益性支出形成费用

凡支出的效益仅及于本年度（或一个营业周期）的，应当作为收益性支出。根据配比原则，收益性支出形成费用，计入当期损益。

2）资本性支出形成资产

凡支出的效益及于几个会计年度（或几个营业周期）的，应当作为资本性支出。根据配比原则及资产的定义，由于资本性支出使几个会计期间受益，在发生的当期就不能作为费用计入损益，而应该作为资产在未来的受益期间内分期转作费用。因此，资本性支出形成资产，而资产的取得成本，就是全部资本性支出。

如果企业不能正确区分收益性支出和资本性支出，将本应作为收益性支出的而作为资本性支出就会虚增企业的资产和利润；相反，将本应作为资本性支出的而作为收益性支出，将会虚减企业的资产和利润，这两种现象都会影响企业提供的会计信息质量，误导会计信息的使用者，这都是现行法规所不允许的。

二、工程成本

(一) 工程成本的含义

施工企业承建的工程项目，是按照与建设单位签订的建造合同组织生产的。施工企业在生产经营过程中，必然要发生各种各样的资金耗费，如领用材料、支付职工薪酬，发生固定资产损耗等。施工企业在一定时期内从事工程施工、提供劳务等发生的各种耗费称为生产费用，将这些生产费用按一定的对象进行分配和归集，就形成了工程成本。

工程成本是施工企业在工程施工过程中发生的，按一定成本核算对象归集的生产费用总和，包括直接费用和间接费用两部分。直接费用是指直接耗用于施工过程，构成工程实体或有助于工程形成的各项支出，包括人工费、材料费、机械使用费和其他直接费；间接费用是指施工企业所属各直接从事施工生产的单位(如施工队、项目部等)为组织和管理施工生产活动所发生的各项费用，包括临时设施费、施工单位管理人员薪酬、施工管理用固定资产的折旧、物料消耗、低值易耗品摊销、水电费、办公费、差旅费、保险费、工程包修费、劳动保护费及其他费用。

(二) 工程成本的分类

▶ 1. 按照成本管理要求分类

根据工程的特点和成本管理的要求，企业应分别确定工程预算成本、工程计划成本和工程实际成本。

1) 工程预算成本

工程预算成本是企业根据施工图设计和预算定额、预算单价以及有关取费标准。施工图预算确定的是工程造价，不仅包括属于工程成本的各种施工费用，还包括不属于工程成本的其他内容。工程预算成本是工程造价的主要组成部分。

2) 工程计划成本

工程计划成本是企业根据确定的降低成本指标，以工程预算成本为基础，结合实际情况确定的工程成本。计划成本与预算成本的差额，是企业降低成本的奋斗目标。

3) 工程实际成本

工程实际成本是企业按照确定的成本核算对象归集的实际施工生产费用，反映的是某一企业的生产耗费水平。

由于工程实际成本不包括管理费用和财务费用，因此，企业在将工程实际成本与工程预算成本进行对比分析时，应从预算成本中剔除企业管理费和财务费用。

▶ 2. 按照经济用途分类

(1) 材料费。施工过程中耗用的、构成工程实体或有助于工程形成的各种主要材料、结构件(外购)等费用，以及周转材料的摊销及租赁费用等。

(2) 人工费。直接从事建筑安装工程的工人(包括施工现场制作构件工人，施工现场水平、垂直运输等辅助工人)的职工薪酬。

(3) 机械使用费。建筑安装工程施工过程中使用施工机械所发生的费用(包括机上操作人员人工费,燃料、动力费,机械折旧、修理费,替换工具及部件费,润滑及擦拭材料费,安装、拆卸及辅助设施费,牌照税,过路费,使用外单位施工机械的租赁费,机械保管费等)以及支付的施工机械进出场费。

(4) 其他直接费。为完成工程项目施工、发生于施工前和施工过程中不能直接计入工程实体的费用。包括环境保护费、安全施工费、临时设施费、冬雨季施工增加费、夜间施工增加费、材料两次搬运费、土方运输费、生产工具仪器使用费、检验试验费、施工排水降水费、施工过程耗用水、电、风、气等费用。

(5) 间接费用。企业所属各施工单位为组织和管理施工生产活动所发生的各项费用。包括施工单位管理人员人工费,折旧、修理费,工具用具使用费,办公费、差旅费、劳动保护费等。

三、投标价格与工程成本

(一) 投标价格

工程量清单载明建设工程分部分项工程项目、措施项目、其他项目的名称和相应数量以及规费、税金项目等内容的明细清单。它是工程量清单计价的基础,应作为编制招标控制价、投标报价、工程计量及进度款支付、调整合同款、办理竣工结算以及工程索赔等的依据之一。

根据中华人民共和国国家标准建设工程工程量清单计价规范——国家住房和城乡建设部(2013),全部使用国有资金投资或国有资金投资为主的工程建设项目,必须采用工程量清单计价。非国有资金投资的工程建设项目,可采用工程量清单计价。

工程量清单包括建设工程的分部分项工程项目、措施项目、其他项目、规费项目和税金项目的名称和相应数量等的明细清单。

建筑安装工程费用构成如下。

▶ 1. 直接费

1) 直接工程费

直接工程费是指施工过程中耗费的构成工程实体的各项费用,包括人工费、材料费、施工机械使用费。人工费是指直接从事建筑安装工程施工的生产工人开支的各项费用,包括基本工资、工资性补贴、生产工人辅助工资、职工福利费、生产工人劳动保护费等。材料费是指施工过程中耗费的构成工程实体的原材料、辅助材料、构配件、零件、半成品的费用,包括材料原价(或供应价格)、材料运杂费、运输损耗费、采购及保管费、检验试验费。施工机械使用费是指施工机械作业所发生的机械使用费以及机械安拆费和场外运费。施工机械台班单价应由下列七项费用组成:折旧费、大修理费、经常修理费、安拆费及场外运费、人工费、燃料动力费、养路费及车船税。

2) 措施费

为完成工程项目施工,发生于该工程施工准备和施工过程的技术、生活、安全、环境保护等方面的非工程实体项目费用。包括环境保护费、文明施工费、安全施工费、临时设施费、夜间施工费、二次搬运费、大型机械设备进出场及安拆费、模板及支架费、脚手架费、已完工程及设备保护费、施工排水降水费等。

▶ 2. 间接费

1）规费

根据省级政府或省级有关权力部门规定必须缴纳的，应计入建筑安装工程造价的费用。主要包括工程排污费、社会保障费、工伤保险费和住房公积金等。

2）企业管理费

企业管理费是指企业组织施工生产和经营管理所需费用。主要包括企业管理人员工资、办公费、差旅交通费、固定资产使用费、工具用具使用费、工会经费、职工教育经费、劳动保险费、职工养老保险费及待业保险费、保险费、房产税、车船使用税、土地使用税、印花税、技术转让费、技术开发费、业务招待费、排污费、绿化费、广告费、公证费、法律顾问费、审计费、咨询费等。

▶ 3. 利润

企业完成所承包工程所获取利润。

▶ 4. 其他费用

属于其他项目清单列项：暂列金额、暂估价(包括材料暂估单价、专业工程暂估价)、计日工(包括用于计日工的人工、材料、施工机械)、总承包服务费等。

▶ 5. 税金

国家税法规定的应计入建筑安装工程造价内城市维护建设税以及教育附加等。

在整个工程项目的造价中，建筑安装工程费用是主要的构成部分；从施工企业来讲，这就是投标价格，其中的大部分是属于施工工程成本的；但是需要注意，会计核算中的成本构成与建设项目费用构成是有区别的，并非完全一致。

施工企业的成本控制一直以来是个很难解决的问题，它较之工业企业的成本控制难得多。原因是多方面的：有主观方面的原因，如施工方案的优化，组织管理的问题等；还有客观方面的问题，如地质情况的改变。重要的是没有明确的指标对分部分项工程成本进行控制。施工企业很难建立什么责任成本中心，原因就是预算和财务口径不统一，无法进行比较和控制。一个项目到底是盈是亏，只能一锅粥地作最后结论，盈亏在哪些方面，金额又是多少，无法做出具体准确的财务分析。

（二）工程成本项目

会计核算应该服务于管理需要，本书在成本项目的构成内容方面，在不违背企业会计准则规定的前提下，将尽量的与上述费用构成相协调，以改善并加强施工企业成本管理。

工程成本项目是施工费用按经济用途分类形成的若干项目。成本项目可以反映工程施工过程中的资金消耗情况，为进行成本分析提供依据。工程成本一般包括以下五个项目。

▶ 1. 直接人工费

指企业应支付给从事建筑安装工人的各种薪酬。包括发生的工资、福利费以及按照施工人员工资总额和国家规定的比例计算提取的其他职工薪酬。

▶ 2. 直接材料费

指工程施工过程中耗用的各种材料物资的实际成本以及周转材料的摊销额和租赁费

用。包括直接构成工程实体的原料及主要材料、外购半成品、修理用备品备件以及有助于工程形成的辅助材料和其他材料。

▶ 3. 机械使用费

指在施工过程中使用施工机械发生的各种费用，包括自有施工机械发生的作业费用，租入施工机械支付的租赁费用，以及施工机械的安装、拆卸和进出场费等。

▶ 4. 其他直接费

指在施工过程中发生的除人工费、材料费、机械使用费以外的直接与工程施工有关的各项费用。

▶ 5. 间接费用

指企业下属的各施工单位(施工队、项目部等)为组织管理工程施工所发生的费用。包括临时设施摊销费用，施工生产管理人员工资、奖金、职工福利费、劳动保护费；固定资产折旧费及修理费、物料消耗费、低值易耗品摊销、取暖费、水电费、办公费、差旅费、财产保险费、工程保修费、排污费等。

任务二 工程成本核算组织

一、工程成本核算的含义

（一）工程成本核算的对象

工程成本核算的对象是指在工程成本核算时，应该选择什么样的工程作为目标，来归集和分配生产费用，确定它的实际成本，也就是成本归属的对象。在实际工作中，我们应根据核算工程合同损益和施工管理要求，划分成本计算对象

▶ 1. 单项工程、单位工程是工程成本计算的对象

根据核算工程合同损益和施工管理要求，工程成本的计算对象一般应是具有工程预算书的独立建筑物或安装工程的单项工程或单位工程。单项工程或单位工程是编制工程预算和与发包单位签订单项合同和结算工程价款的对象。

单项工程是指具有独立的设计文件，竣工后可以独立发挥生产能力或效益的工程，也被称为工程项目，如工厂中的生产车间、办公楼、住宅；学校中的教学楼、食堂、宿舍等，它是基建项目的组成部分。

单位工程是指具有单独设计和独立施工条件，但不能独立发挥生产能力或效益的工程，它是单项工程的组成部分。如生产车间这个单项工程是由厂房建筑工程和机械设备安装工程等单位工程所组成。建筑工程还可以细分为一般土建工程、水暖卫工程、电器照明工程和工业管道工程等单位工程。

两者的区别主要是看它竣工后能否独立地发挥整体效益或生产能力。

▶ 2. 合并成本核算对象

对几个单项工程合并于一个合同签订的，如建设工期较短的小型建设项目，也可合并

作为一个成本计算对象。

▶ **3. 分拆成本核算对象**

（1）对包括在一个工程合同、在同一工地施工、结构类型相同的建筑群，可按开竣工时期，将各个单项工程或单位工程划分为几个成本计算对象，把开竣工时期相近的几个单项工程或单位工程，合并为一个成本计算对象，将它们的成本合并加以计算，然后按照各个单项工程或单位工程预算造价比例，计算各该单项工程或单位工程的实际成本。

（2）将一个工地上的建筑群划分为几个成本计算对象进行计算时，室外工程（如道路、下水道等）、大型临时设施均要作为一个成本计算对象，单独计算成本。

▶ **4. 特殊情况下工程的成本核算对象**

（1）两个或两个以上施工单位共同承担一项单位工程施工任务的，以单位工程作为成本核算的对象，各自核算其自行施工的部分。

（2）一组合同无论对单个客户还是多个客户，如同时具备下列条件，应把一组合同作为一个成本核算对象，统一计算和确认该组合同的收入、费用和利润。第一，该组合同按一揽子交易签订，由本企业同时施工，并根据整个项目施工进度办理价款结算；第二，该组合同密切相关，建造工程由本企业统一管理，统一调配施工人员和集中用料；每项合同各自的完工进度直接关系到整个建设项目的完工进度和价款结算，构成该组综合利润率的组成部分。第三，该组合同同时或依次履行。

（3）对于规模大、工期长的合同项目，或采用新结构、新技术、新工艺的分部位工程，为了取得单项资产的某一部位的核算资料，在施工企业内部可以将工程划分为若干部位，以分部位工程为成本核算对象，以便总结经验，但不作为和客户结算的依据。

（二）工程成本核算的意义

工程成本核算是对发生的施工费用进行确认、计量，并按一定的成本核算对象进行归集和分配，从而计算出工程实际成本的会计工作。通过工程成本核算，可以反映企业的施工管理水平，可以确定施工耗费的补偿尺度，可以有效地控制成本支出，避免和减少不应有的浪费和损失。所以它是施工企业经营管理工作的一项重要内容，对于加强成本管理，促进增产节约，提高企业的市场竞争能力具有非常重要的作用。

（1）通过工程成本核算，将各项生产费用按照它的用途和一定程序直接或分配计入各项工程，正确计算出各项工程的实际成本，并与工程预算进行比较，检查工程预算的执行情况。及时、准确地反映各项工程和企业的实际成本水平，为企业制定经营战略提供根据。

（2）通过工程成本的核算，可以及时反映施工过程中人、财、物力的消耗，检查直接费用（人工费、材料费、机械使用费、其他直接费用）的耗费情况和间接费用定额的执行情况，分析成本升降的原因，挖掘降低工程成本的潜力，发挥竞争优势，增强企业核心竞争力。

（3）通过工程成本核算，可以计算施工企业各个施工单位的经济效益和各项承包工程合同的盈亏，分清各单位的成本责任，便于在企业内部实行经济责任制。有利于提高成本控制的刚性，有利于强化企业内部约束和激励机制。

（4）通过工程成本核算，可以为各种不同类型的工程积累经济技术资料，为预算定额、施工定额的制订与修订提供依据；为企业进行预测、决策提供可靠的信息支持。同时也为企业准确制订工程报价提供依据，有利于提高中标率。

二、工程成本核算的要求

▶ **1. 严格遵守成本开支范围，划清各项费用开支的界限**

（1）成本开支与专项工程支出的界限。

（2）成本开支同期间费用的界限。

（3）成本开支与营业外支出的界限。

（4）划清本期工程成本与非本期工程成本的界限。

（5）划清不同成本核算对象的费用界限。

（6）划清已完工程成本与未完工程成本的界限。

▶ **2. 建立、健全企业内部的成本管理制度**

为了保证成本核算的质量，便于对成本实施有效的监督和控制，必须建立、健全成本管理制度。内容包括：加强定额管理，健全物资的计量、收发、领退和盘点制度及原始记录等基础工作制度。

1）建立、健全定额管理制度、编制和完善各项定额

施工企业可根据本企业实际情况编制施工定额，并根据新结构、新工艺、新设备、新材料的使用及时制订所必需的补充定额，力争做到工时、材料、设备、工具、能源、消耗有定额，费用开支有标准，并随生产技术改进和管理水平的提高，定期修订。

2）建立、健全各项原始记录管理制度

原始记录是企业成本核算和经济活动分析的基础记录资料。在施工过程中，要建立工程日志，工日考勤，材料收、发、领、退，机械台班耗用，已完、未完工程和在产品盘点、产量、质量、安全等业务统计资料，为工程结算、成本核算和分析及定额的测算提供真实可靠的数据。

3）建立、健全内部结算制度，制订内部价格

施工企业应根据分级管理、分级核算的体制和业务核算的需要，对各种材料、燃料、结构件、机械配件、其他材料、低值易耗品、周转材料、动力、产品、劳务等，根据稳健性原则掌握市场信息，确定与价格动态相适应的计价方法，制订统一的内部估算价格，作为内部核算的依据。

依据施工定额、优化后的施工组织方案、历年数据信息和现场价格、市场价格等，制订并完善内部价格平台，作为工序计价和逐级承包的依据。同时凭借价格平台，在物资和劳务招标过程中，做到"知己知彼"。在验工计价中，确保所有工程量按统一的内部价格计量，同时还必须保证内部价格始终低于责任成本预算单价且相对稳定。

4）建立、健全物资管理制度、严格计量工作

一切物资财产的收、发、领、退都必须按规定进行计量、验收、办理领退手续，对库存物资、财产都要定期盘点，保证账、卡、物相符和消耗准确，对工地现场要指定专人负责管理，做到工完场清，余料退库。

5）建立责任预算指标体系

合理分拆预算和分解指标，尤其是在低价中标、费用难以分割的情况下，更要坚持灵活性和原则性。指标高了，起不到控制成本的作用；指标低了，容易挫伤作业层和员工的积极性。要在研究和制订责任成本预算指标上多下功夫，把成本、责任、利益紧密地捆绑在一起。

6）建立指标评价体系

按照责权利对等原则，建立横向到边、纵向到底的指标承包责任制，实行项目盈亏与个人责任挂钩制度，逐级将指标压力传递给全员并转化为岗位责任，调动全员积极参与成本控制。通过科学合理的考核评价，彻底改变过去那种"只想上项目、不想上交钱"和项目"盈利就有奖、亏损无人问"等现象。

▶ 3. 建立健全企业内部成本核算的其他各项工作

（1）企业必须按季计算施工工程成本。

（2）企业必须根据计算期内已完成工程，已完作业和材料采购的数量以及实际消耗和实际价格，计算工程，作业和材料的实际成本。

（3）企业进行实际成本核算时，其实际成本的核算范围，项目设置和计算口径，应与国家有关财务制度、施工图预算、施工预算或成本计划取得一致。

（4）企业生产经营过程中所发生的各项费用，必须设置必要的账册，以审核无误，手续齐全的原始凭证为依据，按照成本核算对象、成本项目、费用项目和单位进行核算，做到真实、准确、完整、及时。

（5）企业成本核算的各种处理方法，前后各期必须一致，不得任意变更，如需变更，需报经主管部门批准，并将变更的原因及其对成本和财务状况的影响，在当期的财务报告中加以说明。

三、工程成本核算的基本要求

（一）合理设账

工程公司(项目部)财务会计部门应根据施工合同(协议)和开工通知单，按照成本核算对象，设置相关账户和明细账，以分别计算从开工到竣工、交工验收所发生的实际成本，具体如下。

▶ 1."工程施工"账户

该账户核算施工企业进行工程施工发生的合同成本和合同毛利，其借方登记施工过程中实际发生的各项直接费、应负担的间接费以及确认的工程毛利，贷方登记确认的工程亏损，期末借方余额表示工程自开工至本期累计发生的施工费用及各期确认的毛利。工程竣工后，本账户应与"工程结算"账户对冲后结平。

本账户应按照建造合同分"合同成本""合同毛利""间接费用"(也可以设置总账账户)进行明细核算。

1)"工程施工——合同成本"二级账户

该明细账户核算企业进行工程施工发生的各项施工生产费用，并确定各个成本对象的成本。其借方登记施工过程中实际发生的直接费用和应负担的间接费用，贷方登记工程竣工后与"工程结算"账户对冲的费用，期末借方余额表示工程自开工至本期累计发生的施工费用。该账户应采用借方多栏式账页格式，如表 4-1 所示。

表 4-1　工程施工明细账

单位：第一分公司　　　　　年　月　日　　　　　金额单位：　元　　　　　二级明细：合同成本

年		凭证号数	摘要	借方金额						贷方	余额
月	日			人工费	材料费	机械使用费	其他直接费	间接费	合计		

在该二级账下，应按不同的工程项目（即按成本计算对象）设置工程成本卡（三级账户）。工程成本卡格式与工程成本二级账格式相同，如表 4-2 所示。

表 4-2　甲工程成本卡

成本核算对象：甲工程　　　　　年　月　日　　　　　金额单位：　元

年		凭证号数	摘　要	借方金额						贷方	余额
月	日			人工费	材料费	机械使用费	其他直接费	间接费	合计		

2）"工程施工——合同毛利"二级账户

该二级账户核算各个成本核算对象各期确认的毛利，其借方登记期末确认的工程毛利，贷方登记确认的工程亏损。期末借方余额表示工程自开工至本期累计确认的毛利；期末若为贷方余额，则表示工程自开工至本期累计确认的亏损。工程竣工后，本账户应与"工程结算"账户对冲后结平。

▶ 2."间接费用"账户

"间接费用"可以设为"工程施工"账户的一个二级账户。但为了完整、清晰地反映工程成本计算程序，也可以将"间接费用"设为总账账户。

该账户核算企业所属的施工生产单位（即工区或施工队）为组织管理施工生产而发生的各项费用。包括工区或施工队管理人员的薪酬、固定资产折旧费、财产保险费、差旅费、办公费等间接费用。该账户借方登记实际发生的各项间接费用，贷方登记期末分配转入各工程成本的间接费用，期末结转后一般无余额。

该账户应按不同的施工管理单位设置明细账，进行明细核算。该账户的明细账应采用借方多栏式账户结构，如表 4-3 所示。

表 4-3　间接费用明细账

单位：一公司　　　　　　　　　年　月　日　金额单位：元　　　　　　　二级明细：间接费用

年		凭证号数	摘　要	借方金额						贷方	余额
月	日			职工薪酬	折旧费	物料消耗	办公费	其他	合计		

▶ 3."辅助生产成本"总账账户

该账户核算企业所属的非独立核算的辅助生产部门为工程施工生产材料和提供劳务所发生的费用。借方登记实际发生的费用，贷方登记生产完工验收入库的产品成本或者按受益对象分配结转的费用。期末借方余额表示在产品的成本。

该账户应按不同的车间设置明细账。辅助生产费用明细账的格式如表 4-4 所示。

表 4-4　辅助生产成本明细账

车间：预制车间　　　　　　　　　　　年　月　日　　　　　　　　　　金额单位：元

年		凭证号数	摘　要	借方金额						贷方	余额
月	日			人工费	材料费	折旧费	水电费	其他费	合计		

▶ 4."机械使用费"账户

该账户核算施工企业使用自有的施工机械和运输设备进行机械作业（包括机械化施工和运输作业）所发生的各项费用。该账户借方登记发生的各项机械作业费用，贷方登记月末分配计入"工程施工——合同成本"的机械化施工和运输作业成本。本账户期末结转后应无余额。

该账户应按不同的施工机械作为成本核算对象，设置明细账，分设明细账户。对大型施工机械，应按单机或机组设置明细账户；对小型施工机械，可按类别设置明细账户，如"施工机械""运输设备"等。明细账应采用借方多栏式账户格式，如表 4-5 所示。

表 4-5　机械使用费明细账

机械种类：施工机械　　　　　　　　　　年　月　日　　　　　　　　金额单位：元

年		凭证号数	摘　要	借方金额						贷方	余额
月	日			人工费	燃料动力费	折旧费	其他直接费	间接费	合计		

▶ 5. "工程结算"账户

该账户核算施工企业根据建造合同约定向发包方（即业主或甲方）办理工程价款结算的累计金额。贷方登记企业向发包方办理工程价款结算的金额，借方登记合同完工时，与"工程施工"账户对冲的金额。本账户期末贷方余额反映尚未完工建造合同已办理结算的累计金额。

（二）准确计算

月终财务会计部门根据工资分配表、用料汇总表、大堆材料耗用计算表、周转材料摊销表、未完施工盘点表、机械使用分配表、间接费用分配表和有关其他材料，填制记账凭证，据以登记工程成本明细类账。

凡与施工有关的费用，以及可以直接计入相应工程施工对象的建筑场地的整理、布置、砍伐树木、平整土地和工地排水等工作费用，应在其发生时直接计入工程对象的成本。

由于建设单位的责任造成的返工，施工单位应将实际耗用的材料、人工费和其他费用分别计入有关成本项目，单独向建设单位办理结算。

非施工单位责任而停止和废止的建筑安装工程费亦按上述工程价款结算的办法，向建设单位进行结算。

（三）注重分析，强化管理

企业财务会计部门对每一工程成本核算对象的实际成本，在核算时必须强调与预算（计划）成本费用项目的内容取得一致。根据计划统计部门提供的已完工程预算成本资料进行比较，分析差异，从而了解单位工程降低成本任务完成情况及其效果。

施工企业财务会计部门应于每一单位工程竣工结算后，编制单位工程竣工成本表，用以反映主要工程项目在本报告期间已竣工工程的工程量、工程价款收入、实际制造成本及成本降低额、降低率，为企业内部管理、对外投标积累核算资料。

（四）规范程序

▶ 1. 工程实际成本计算的基本程序

（1）审核、控制生产费用，确定费用是否计入工程成本。

（2）按照费用的用途和发生地点归集当期发生或支付的各项生产费用；并按照成本项目归集应计入当期工程成本的各种要素费用。

（3）按各成本核算对象分配当期所归集的应计入工程成本的各项要素费用；按照各受益对象分配机械作业、辅助生产费用；分配结转应当由当期成本负担的费用；汇总计算各项工程成本。

（4）将各项工程成本费用在当期已完工程和期末在建工程之间进行分配，结算当期已完工程或竣工工程的实际成本。

具体步骤如下。

（1）确定成本计算对象，开设成本明细账（成本卡）。

（2）按成本计算对象和成本项目汇总分配材料、职工薪酬、折旧等生产费用。

（3）分配辅助生产费用。

（4）分配施工机械使用费。

（5）分配其他直接使用费。

（6）分配间接费用。

（7）计算本期已完工程和未完工程的实际成本。

（8）计算已完施工的预算成本。

（9）计算竣工单位工程的实际成本和预算成本，编制单位工程成本决算。

▶ 2. 工程成本总分类核算程序

工程成本核算程序是指进行工程成本核算一般应采用的步骤。企业对施工过程中发生的各项施工费用，应按其用途和发生地点进行归集。为了核算和监督各项施工费用的发生和分配情况，正确计算工程成本，施工企业应设置"工程施工——合同成本""工程施工——间接费用""生产成本——辅助生产成本""机械使用费"等账户。

这些成本费用账户，在工程成本核算中起着不同的作用。根据它们的核算内容和使用方法，可以将工程成本核算的基本程序概述如下。

（1）归集各项生产费用。

（2）分配辅助生产费用。

（3）分配机械作业费用。

（4）分配施工间接费。

（5）计算和结转工程成本。

具体如图 4-1 所示。

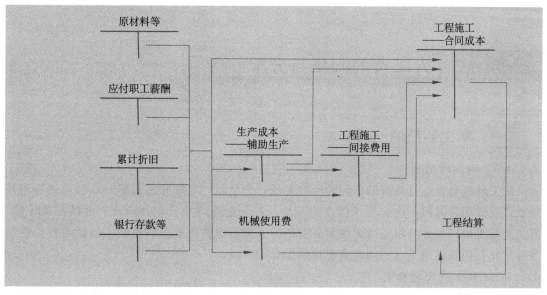

图 4-1　工程成本核算程序

▶ 3. 生产费用在成本核算对象之间归集和分配的明细分类账务处理程序

工程成本的明细分类账务处理程序，应根据工程成本的体制而定，并与工程成本总分类核算的程序相配合。在实行二级或三级核算的施工企业，工程成本的核算主要在工程处一级进行，工程处一般应组织工程成本的总分类核算和明细分类核算并按下列程序登记和分配相关成本费用。

四、施工企业成本核算的组织

施工企业成本核算要适应企业的管理组织体制，实行统一领导、分级核算，现实生活中有如下方式。

▶ **1. 三级核算体制**

三级核算体制是指施工企业实行的公司、工程处(分公司、工区)、施工队(项目经理部)三级成本核算管理制。

公司汇总企业生产成本，指导所属单位建立和健全成本管理制度，汇总企业生产成本，全面进行生产成本分析。

工程处计算工程施工成本，编制施工成本报表，进行工程成本分析。

施工队计算本队发生的工料等直接费用，签发工程任务单和定额领料单，开展班组经济核算，办理设计变更、材料代用等技术经济签证手续，分析工料成本超降原因。

▶ **2. 两级核算体制**

两级核算体制是指施工企业采用的公司、施工队两级成本核算管理制。公司汇总企业生产成本，施工队计算工程施工成本。若公司所属各施工队专业程度较高，并在同一地区施工，一个工程的各项工作大都由几个施工队完成，为简化核算手续，也可以仅计算本队各项工程发生的工料费，公司综合计算工程成本。

任 务 三　人工费的归集与分配

一、职工薪酬的一般构成

▶ **1. 职工的范围**

职工是指与企业订立劳动合同的所有人员，含全职、兼职和临时职工，也包括虽未与企业订立劳动合同但由企业正式任命的人员。未与企业订立劳动合同或未由其正式任命，但向企业所提供服务与职工所提供服务类似的人员，也属于职工的范畴，包括通过企业与劳务中介公司签订用工合同而向企业提供服务的人员。

▶ **2. 职工薪酬的含义**

根据 2014 版会计准则，职工薪酬是指企业为获得职工提供的服务或解除劳动关系而给予的各种形式的报酬或补偿。职工薪酬包括短期薪酬、离职后福利、辞退福利和其他长期职工福利。企业提供给职工配偶、子女、受赡养人、已故员工遗属及其他受益人等的福利，也属于职工薪酬。

1) 短期薪酬

短期薪酬，是指企业预期在职工提供相关服务的年度报告期间结束后十二个月内将全部予以支付的职工薪酬，因解除与职工的劳动关系给予的补偿除外。因解除与职工的劳动关系给予的补偿属于辞退福利的范畴。

短期薪酬主要包括：

（1）职工工资、奖金、津贴和补贴，是指企业按照构成工资总额的计时工资、计件工资、支付给职工的超额劳动报酬等的劳动报酬，为了补偿职工特殊或额外的劳动消耗和因其他特殊原因支付给职工的津贴，以及为了保证职工工资水平不受物价影响支付给职工的物价补贴等。其中，企业按照短期奖金计划向职工发放的奖金属于短期薪酬，按照长期奖金计划向职工发放的奖金属于其他长期职工福利。

（2）职工福利费，是指企业向职工提供的生活困难补助、丧葬补助费、抚恤费、职工异地安家费、防暑降温费等职工福利支出。

（3）医疗保险费、工伤保险费和生育保险费等社会保险费，是指企业按照国家规定的基准和比例计算，向社会保险经办机构缴存的医疗保险费、工伤保险费和生育保险费。

（4）住房公积金，是指企业按照国家规定的基准和比例计算，向住房公积金管理机构缴存的住房公积金。

（5）工会经费和职工教育经费，是指企业为了改善职工文化生活、为职工学习先进技术和提高文化水平和业务素质，用于开展工会活动和职工教育及职业技能培训等相关支出。

（6）短期带薪缺勤，是指职工虽然缺勤但企业仍向其支付报酬的安排，包括年休假、病假、婚假、产假、丧假、探亲假等。长期带薪缺勤属于其他长期职工福利。

（7）短期利润分享计划，是指因职工提供服务而与职工达成的基于利润或其他经营成果提供薪酬的协议。长期利润分享计划属于其他长期职工福利。

（8）其他短期薪酬，是指除上述薪酬以外的其他为获得职工提供的服务而给予的短期薪酬。

2）离职后福利

离职后福利，是指企业为获得职工提供的服务而在职工退休或与企业解除劳动关系后，提供的各种形式的报酬和福利，属于短期薪酬和辞退福利的除外。

离职后福利计划，是指企业与职工就离职后福利达成的协议，或者企业为向职工提供离职后福利制定的规章或办法等。离职后福利计划按照企业承担的风险和义务情况，可以分为设定提存计划和设定受益计划。其中，设定提存计划，是指企业向独立的基金缴存固定费用后，不再承担进一步支付义务的离职后福利计划。设定受益计划，是指除设定提存计划以外的离职后福利计划。

3）辞退福利

辞退福利，是指企业在职工劳动合同到期之前解除与职工的劳动关系，或者为鼓励职工自愿接受裁减而给予职工的补偿。

辞退福利主要包括：

（1）在职工劳动合同尚未到期前，不论职工本人是否愿意，企业决定解除与职工的劳动关系而给予的补偿。

（2）在职工劳动合同尚未到期前，为鼓励职工自愿接受裁减而给予的补偿，职工有权利选择继续在职或接受补偿离职。

辞退福利通常采取解除劳动关系时一次性支付补偿的方式，也采取在职工不再为企业带来经济利益后，将职工工资支付到辞退后未来某一期间的方式。

企业应当根据辞退福利的定义和包括的内容，区分辞退福利与正常退休的养老金。辞退福利是在职工与企业签订的劳动合同到期前，企业根据法律与职工本人或职工代表（如工会）签订的协议，或者基于商业惯例，承诺当其提前终止对职工的雇用关系时支付的补偿，引发补偿的事项是辞退，因此，企业应当在辞退职工时进行辞退福利的确认和计量。职工在正常退休时获得的养老金，是其与企业签订的劳动合同到期时，或者职工达到了国家规定的退休年龄时获得的退休后生活补偿金额，引发补偿的事项是职工在职时提供的服务，而不是退休本身，因此，企业应当在职工提供服务的会计期间进行养老金的确认和计量。

另外，职工虽然没有与企业解除劳动合同，但未来不再为企业提供服务，不能为企业带来经济利益，企业承诺提供实质上具有辞退福利性质的经济补偿的，如发生"内退"的情况，在其正式退休日期之前应当比照辞退福利处理，在其正式退休日期之后，应当按照离职后福利处理。

4）其他长期职工福利

其他长期职工福利，是指除短期薪酬、离职后福利、辞退福利之外所有的职工薪酬，包括长期带薪缺勤、长期残疾福利、长期利润分享计划等。

二、工程成本中直接人工费

▶ 1. 清单计价内容

人工费是指直接从事建筑安装工程施工的生产工人开支的各项费用。工程量清单计价内容包括基本工资、奖金、津贴和补贴、生产工人辅助工资、职工福利费及生产工人劳动保护费。

1）计时工资

计时工资是指按计时工资标准（包括地区生活费补贴）和工作时间支付给个人的劳动报酬。包括：对已做工作按计时工资标准支付的工资；实行结构工资制的单位支付给职工的基础工资和职务（岗位）工资；新参加工作职工的见习工资（学徒的生活费）。

2）计件工资

计件工资是指对已做工作按计件单价支付的劳动报酬。包括：按劳动部门或主管部门批准的定额和计件单价支付给个人的工资；按工作任务包干方法支付给个人的工资；按营业额提成或利润提成办法支付给个人的工资。

3）奖金

奖金是指支付给职工的超额劳动报酬和增收节支的劳动报酬。包括：生产奖，如超产奖、质量奖、安全（无事故）奖、考核各项经济指标的综合奖、提前竣工奖、外轮速遣奖、年终奖（劳动分红）等；节约奖，包括各种动力、燃料、原材料等节约奖；劳动竞赛奖，包括发给劳动模范、先进个人的各种奖和实物奖励等。

4）津贴和补贴

津贴和补贴是指为了补偿职工特殊或额外的劳动消耗和因其他特殊原因支付给职工的津贴，以及为了保证职工工资水平不受物价影响支付给职工的物价补贴。津贴包括补偿职工特殊或额外劳动消耗的津贴（流动施工津贴）、保健性津贴、技术性津贴、年功性津贴及其他津贴。物价补贴包括：为保证职工工资水平不受物价上涨或变动影响而支付的各种补贴，如肉类等价格补贴、副食品价格补贴、食价补贴、煤价补贴、住房补贴、交通补贴等。

5）职工福利费

根据企业所得税法及实施条例精神，职工福利费主要包括：

（1）企业内设的职工食堂、医务所、托儿所、疗养院等集体福利设施，其固定资产折旧及维修保养费用，以及福利部门工作人员的工资薪金、社会保险费、住房公积金、劳务费等人工费用。

注意：施工企业现场施工的食堂等是作为临时设施的，所有人员的社会保险费及住房公积金是作为规费的，不纳入人工费范畴。

（2）企业向职工发放的住房补贴、住房提租补贴和住房困难补助，供暖费补贴，周转房的折旧、租金、维护等支出，以及与职工住房相关的其他补贴和补助。

（3）职工困难补助，或者企业统筹建立和管理的用于帮助、救济困难职工的基金支出。

（4）其他以实物和非实物形态支付职工的零星福利支出，如丧葬补助费、抚恤费、独生子女费、探亲假路费、误餐费、午餐费或职工食堂经费补贴、职工交通补贴、职工供养直系亲属医疗补贴及救济费、离休人员的医疗费及节日慰问费、离退休人员统筹项目外费用等。

注意：上述丧葬补助费、抚恤费以及离退休人员相关费用，在会计实务中是列入管理费用的。

在以前的会计核算中，习惯于按照工资总额的14%按月计提职工福利费；从企业所得税法规定来看，税前可以按实际发生的福利费扣除，但不得超过工资总额的14%。

实践中，为了核算便利，也可以考虑将上一年职工福利费的实际开支水平结合本年计划，测算本年的福利费开支，每月可以按照预先测算的福利费计入职工薪酬，年末根据实际开支额，调整原预提数。

6）生产工人劳动保护费

生产工人劳动保护费是指按规定标准发放的劳动保护用品的购置费及修理费，徒工服装补贴，防暑降温费，在有碍身体健康环境中施工的保健费用等。

7）生产工人辅助工资

生产工人辅助工资是指特殊情况下，按照国家法律法规规定，在非工作时间内支付给职工的工资。包括职工学习、培训期间的工资，调动工作、探亲、休假期间的工资，因气候影响的停工工资，女工哺乳时间的工资，病假在6个月以内的工资及产、婚、丧假期的工资。

▶ **2. 直接人工费的人员范围**

直接人工费的人员范围包括：直接从事施工的生产工人，施工现场水平运输、垂直运输的工人，附属生产的工人和辅助生产的工人；但不包括材料采购和保管以及材料到达工地之前的运输装卸的工人、驾驶施工机械和运输工具的司机和现场管理费开支的人员。

企业在核算人工费时，应严格划分人工费的用途。非工程施工发生的人工费，一律不得计入工程成本。建筑安装工人从事现场临时设施搭建、现场材料整理和加工等发生的人工费，应计入"在建工程""采购保管费"等账户，不得计入工程成本。

三、人工费的账务处理

▶ **1. 基本流程**

施工企业月份终了考勤员应将工时记录予以整理结算，连同工程任务单、加班证、停工证、工资增(减)结算单及其他有关工资核算资料送劳动工资部门审核签证，并由劳动工资部门(人事部门)编制工资结算单及工日利用月报，一并送财务会计部门，据以发放和分配工资。

财务会计部门根据劳动工资部门送来的上述各种单据凭证经审核无误并计算各种扣款后，据以发放工资。根据工资结算单编制工资结算汇总表或者工资分配汇总表，以便分别计入施工工程及其他受益对象的"人工费"成本。

具体如图 4-2 所示。

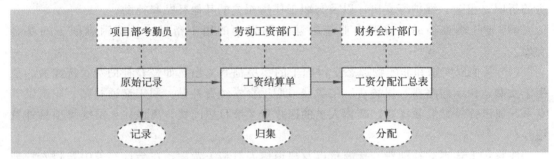

图 4-2 直接人工会计核算流程

▶ **2. 人工费核算的原始记录**

1) 工资卡

工资卡主要记录职工的工资级别和工资标准，反映每个职工的基本情况，如职务、参加工作时间、进厂时间、工资级别、工资标准、工资调整情况以及有关津贴等。工资卡按每个职工设立，一般由劳动工资部门或企业人事部门统一管理。

2) 考勤记录

考勤记录是用来考核职工出勤和缺勤情况的原始记录，是计算计时工资、分析考核职工工作时间利用情况的原始记录。考勤记录一般由施工队、车间、部门或班组考勤员根据职工出勤、缺勤情况逐日登记，月末汇总交给工资核算员据以计算职工应得的工资。考勤记录通常采用考勤表的形式，考勤表的一般格式如表 4-6 所示。

表 4-6 考勤记录

单位：　　××××年5月

序号	姓名	职务	考勤记录							工时合计									备注
			1	2	3	4	…	30	31	作业工时	其中：加班	法定假	病假	事假	工伤假	雨雪假	探亲假	…	
1																			
2																			
…																			
合计																			

3）工程任务单

工程任务单是安排工人班组执行施工任务的通知单，是统计工作量和工时、计算计件工资和计算工程施工成本的依据，也是检查施工作业计划完成情况和考核劳动生产率的依据。工程任务单一般由施工员会同定额员根据月份施工作业计划和劳动定额，参照施工图纸，签发给各施工班组，作为下达具体施工任务的通知。该任务单的背面一般要填写各工程的用工情况。工程任务单的一般格式如表4-7所示。

表4-7 工程任务单

工人班组：　　　　　　　　　　　　开工日期：

工程名称：　　　　　　　　　　　　完工日期：

施工项目内容	计量单位	计划完成			实际完成			超值节约	任务完成	备注
		工程量	劳动定额	定额日期	工程量	换算定额	实际日期			
路基工程	平方米	20 000	1	300	20 000	1	171	5%	100%	
…	…	…	…	…	…	…	…	…	…	…
交底验收	技术操作质量和安全交底		工时核对		质量评定		复核			
	施工员（签字）	材料员（签字）		考勤员（签字）		定额员（签字）		班组长（签字）		

▶ 3. 工资的计算方法

人工费计入成本的方法依人工费的性质和内容的不同而不同。企业应按以下原则确定各成本核算对象的人工费成本。

1）计件工资

计件工资一般都能分清受益对象，应直接计入各成本核算对象。

$$应付计件工资 = \sum 验收合格工程量 \times 计件单价$$

[例4-1]某工程有限公司路桥工程处黄河大桥项目部第一土方组由五个不同工资等级的工人组成，本月共完成2 000平方米土方任务，计件单价是15元/平方米，则应付该小组30 000元计件工资。如果项目部根据每个工人的日工资标准和实际作业工日计算的标准工资的比例进行班组内分配，个人计件工资计算如表4-8所示。

表4-8 班组工资分配情况

姓名	工资等级	日工资/元	出勤工日/天	计时工资/元	分配系数	计件工资/元
丁一	6	40	20	800	10	8 000
马二	6	40	20	800	10	8 000
张三	5	30	20	600	10	6 000
李四	4	25	16	400	10	4 000
王五	3	20	20	400	10	4 000
合计	—		96	3 000	30 000/3 000	30 000

2）计时工资

在计时工资制度下，如果施工项目只有一个单位工程或所发生的人工工资能分清在哪一个工程上施工的，则应直接计入各成本核算对象中去；如果建筑安装工人同时在若干项工程施工，这样就需要将所发生的工资在各个成本核算对象之间进行分配。一般应按照当月工资总额和工人的出勤工日计算的日平均工资及各工程当月实际用工数计算分配，分配人工费用的计算公式如下。

$$日（时）平均工资率 = \frac{月内该施工单位建安工人工资总额 + 加班工资}{月份内该施工单位建安工人作业工日（时）总和}$$

某成本核算对象应负担的人工费（计时工资）＝该成本核算对象实际耗用的工日（时）数 ×日（时）平均工资率

此外，企业职工福利费、社会保险费、住房公积金、工会经费、职工教育经费等其他薪酬，可以单独采取比例法进行分配，其公式如下。

某成本核算对象应负担的其他薪酬＝该成本核算对象应负担的工资数 ×对应项目的提取比例

[例4-2] 某工程有限公司路桥分公司本月发生施工工人工资760 000元，职工福利费按照公司数额的14%提取，路桥分公司正在施工的有济青高速和黄河大桥两个工程，其中济青高速项目耗用工时240 000工时，黄河大桥项目耗用140 000工时。

施工工人平均工资率＝760 000/（240 000＋140 000）＝2（元/工时）

济青高速项目应该分配的人工费＝240 000×2＝480 000（元）

济青高速项目应该负担的福利费＝480 000×14%＝67 200（元）

黄河大桥项目应该分配的人工费＝140 000×2＝280 000（元）

黄河大桥项目应该负担的福利费＝280 000×14%＝39 200（元）

3）编制职工工资结算凭证

实际工作中，企业与职工进行工资结算，是通过编制"职工工资结算表"来进行的，"职工工资结算表"一般分项目、部门，按每个职工进行编制，每月一次。在编制过程中，应根据工资核算的原始记录及有关奖金、补贴的发放标准和代扣款项等资料，分别计算出每一职工的"应付职工薪酬""代扣款项"及"实发金额"。工资结算表应一式三份，一份由劳动工资部门存查；一份按职工姓名裁成"工资条"，连同工资一起发给职工，以便核对；一份在发放工资时由职工签章后，作为工资核算的凭证，并可据以进行工资的明细核算。"职工工资结算表"的一般格式如表4-9所示。

表4-9 职工工资结算表

部门：路桥分公司 ××××年9月

编号	姓名	日工资率	计时工资	计件工资	奖金		津贴					缺勤扣款				应付职工薪酬	代扣款项			实发金额
					综合奖	单项奖	岗位津贴	夜班津贴	交通补贴	误餐补贴	副食补贴	事假天数	事假金额	病假天数	病假金额		社会保险	住房公积金	个人所得税	
1	丁一																			
2	马二																			
3	张三																			
4	李四																			
5	王五																			
	合计																			

为了准确、有效地进行工资核算，企业财会部门还应根据分公司、部门的"职工工资结算表"汇总编制整个企业的"职工工资结算汇总表"，以掌握整个企业职工薪酬的结算和支出情况，并据以进行职工薪酬的总分类核算。"职工工资结算汇总表"的一般格式如表4-10所示。

表 4-10　职工工资结算汇总表

分公司和部门		计时工资	计件工资	奖 金		津 贴					缺 勤 扣 款				应付职工薪酬	代 扣 款 项			实发金额
				综合奖	单项奖	岗位津贴	夜班津贴	交通补贴	误餐补贴	副食补贴	事假天数	事假金额	病假天数	病假金额		社会保险	住房公积金	个人所得税	
路桥分公司	施工人员																		
	管理人员																		
隧道分公司	施工人员																		
	管理人员																		
辅助车间	施工人员																		
	管理人员																		
总公司																			
合计																			

▶ 4. 人工费分配

在职工薪酬中，工资薪酬是在每月末根据职工的出勤（或完成工作量）的情况，并按不同职工的工资标准计算出来的；各项社会保险、住房公积金、工会经费、职工教育经费是按照工资总额的一定比例计提的；至于职工福利，可以根据企业实际情况按工资总额的一定比例计提，年末将计提额与实际开支的差额转入管理费用。也可以不进行计提，而是在发生的当期据实进行分配，实报实销，不留余额；非货币性福利也应该在实际发生的当期进行分配，不留余额。

工程施工企业月末计算出应付职工薪酬应根据职工所属部门和提供劳务的性质不同，分别计入有关成本或费用账户。其中：建筑安装工人的各项薪酬直接计入"工程施工——

合同成本"；而且应按照不同的工程项目，将职工薪酬分别计入不同的成本计算对象；辅助生产部门人员的各项薪酬计入"辅助生产成本"；施工现场管理人员的各项薪酬计入"间接费用"；企业固定资产建设人员和无形资产开发人员的各项薪酬，分别计入"在建工程"或"研发支出"等，公司管理人员的各项薪酬计入"管理费用"。

[例 4-3] 某工程有限公司计算出当月应付工资薪酬情况如下：黄河大桥工程直接施工生产人员工资 60 万元，济青高速工程直接施工生产人员工资 70 万元，搅拌车间 10 万元，运输车间 20 万元，施工机械作业人员的工资 12 万元。负责黄河大桥工程和济青高速工程的路桥分公司施工管理人员工资 20 万元，总公司管理人员工资 30 万元。

根据当地政府规定，职工的医疗保险按工资总额的 12% 计提，养老保险按 10% 计提，失业保险按 2% 计提，住房公积金按 10% 计提。另根据有关规定，工会经费按 2% 计提，职工教育经费按 2.5% 计提。具体如表 4-11 所示。

表 4-11　职工薪酬分配汇总表

| 应借科目 | 应付职工薪酬 | 社会保险 | | | | 住房公积（10%） | 工会经费（2%） | 职工教育经费（2.5%） | 合计 |
		养老保险（10%）	医疗保险（12%）	失业保险（2%）	合计				
工程施工——黄河大桥	600 000	60 000	72 000	12 000	144 000	60 000	12 000	15 000	831 000
工程施工——济青高速	700 000	70 000	84 000	14 000	168 000	70 000	14 000	17 500	969 500
辅助生产——搅拌车间	100 000	10 000	12 000	2 000	24 000	10 000	2 000	2 500	138 500
辅助生产——运输车间	200 000	20 000	24 000	4 000	48 000	20 000	4 000	5 000	277 000
机械使用费——施工机械	120 000	12 000	14 400	2 400	28 800	12 000	2 400	3 000	166 200
工程施工——间接费用	200 000	20 000	24 000	4 000	48 000	20 000	4 000	5 000	277 000
管理费用	300 000	30 000	36 000	6 000	72 000	30 000	6 000	7 500	415 500
合计	2 220 000	222 000	266 400	44 400	532 800	222 000	44 400	55 500	3 074 700

根据上述职工薪酬分配汇总表编制会计分录如下。

借：工程施工——合同成本——黄河大桥　　　　　　　　　　　　831 000

　　　　　　　　　　——济青高速　　　　　　　　　　　　969 500

辅助生产成本——搅拌车间		138 500
——运输车间		277 000
机械使用费——施工机械		166 200
间接费用——路桥分公司		277 000
管理费用		415 500
贷：应付职工薪酬——工资		2 220 000
——社会保险（养老保险）		222 000
（医疗保险）		266 400
（失业保险）		44 400
——住房公积金		222 000
——工会经费		44 400
——职工教育经费		55 500

根据以上会计分录，登记工程成本等有关明细账。

以上职工薪酬分配中尚未包括职工福利和非货币性福利的分配，关于职工福利费可在实际支付时分配。

实际支付时：

借：应付职工薪酬——职工福利

　　贷：银行存款等

同时对已支付的职工福利应按职工的所属部门：

借：工程施工（或间接费用、辅助生产成本、管理费用等）

　　贷：应付职工薪酬——职工福利

关于非货币性福利，主要包括企业以自己的产品或其他有形资产发放给职工、企业向职工提供无偿使用自己拥有的资产等。在对发放的非货币性福利进行分配时，应按职工所属部门，分别借记"工程施工""间接费用""管理费用"等，贷记"应付职工薪酬——非货币性福利"科目。

例如，企业提供给高级管理人员免费使用汽车，每月在提取折旧时，应作如下分录。

借：应付职工薪酬——非货币性福利

　　贷：累计折旧

同时将该项薪酬进行分配，计入管理费用。

借：管理费用

　　贷：应付职工薪酬——非货币性福利

▶ 5. 工资薪酬结算的核算

在各项应付职工薪酬中，工资薪酬需要向职工发放；职工福利计提以后留在企业，以备需要时支付；企业为职工提取各项社会保险和住房公积金，应连同从职工工资薪酬中扣除的部分，要一并向社会保险机构或住房公积金管理机构缴纳。

以下只介绍工资薪酬的发放。

工资薪酬的发放是根据工资结算表，编制工资结算汇总表进行的。（工资结算汇总表略）

[例 4-4] 某建筑公司 2019 年 9 月初向职工支付上月工资，其中，应付工资总额2 220 000元。代扣个人所得税64 000元，代扣养老保险100 000元、医疗保险90 000元、失

业保险10 000元，代扣住房公积金222 000元，实发工资1 524 000元，直接用银行存款将实发工资转入职工个人账户。应作如下会计分录：

借：应付职工薪酬——工资　　　　　　　　　　　　　　　　　　2 220 000

　　贷：应交税费——应交个人所得税　　　　　　　　　　　　　　　64 000

　　　　应付职工薪酬——社会保险（养老保险）　　　　　　　　　300 000

　　　　　　　　　　　（医疗保险）　　　　　　　　　　　　　　100 000

　　　　　　　　　　　（失业保险）　　　　　　　　　　　　　　　10 000

　　　　应付职工薪酬——住房公积金　　　　　　　　　　　　　　222 000

　　　　银行存款　　　　　　　　　　　　　　　　　　　　　　1 524 000

知识链接

5401工程施工

一、本科目核算企业（建造承包商）实际发生的合同成本和合同毛利。

二、本科目应当按照建造合同，分别"合同成本""间接费用""合同毛利"进行明细核算。

三、工程施工的主要账务处理

（一）企业进行合同建造时发生的人工费、材料费、机械使用费以及施工现场材料的二次搬运费、生产工具和用具使用费、检验试验费、临时设施折旧费等其他直接费用，借记本科目（合同成本），贷记"应付职工薪酬""原材料"等科目；发生的施工、生产单位管理人员职工薪酬、固定资产折旧费、财产保险费、工程保修费、排污费等间接费用，借记本科目（间接费用），贷记"累计折旧""银行存款"等科目。

月末，将间接费用分配计入有关合同成本时，借记本科目（合同成本），贷记本科目（间接费用）。

（二）根据建造合同准则确认合同收入、合同费用时，借记"主营业务成本"科目，贷记"主营业务收入"科目，按其差额，借记或贷记本科目（合同毛利）。

（三）合同完工时，将本科目余额与相关工程施工合同的"工程结算"科目对冲，借记"工程结算"科目，贷记本科目。

四、本科目期末借方余额，反映企业尚未完工的建造合同成本和合同毛利。

（一）工资分配

1. 施工作业层实行计件工资的，可根据工程任务单和工资结算凭证直接计入各受益对象。

借：工程施工——合同成本——××合同——人工费

　　贷：应付职工薪酬——工资

2. 施工作业层实行计时工资的，可按实际耗用工日数求出每工日的平均工资（即工资分配率），然后再按照受益对象的实际工日数进行分配计入各受益对象。

某受益对象应分配的工资＝该受益的实际用工日数×日平均工资

借：工程施工——合同成本——××合同——人工费

　　贷：应付职工薪酬——工资

3. 施工作业层管理及服务等部门人员的工资，根据实际发生数计入"工程施工——间接费用"账户。

（二）职工福利费计提

应根据工资结算汇总表和工资分配表等有关资料，按照工资总额的提取比例，在月末编制"职工福利费计算表"，按照工资分配的标准和步骤，分别计入各成本核算对象和间接费用。

（三）劳动保护费分配

作业层实际发生的劳动保护费，能够直接计入各受益成本对象的应直接计入，不能直接计入的，应首先根据生产工人、机械作业人员、作业层管理工作人员等不同人员的性质，按实际发放数和一定的分配标准，在"工程施工——合同成本——人工费""机械使用费""工程施工——间接费用"等科目之间进行分配，然后根据各受益对象的实耗工日数等分配计入各项目成本。

任务四 材料费的归集与分配

一、材料费的内容

（一）从清单计价来看

材料费是指施工过程中耗费的构成工程实体的原材料、辅助材料、构配件、零件、半成品的费用。内容包括：

（1）材料原价（或供应价格）。

（2）材料运杂费，是指材料自来源地运至工地仓库或指定堆放地点所发生的全部费用。

（3）运输损耗费，是指材料在运输装卸过程中不可避免的损耗。

（4）采购及保管费，是指为组织采购、供应和保管材料过程中所需要的各项费用，包括采购费、仓储费、工地保管费、仓储损耗。

（5）检验试验费，是指对建筑材料、构件和建筑安装物进行一般鉴定、检查所发生的费用，包括自设试验室进行试验所耗用的材料和化学药品等费用，不包括新结构、新材料的试验费和建设单位对具有出厂合格证明的材料进行检验，对构件做破坏性试验及其他特殊要求检验试验的费用。

（二）从会计业务看

▶ 1. 按存货准则

上述采购保管费不应该计入存货成本，2016年《企业会计准则——存货》规定，存货的初始成本计量不应包括仓储成本。

▶ 2. 周转材料

在上述清单构成中并没有包括周转材料，周转材料究其作用来讲，只能是有助于工程实体的形成，但其本身并没有构成工程实体的一部分；因此，周转材料的摊销和租赁费用列入了措施费之中。

会计实务中经常采用的概念是：材料费是在施工过程中直接从事建筑安装工程所消耗的，构成工程实体或有助于工程实体形成的各种材料、结构件的实际成本，以及周转材料的摊销和租赁费用。

本书将周转材料费用作为措施费的内容来介绍。

（三）下列各项材料费不应计入本项目内

（1）按规定应由间接费用、管理费用列支的非工程用料。

（2）施工机械和运输设备在经常修理及运转过程中消耗的燃润料和其他材料。

二、原始凭证

材料的领用、退回或回收、残次材料交库，分别使用下列原始凭证（凭证份数由各单位自定）。

▶ 1. 限额领料单

限额领料单（见表4-12）是施工队随任务单同时签发的领取材料的凭证，是根据施工任务和施工的材料定额填写的。领料的限额是班组为完成规定的工程任务所能消耗材料的最高数量标准，是评价班组完成施工任务情况的一项重要指标。

表 4-12 限额领料单

年 月 日　　　　　　　　　　　　　　　　　　　　编号 字 第 号

工程名称：				计划工程量：				工作班级：				计划开工日期：			
分部分项工程名称：				验收工程量：				任务单编号：				字 第 号			

材料名称	质量等级规格	单位	单位耗用定额	限额数量	追加量+减少量-	逐次领用记录													退料数量	实际耗用量	按验收工程换算定额量	节+超-
						累计	日/月	数量	领用人	日/月	数量	领用人	日/月	数量	领用人	日/月	数量	领用人				

备注：

材料员：　　　　　　　　　　　施工员：　　　　　　（开具本单工长）

本表用于工程用料的主材，其他零星材料，可用领料单通常情况下，领用（或退回）经常耗用的材料，均应按耗用定额的规定限额使用"限额领料单"（退料用红字）。领用（或退回）非经常耗用材料时（指未具有限额规定者）使用"领料单"或"退料单"，残次料交库使用"残次料交库单"。

限额领料单的使用方法。

（1）限额领料单由施工员（工长）根据工程任务单下达的工程数量及材料消耗定额扣除计划节约指标签发一式两份，经材料员会签后，一份随同工程任务单发给生产班（组）凭以向工地仓库领料；一份送工地仓库，据以发料。仓库发料时，领发料双方应分别在实发数量栏后签章。

为了监督在月份终了时能将限额领料单及时收回计算成本，限额领料单经材料员会签时进行编号，应设置备查簿进行登记。并将备查副本送财务会计部门存查。

（2）在施工过程中，如实际领用数超过限额时，应由生产班组填报限额领料单申请，经施工技术主管人员审批后交材料员在限额领料单上填制经批准的追加数，并将批准的申请单附在原限额领料单上，作为追加领料的依据。

原签发的限额领料单，如因设计变更等原因而不能适用时，应依据原来签发的程序，重新签发限额领料单。

（3）限额领料单一律不得跨月使用，月份终了而工程任务尚未全部完成时，应就其已完成部分，清算结束原签发的限额领料单。并根据规定程序，按照未完成工程数量和材料消耗定额另填发新的限额领料单。

月份终了，本工程尚未完成，限额领料单已领出而未用的剩余材料，应办理"假退料"手续，剩余料在原限额领料单上以红字填写，并按规定程序与手续，在签发下月限额领料单上以蓝字填写剩余材料数量，以表示下月领用的材料。

（4）工程任务全部完成时，应及时办理剩余材料退库手续，退回的剩余材料，在原来签发的限额领料单上用红字填写以表示冲减原领数量。

▶ 2. 领料单

领用非限额材料时，应填写领料单（见表 4-13）；经施工员（工长）签证后据以核发材料，并由工地仓库填写实发数量，经领料人签认后，作为仓库发出材料入账凭证。

表 4-13 领 料 单

领料单位：路桥分公司   编号：

工程编号和用途：黄河大桥工程   金额：元   库号：

材料编号	材料名称规格	计量单位	数量		计划价格		备注
			交库	实收	单价	总额	
10011	Φ6 盘圆	吨	6	6	3 000	18 000	
...	...	...	...	...	...	...	

材料员：   施工员：

▶ 3. 退料单

领用非限额材料如有剩余，应及时填写退料单（见表 4-14），将剩余材料退回仓库，经验收填写实收数量并分别由退料人及收料人签章后，作为仓库收料入账凭证和退料单位退回材料的凭证。

表 4-14 退 料 单

原领料单位和工程：路桥分公司济青高速工程   编号：

退料原因：   金额：元   库号：

材料编号	材料名称规格	计量单位	数量		计划价格		备注
			交库	实收	单价	总额	
10012	424 号水泥	吨	5	5	200	1 000	
...	...	...	...	...	...	...	

材料员：   施工员：

▶ **4. 大宗材料耗用计算表**

露天堆积的大宗材料(如砂石等)应根据施工组织设计的规定位置堆放，认真进行计量验收。

(1) 在每一个工程项目开工前，仓库负责人应向施工员及生产班(组)指定领用大宗材料堆放位置，并交清数量，做好记录。未经许可，不得在指定堆放位置以外乱拉乱用或用于非指定的工程项目。

(2) 月份终了或月份未到终了，但本工程任务已经完成，应由工地仓库会同施工员(工长)与生产班(组)进行实际丈量盘点，确定实际耗用数量，并由施工员(工长)编制大宗材料耗用计算表，交工地仓库核实据以作发出材料凭证。

大宗材料实际耗用数量的计算公式如下。

实际耗用数量＝上月结存数＋本月购入数－本月调出数－本月结存数

(3) 如几个工程项目同时领用一个堆垛的大宗材料，其实际耗用量与已完工程数量的定额消耗量之间的差异，根据定额耗用量和差异分配率进行计算，分别调整各工程项目的材料费成本。

大宗材料差异分配的计算公式如下。

$$大宗材料差异分配率＝\frac{(本期大宗材料定额耗用总量－本期大宗材料实际耗用总量)}{本期大宗材料定额耗用总量}×100\%$$

某工程大宗材料差异分配额＝该工程大宗材料定额耗用量×差异分配率

具体如表 4-15 所示。

表 4-15 大宗材料耗用计算单

材料名称	中 粗 砂			碎 石		
单价	20 元			40 元		
期初结存	30 吨			60 吨		
加：本期收入	200 吨			240 吨		
减：期末结存	40 吨			40 吨		
本期耗用	190 吨			260 吨		
成本核算对象	中粗砂			碎石		
	定额用量/吨	实际耗用/吨	金额/元	定额用量/吨	实际耗用/吨	金额/元
黄河大桥工程	110	105	2 100	130	120	4 800
济青高速工程	90	85	1 700	120	140	5 600
合计	200	190	3 800	250	260	10 400

三、账务处理

凡是对于工程耗用的主要材料(如"三大"材料、大宗材料等)要求控制消耗定额时,应根据要求控制的主要材料品名及数量在"用料汇总表"内反映,以便与工程预算(计划)等进行比较分析。月份终了,财务会计部门根据材料部门提供的用料汇总表(附有领料凭证),编制材料分配表(见表4-16),计算工程施工和其他业务应负担的材料费成本。

表 4-16 材料分配表

单位:某工程有限公司　　　　　　　　年　月　日　　　　　　　　金额:万元

成本核算对象	主要材料						结构件		其他材料		合计		
	钢材		水泥		合计		计划成本	成本差异	计划成本	成本差异	计划成本	成本差异	
	计划成本	成本差异	计划成本	成本差异	计划成本	成本差异						超支	节约
黄河大桥	160	1.6	60	1.2	220	2.8	100	1	200	−2	520	3.8	−2
济青高速	200	2	70	1.4	270	3.4	80	0.8	150	−1.5	500	4.2	−1.5
搅拌车间			0	0	0	0	60	0.6			60	0.6	0
预制车间			100	2	100	2					100	2	0
机械作业			0	0	0	0	20	0.2			20	0.2	0
路桥管理			0	0	0	0			40	−0.4	40	0	−0.4
合计	360	3.6	230	4.6	590	8.2	260	2.6	390	−3.9	1 240	10.8	−3.9

按计划成本计价核算的应计算本期材料成本差异,发出材料应负担的材料成本差异在"材料成本差异"账户贷方记录(节约差异用红字金额转出)。

根据以上材料做如下会计分录,并登记相关明细账。

(1)借:工程施工——合同成本(黄河大桥)——直接材料　　　5 200 000

　　　贷:原材料——主要材料　　　　　　　　　　　　　　2 200 000

　　　　　　　——结构件　　　　　　　　　　　　　　　1 000 000

　　　　　　　——其他材料　　　　　　　　　　　　　　2 000 000

(2)借:工程施工——合同成本(济青高速)——直接材料　　　5 000 000

　　　贷:原材料——主要材料　　　　　　　　　　　　　　2 700 000

　　　　　　　——结构件　　　　　　　　　　　　　　　　800 000

　　　　　　　——其他材料　　　　　　　　　　　　　　1 500 000

(3)借:工程施工——合同成本(黄河大桥)　　　　　　　　　 18 000

　　　贷:材料成本差异——主要材料　　　　　　　　　　　 28 000

　　　　　　　　——结构件　　　　　　　　　　　　　　 10 000

　　　　　　　　——其他材料　　　　　　　　　　　　　 20 000

(4)借:工程施工——合同成本(济青高速)　　　　　　　　　 27 000

　　　贷:材料成本差异——主要材料　　　　　　　　　　　 34 000

　　　　　　　　——结构件　　　　　　　　　　　　　　　8 000

　　　　　　　　——其他材料　　　　　　　　　　　　　 15 000

（5）借：辅助生产成本——搅拌车间 606 000

  贷：原材料——结构件 600 000

   材料成本差异——结构件 6 000

（6）借：辅助生产成本——预制车间 1 020 000

  贷：原材料——主要材料 1 000 000

   材料成本差异——主要材料 20 000

（7）借：机械使用费——施工机械 202 000

  贷：原材料——结构件 200 000

   材料成本差异——结构件 2 000

（8）借：间接费用——路桥公司 396 000

  贷：原材料——其他材料 400 000

   材料成本差异——其他材料 4 000

本月材料成本差异率＝（期初结存材料成本差异＋本期验收入库材料成本差异）÷

    （期初结存材料计划成本＋本期验收入库材料的计划成本）

  发出材料应负担成本差异额＝发出材料计划成本×材料成本差异率

 企业如果采用实际成本核算，材料分配表可以选用表 4-17 所示的形式。

表 4-17 材料分配表

单位：某工程有限公司   年 月 日   金额：元

项目	主要材料				燃料		结构件	机械配件	其他材料	合计
	黑金属（3 600 元/吨）		硅酸盐（250 元/吨）		柴油（6 元/升）					
	数量	金额	数量	金额	数量	金额				
黄河大桥	15	54 000	200	50 000			110 000			214 000
济青高速	20	72 000	100	25 000			120 000			217 000
搅拌车间									9 000	9 000
预制车间								18 000		18 000
机械作业					4 000	24 000		20 000		44 000
路桥管理									6 000	6 000
合计	35	126 000	300	75 000	4 000	24 000	230 000	38 000	15 000	508 000

任务五 机械使用费的归集与分配

一、机械使用费的内容

机械使用费是指施工机械作业所发生的机械使用费以及机械安拆费和场外运费。

清单计价内容如下。

施工机械台班单价应由下列七项费用组成。

（1）折旧费，是指施工机械定期地计入成本费用中的转移价值。

（2）大修理费，是指施工机械按规定的大修理间隔台班进行必要的大修理，以恢复其正常功能所需的费用。

（3）经常修理费，是指施工机械除大修理以外的各级保养和临时故障排除所需的费用，包括为保障机械正常运转所需替换设备与随机配备工具附具的摊销和维护费用，机械运转中日常保养所需润滑与擦拭的材料费用及机械停滞期间的维护和保养费用等。

（4）安拆费及场外运费，安拆费指施工机械在现场进行安装与拆卸所需的人工、材料、机械和试运转费用以及机械辅助设施的折旧、搭设、拆除等费用；场外运费指施工机械整体或分体自停放地点运至施工现场或由一施工地点运至另一施工地点的运输、装卸、辅助材料及架线等费用。

（5）人工费，是指机上司机（司炉）和其他操作人员的工作日人工费及上述人员在施工机械规定的年工作台班以外的人工费。

（6）燃料动力费，是指施工机械在运转作业中所消耗的固体燃料（煤、木柴）、液体燃料（汽油、柴油）及水、电等。

（7）车船使用税及保险费，是指施工机械按照国家规定和有关部门规定应缴纳的车船使用税、保险费及年检费等。

下列费用不包括在内。

（1）施工机械进行加工对象（如捣制混凝土用的水泥、砂子、碎石、轧石机用的块石等）的使用费，应直接列入工程施工的"材料费"成本项目。

（2）为施工机械担任送料、配料、供水及搬运成品的工人的薪酬，应计入工程对象的"人工费"成本项目。

二、原始凭证

施工机械在进行工作前，施工单位应根据机械施工作业计划及施工定额由施工员（工长）签发机械作业任务单，施工机械使用记录（运转日报），交给机械驾驶人员进行施工。施工机械的工程任务单及使用记录应按每一工程对象分别签发。

在施工过程中，机械驾驶人员应逐日将施工机械的运转情况及时登记，并交施工员（工长）逐日审核签认。月终或当月工程任务完成时，机械驾驶人员会同施工员（工长）对所完成的工程任务进行验收签证，并将工程任务单及施工机械使用记录送交机务部门作为结算工资和考勤记录以及结算机械台班费用的依据。

机务管理部门根据各机械驾驶人员交回的工程任务单和施工机械使用记录进行汇总并填制实际完成工程数量和施工机械使用情况月报表（见表4-18），交财务会计部门，作为分配使用费、结算机械台班费用和分析机械使用费成本的原始凭证。

表 4-18 机械使用月报

单位：某工程有限公司　　　　　　　　　　年　月　日　　　　　　　　　　金额：元

类　别	台　数	工　作　台　时				停　工　台　时		
		黄河大桥	济青高速	…	小计	修理	气候	待工
挖掘机	6	600	1 200	…	1 800	48	80	24
搅拌机	4	400	800	…	1 200	24	40	12

三、固定资产的基本知识

(一) 折旧

▶ 1. 折旧计提范围

机械设备是施工企业重要的固定资产，除已提足折旧仍继续使用的固定资产和单独计价入账的土地之外，企业对所有固定资产均应计提折旧。

(1) 固定资产应当按月计提折旧，当月增加的固定资产，当月不计提折旧，从下月起计提折旧；当月减少的固定资产，当月仍计提折旧，从下月起不计提折旧。

(2) 固定资产提足折旧后，不论能否继续使用，均不再计提折旧；提前报废的固定资产，也不再补提折旧。提足折旧，是指已经提足该项固定资产的应计折旧额。应计折旧额，是指应当计提折旧的固定资产的原价扣除其预计净残值后的金额。已计提减值准备的固定资产，还应当扣除已计提的固定资产减值准备累计金额，按照该项固定资产的账面价值，以及尚可使用年限重新计算确定折旧率和折旧额。

(3) 已达到预定可使用状态但尚未办理竣工决算的固定资产，应当按照估计价值确定其成本，并计提折旧；待办理竣工决算后，再按实际成本调整原来的暂估价值，但不需要调整原已计提的折旧额。

▶ 2. 折旧方法

折旧方法一般采用年限平均法和工作量法。对技术进步较快或使用寿命受到工作环境影响较大的施工机械和运输设备，可以采用双倍余额递减法和年数总和法计提折旧。折旧方法一经确定，不得随意变更。

1) 年限平均法(直线法)

年限平均法又称直线法，是指将固定资产的应计折旧额均衡地分摊到固定资产预计使用寿命内的一种方法。采用这种方法计算的每期折旧额相等。

其计算公式如下。

$$年折旧额＝(固定资产原价－预计净残值)÷预计使用寿命(年)$$

$$月折旧额＝年折旧额÷12$$

2) 工作量法

工作量法是指根据实际工作量计算每期应提折旧额的一种方法。其基本计算公式如下。

$$单位工作量折旧额＝[固定资产原价×(1－预计净残值率)]÷预计总工作量$$

$$某项固定资产月折旧额＝该项固定资产当月工作量×单位工作量折旧额$$

[**例4-5**]某工程有限公司购买一台设备供搅拌车间使用,采用工作量法计提折旧。该设备原价600 000元,预计总工作时数为200 000小时,预计净残值为50 000元。该设备2017年4月份工作量为4 000小时。要求:计算甲公司2017年4月份应计提的折旧额。(答案中的金额单位用万元表示)

解:设备月折旧额＝(600 000－50 000)/200 000×4 000＝11 000(元),会计分录如下。

借:辅助生产成本——搅拌车间　　　　　　　　　　　　　　　　　11 000
　　贷:累计折旧　　　　　　　　　　　　　　　　　　　　　　　　　　　11 000

3)双倍余额递减法

双倍余额递减法是指在不考虑固定资产预计净残值的情况下,根据每期期初固定资产原价减去累计折旧后的金额和双倍的直线法折旧率计算固定资产折旧的一种方法。

$$年折旧率＝2÷预计使用寿命(年)×100\%$$

[**例4-6**]某工程有限公司购买设备,原价为100万元,预计使用年限为5年,预计净残值为10万元,按照双倍余额法计算每年的折旧额。

解:年折旧率应为2/5。

第一年折旧:100×2/5＝40(万元)

第二年折旧:(100－40)×2/5＝24(万元)

第三年折旧:(100－40－24)×2/5＝14.4(万元)

第四年折旧:(100－40－24－14.4－10)/2＝5.8(万元)

第五年同第四年。

可见,实行双倍余额递减法计提折旧的固定资产,一般应在固定资产使用寿命到期前两年内,将固定资产账面净值扣除预计净残值后的净值平均摊销。双倍余额递减法的要点:净残值在最后两年才加以考虑。

4)年数总和法

年数总和法是指将固定资产的原价减去预计净残值后的余额,乘以一个逐年递减的分数计算每年的折旧额,这个分数的分子代表固定资产尚可使用寿命,分母代表预计使用寿命逐年数字总和。

$$年折旧率＝(预计使用寿命－已使用年限)÷$$
$$[预计使用寿命×(预计使用寿命＋1)÷2]×100\%$$

[**例4-7**]某工程有限公司购买设备,原价为100万元,预计使用年限为5年,预计净残值为10万元,按照年数总和法计算每年的折旧额。

第一年折旧:(100－10)×5/15＝30(万元)

第二年折旧:(100－10)×4/15＝24(万元)

第三年折旧:(100－10)×3/15＝18(万元)

第四年折旧:(100－10)×2/15＝12(万元)

第五年折旧:(100－10)×1/15＝6(万元)

双倍余额对比法与年数总和法的对比如表4-19所示。

表 4-19 双倍余额递减法与年数总和法对比

事 项	双倍余额递减法	年数总和法
年折旧率	2÷预计使用寿命（年）×100%	尚可使用年限/年数总和
年折旧率	每年相等（最后两年除外）	逐年递减
考虑残值的时间点	净残值在最后两年才加以考虑	净残值每年均考虑

在固定资产折旧计算中，无论选用什么计算方法，都可以参考表 4-20 中各类固定资产类别、折旧年限、残值率和年折旧率。

表 4-20 折旧率参考值

类 别	折旧年限	残 值 率	年 折 旧 率
房屋建筑物	10～40 年	3%	2.42%～9.70%
机器设备	5～14 年	3%	6.93%～19.40%
运输工具	5～12 年	3%	8.08%～19.40%
电子设备	4～10 年	3%	9.70%～24.25%
工具用具	4～10 年	3%	9.70%～12.13%
船舶	8～10 年	3%	9.70%～12.13%
其他设备	4～10 年	3%	9.70%～24.25%

融资租入的固定资产采用与自有应计折旧资产相同的折旧政策。能够合理确定租赁期届满时将会取得租赁资产所有权的，在租赁资产尚可使用年限内计提折旧；无法合理确定租赁期届满时能够取得租赁资产所有权的，在租赁期与租赁资产尚可使用年限两者中较短的期间内计提折旧。

▶ 3. 日常核算

为了简化核算手续，企业于各月计提折旧时，可以在上月折旧额的基础上，根据上月固定资产增减情况进行调整，计算出当月应计提的折旧额，并编制固定资产折旧计算表（见表 4-21）。

本月份应计提的折旧额＝上月计提折旧额＋上月增加固定资产应计提的折旧额－
上月减少固定资产应计提的折旧额

表 4-21 折旧计算表　　　　　　　金额单位：元

固定资产项目	折旧率/%	上月数		上月增加数		上月减少数		本月数	
		原值	折旧额	原值	折旧额	原值	折旧额	原值	折旧额
房屋建筑物	0.25	1 400 000	3 500					1 400 000	3 500
施工机械	0.65	980 000	6 370	60 000	390	40 000	260	100 0000	6 500
运输设备	1.00	100 000	1 000					100 000	1 000
其他设备	0.50	400 000	2 000					400 000	2 000
仪器及实验设备	0.50	200 000	1 000					200 000	1 000
合计		3 080 000	13 870	60 000	390	40 000	260	3 100 000	14 000

《企业会计准则第4号——固定资产》(2014)第四章第十九条规定：企业至少应当于每年年度终了，对固定资产的使用寿命、预计净残值和折旧方法进行复核。使用寿命预计数与原先估计数有差异的，应当调整固定资产使用寿命。预计净残值预计数与原先估计数有差异的，应当调整预计净残值。与固定资产有关的经济利益预期实现方式有重大改变的，应当改变固定资产折旧方法。固定资产使用寿命、预计净残值和折旧方法的改变应当作为会计估计变更。

所以，施工企业应根据固定资产的性质和使用情况，确定固定资产的使用寿命和预计净残值。并在年度终了，对固定资产的使用寿命、预计净残值和折旧方法进行复核，如与原先估计数存在差异的，进行相应的调整。

(二) 固定资产后续支出

固定资产后续支出是指固定资产在使用过程中发生的更新改造和修理费用等。企业的固定资产投入使用后，由于各个组成部分耐用程度不同或者使用的条件不同，因而往往发生固定资产的局部损坏。为了保持固定资产的正常运转和使用，充分发挥其使用效能，就必须对其进行必要的后续支出。

对于发生的固定资产后续支出，在账务处理上应区分为资本化的后续支出和费用化的后续支出两种情况，资本化是指的计入资产负债表核算，费用化是指的计入利润表进行核算。

具体如图4-3所示。

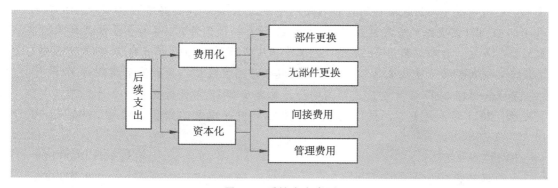

图4-3 后续支出类型

▶ 1. 费用化的后续支出

发生固定资产维护支出只是确保固定资产的正常工作状况，没有满足固定资产的确认条件(日常维修和定期保养)。因此，应当在发生时计入工程施工、机械作业、管理费用或销售费用等。

▶ 2. 资本化的后续支出

与固定资产有关的后续支出，如果使可能流入企业的经济利益超过了原先的估计，比如延长了固定资产的使用寿命，或使产品的质量实质性提高；或使产品成本实质性降低，则应当计入固定资产账面价值，其增计后金额不应超过该固定资产的可收回金额。

在对固定资产发生可资本化的后续支出时，企业应将该固定资产原价、已计提的累计折旧和减值准备转销，将固定资产的账面价值转入在建工程。固定资产发生的可资本化的后续支出，通过"在建工程"科目核算。在固定资产发生的后续支出完工并达到预定可使用状态时，应在后续支出资本化后的固定资产账面价值不超过其可收回金额的范围内，从"在建工程"科目转入固定资产科目；后续支出资本化后的固定资产账面价值超过其可收回金额的差额，计入当期营业外支出。

（1）在原固定资产的基础上更新改造（不涉及原部件的替换）。

第一步：将原固定资产的账面价值转入"在建工程"。

借：在建工程
　　累计折旧
　　固定资产减值准备
　　贷：固定资产

第二步：新发生的支出。

借：在建工程
　　贷：银行存款

第三步：更新改造完成转入固定资产。

借：固定资产
　　贷：在建工程

特别注意的是：资本化期间停止计提折旧；更新后的账面价值＝更新前的账面价值＋资本化支出；计提折旧的时间按照剩余使用寿命计提折旧。

[例 4-8] 2012 年 12 月 31 日，某工程有限公司支付 2 000 万元购入管理用的某项机器设备，采用年限平均法计提折旧，预计使用年限为 10 年，预计净残值为 0，2016 年 12 月 31 日，企业对该项固定资产进行更新改造（符合资本化条件），领用企业购买的原材料成本为 300 万元，进项税额为 51 万元，人工支出 100 万元；2017 年 6 月 30 日达到预定可使用状态，更新后预计净残值为零，折旧方法继续使用直线法，预计使用年限为 13 年。

要求：写出 2017 年更新改造期间的会计处理及 2017 年计提折旧的会计处理。

解：2017 年 1 月 1 日，该项固定资产进行更新改造前的账面价值＝2 000－2 000÷10×4＝1 200（万元）。

借：在建工程　　　　　　　　　　　　　　　　　　　　　　　12 000 000
　　累计折旧　　　　　　　　　　　　　　　　　　　　　　　　8 000 000
　　贷：固定资产　　　　　　　　　　　　　　　　　　　　　　20 000 000

发生支出：

借：在建工程　　　　　　　　　　　　　　　　　　　　　　　　4 000 000
　　贷：原材料　　　　　　　　　　　　　　　　　　　　　　　　3 000 000
　　　　应付职工薪酬　　　　　　　　　　　　　　　　　　　　　1 000 000

2017 年 6 月 30 日，安装完毕：

借：固定资产　　　　　　　　　　　　　　　　　　　　　　　16 000 000
　　贷：在建工程　　　　　　　　　　　　　　　　　　　　　　16 000 000

2017 年计提折旧：（1 600－0）÷（13－4－0.5）÷12×6＝94.12（万元）。

借：管理费用　　　　　　　　　　　　　　　　　　　　　　　　941 200
　　贷：累计折旧　　　　　　　　　　　　　　　　　　　　　　　941 200

如果预计使用年限改为尚可使用年限为 13 年，折旧应如何计算？

2017 年计提折旧：1 600÷13÷12×6＝61.54(万元)

借：管理费用   615 400

    贷：累计折旧   615 400

(2) 在原固定资产的基础上更新改造(涉及原部件的替换)。

原部件的账面价值剔除，不构成固定资产更新改造后的成本；更新后的账面价值＝更新前总的账面价值－替换部分的账面价值＋资本化的支出部分；被替换部分的变价收入与更新后的账面价值无关。

[**例 4-9**] 2012 年 12 月 31 日，企业购入管理用的某项固定资产(动产)原价为 2 000 万元(其中某重要部件的价格为 800 万元)，采用年限平均法计提折旧，使用寿命为 10 年，预计净残值为 0，2016 年 12 月 31 日，企业对该项固定资产的某一主要部件进行更换，发生支出合计 1 000 万元(改造支出符合准则规定的固定资产确认条件)，其中被替换部件的变价收入为 100 万元。2017 年 6 月 30 日达到预定可使用状态。

要求：写出 2017 年更新改造期间的会计处理。

解：将固定资产净值转入在建工程。

借：在建工程   12 000 000

    累计折旧   (20 000 000÷10×4)8 000 000

    贷：固定资产   20 000 000

终止确认替换部分的账面价值，被替换部分的账面价值＝800－800/10×4＝480(万元)。

借：营业外支出   3 800 000

    银行存款   1 000 000

    贷：在建工程   4 800 000

假定变价收入 580 万元，又如何？

借：银行存款   5 800 000

    贷：在建工程   4 800 000

        营业外收入   1 000 000

发生支出：

借：在建工程   10 000 000

    贷：银行存款   10 000 000

安装完毕：

借：固定资产   17 200 000

    贷：在建工程   17 200 000

固定资产进行更换后的原价＝该项固定资产进行更换前的账面价值－该项固定资产被更换部件的账面价值＋发生的后续支出＝(2 000－2 000÷10×4)－(800－800÷10×4)＋1 000＝1 720(万元)。

(3) 企业以经营租赁方式租入的固定资产发生的改良支出，应予资本化，作为长期待摊费用，合理进行摊销。

借：长期待摊费用(资本化)

    贷：银行存款

[**例 4-10**] 2017 年 3 月 1 日，某企业对经营租赁方式租入的办公楼进行装修，发生职工薪酬 15 万元，其他费用 45 万元。2017 年 10 月 31 日，该办公楼装修完工，达到预定可使用状态并交付使用，至租赁到期还有 5 年。试做相关会计分录。

借：长期待摊费用	600 000
贷：应付职工薪酬	150 000
银行存款	450 000
借：管理费用	20 000
贷：长期待摊费用	20 000

（三）固定资产处置

施工企业在生产经营过程中，可能将不适用或不需用的固定资产对外出售转让，或因磨损、技术进步等原因对固定资产进行报废，或因遭受自然灾害或非常事故而对毁损的固定资产进行处理。对于上述事项在进行会计核算时，应按规定程序办理有关手续，结转固定资产账面价值，计算有关的清理收入、清理费用及残料价值等

固定资产处置包括固定资产的出售、报废、毁损、对外投资、非货币性资产交换等。处置固定资产应通过"固定资产清理"科目核算，具体步骤如下。

（1）固定资产转入清理。固定资产转入清理时，按固定资产账面价值，借记"固定资产清理"科目，按已计提的累计折旧，借记"累计折旧"科目，按已计提的减值准备，借记"固定资产减值准备"科目，按固定资产账面原值，贷记"固定资产"科目。

（2）发生的清理费用。固定资产清理过程中发生的有关费用以及应支付的相关税费，借记"固定资产清理"科目，贷记"银行存款""应交税费"等科目。

（3）出售收入和残料等的处理。企业收回出售固定资产的价款、残料价值和变价收入等，应冲减清理支出。按实际收到的出售价款以及残料变价收入等，借记"银行存款""原材料"等科目，贷记"固定资产清理""应交税费——应交增值税（销项税额）""应交税费——未交增值税"等科目。

（4）保险赔偿的处理。企业计算或收到的应由保险公司或过失人赔偿的损失，应冲减支出，借记"其他应收款""银行存款"等科目，贷记"固定资产清理"科目。

（5）清理净损益的处理。固定资产清理完成后的净损失，借记"营业外支出"科目，贷记"固定资产清理"科目。固定资产清理完成后的净收益，借记"固定资产清理"科目，贷记"营业外收入"科目。

[**例 4-11**] 某工程有限公司是增值税一般纳税人，2017 年出售一台已经使用过的挖掘机（该设备 2010 年购进，"营改增"前没抵扣进项税额），收取价款 103 000 元，该挖掘机原值 1 000 000 元，已计提折旧 850 000 元，已提取减值准备 100 000 元，残值 50 000 元。清理时发生清理费用 5 000 元。

要求：在不考虑附加税费情况下，做会计分录。

（1）固定资产转入清理。企业因出售、报废、毁损、对外投资、非货币性资产交换、债务重组等转出的固定资产，按该项固定资产的账面价值转入固定资产清理。

借：固定资产清理	50 000
累计折旧	850 000
固定资产减值准备	100 000

  贷：固定资产   1 000 000

（2）发生的清理费用5 000元。

  借：固定资产清理   5 000

    贷：银行存款   5 000

（3）收回出售固定资产的价款103 000元，按3％计算缴纳增值税，后减按2％征收（相当于返还1％，1 000元）。

  借：银行存款   103 000

    贷：固定资产清理   100 000

      应交税费——未交增值税   3 000

  借：应交税费——未交增值税   1 000

    贷：营业外收入   1 000

（4）清理净损益的处理。

  借：固定资产清理   45 000

    贷：营业外收入   45 000

  注意：清理固定资产，属于生产经营期间正常的处理损失，借记"营业外支出——处置非流动资产损失"科目，贷记"固定资产清理"科目；属于自然灾害等非正常原因造成的损失，借记"营业外支出——非常损失"科目，贷记"固定资产清理"科目；如为贷方余额，借记"固定资产清理"科目，贷记"营业外收入"科目。

（四）固定资产清查

  为了保证固定资产的安全完整和合理使用，必须对其进行定期或不定期的清查，至少每年实地盘点一次。对盘盈、盘亏、毁损的固定资产，应当查明原因，写出书面报告，并根据企业的管理权限，经股东大会或董事会，或经理会议或类似机构批准后，在期末结账前处理完毕。

  ▶ 1. 固定资产盘盈

  企业在财产清查中盘盈的固定资产，作为前期差错处理。企业在财产清查中盘盈的固定资产，在按管理权限报经批准处理前应先通过"以前年度损益调整"科目进行核算。盘盈的固定资产，应按以下规定确定其入账价值：如果同类或类似固定资产的新旧程度估计的价值损耗后的余额，作为入账价值；如果同类或类似固定资产不存在活跃市场的，按该项固定资产的预计未来现金流量的现值作为入账价值。企业应按上述规定确定的入账价值，借记"固定资产"科目，贷记"以前年度损益调整"科目。

  ▶ 2. 固定资产盘亏

  企业在固定资产清查中盘亏的固定资产，应及时办理固定资产注销手续，在规定程序批准之前，应将固定资产卡片从原来的归类中抽出，单独保管。在尚未处理前，应通过"待处理财产损溢——待处理非流动资产损溢"科目进行核算。处理时再转入营业外支出等有关科目。

（五）固定资产减值

  固定资产由于技术陈旧、损坏、长期闲置或其他原因，导致其可收回金额低于其账面价值，称为固定资产减值。资产负债表日，固定资产按照账面价值与可收回金额孰低计价。若单项固定资产的可收回金额低于账面价值，将资产的账面价值减记至可收回金额，减记的金额确认为资产减值损失，计入当期损益，同时计提相应的资产减值准备。固定资产减值损失一经确认，在以后会计期间不再转回。

对存在下列情况之一的固定资产，应按其账面价值全额计提减值准备。

（1）固定资产的市价当期大幅度下跌，其跌幅明显高于因时间的推移或者正常使用而预计的下跌。

（2）企业经营所处的经济、技术或者法律等环境以及固定资产所处的市场在当期或者将在近期发生重大变化，从而对企业产生不利影响。

（3）市场利率或者其他市场投资报酬率在当期已经提高，从而影响企业计算固定资产预计未来现金流量现值的折现率，导致固定资产可收回金额大幅度降低。

（4）有证据表明固定资产已经陈旧过时或者其实体已经损坏。

（5）固定资产已经或者将被闲置、终止使用或者计划提前处置。

（6）企业内部报告的证据表明固定资产的经济绩效已经低于或者将低于预期，如资产所创造的净现金流量或者实现的营业利润（或者亏损）远远低于（或者高于）预计金额等。

（7）其他表明固定资产可能已经发生减值的迹象。

已计提减值准备的固定资产，应当按照该固定资产的账面价值以及尚可使用寿命重新计算确定折旧率和折旧额；已全部计提减值准备的固定资产，不再计提折旧。

为了核算企业固定资产发生减值时产生的减值损失和计提的资产减值准备，应在"资产减值损失"账户下设置"固定资产减值损失"明细账户，并设置"固定资产减值准备"账户。

"资产减值损失——固定资产减值损失"明细账户借方登记企业按照规定确认的各项固定资产减值损失；固定资产减值损失一经确认，以后期间不得转回，该明细账户平时没有贷方记录；"资产减值损失"账户期末余额应转入"本年利润"账户。

"固定资产减值准备"账户，用来核算企业计提的固定资产减值准备。该账户贷方登记企业发生固定资产减值时，计提的固定资产减值准备；借方登记处置固定资产时结转的已计提减值准备；期末余额在贷方，反映企业计提的固定资产减值准备的余额。

固定资产减值准备应当按照单项资产计提。

[**例 4-12**] 某工程有限公司固定资产卷扬机经确认存在减值迹象，该项固定资产账面原价200 000元，账面累计已提折旧80 000元，已经计提固定资产减值准备20 000元，经测算预计可收回金额64 000元，做如下分录。

借：资产减值损失——固定资产减值损失　　　　　　　　　　　36 000
　　贷：固定资产减值准备　　　　　　　　　　　　　　　　　　　　36 000

四、机械使用费的计算与分配

机械使用费是指建筑施工过程中使用自有施工机械所发生的机械使用费（包括机上操作人员人工费，燃料、动力费，机械折旧、修理费，替换工具及部件费，润滑及擦拭材料费，安装、运输装卸费，养路费等）、租用外单位施工机械的租赁费、保管机械而发生的保管费以及按照规定支付的施工机械进出场费等。其中，外租设备租赁费支付设计增值税问题。

（一）使用自有机械设备

▶ 1. 自有机械设备的概念和内容

自有机械设备是指建筑施工单位为进行施工生产自行采购的机械设备，属于企业固定资产，是施工企业用以生产施工和提供生产服务的基础。

财务会计部门应按照机械类型(种类)和机械使用费项目分别设置机械使用费明细分类账，以登记所发生的施工机械使用的实际成本。月终根据机械使用费明细分类账及机械管理部门提供的施工机械情况月报表编制机械使用费分配表，据以入账。

一般情况下，大型施工机械使用费，应分别机械类型进行核算；小型施工机械的使用费，应按施工机械种类进行综合核算。

▶ **2. 账户设置——机械使用费**

1) 核算内容

本科目核算企业(建造承包商)及其内部独立核算的施工单位、机械站和运输队使用自有施工机械和运输设备进行机械作业(包括机械化施工和运输作业等)所发生的各项费用。企业及其内部独立核算的施工单位，从外单位或本企业其他内部独立核算的机械站租入施工机械发生的机械租赁费，在"工程施工"科目核算，不通过本科目核算。

施工机械安装、拆卸和进出场费指将机械运到施工现场、远离施工现场和在施工现场范围内转移的运输、安装、拆卸、试车等费用，以及为使用施工机械而建造的基础、底座、工作台、行走轨道等费用。这些费用如果数额不大，可以于发生时直接计入"机械使用费"账户，列作当月工程成本；如果数额较大，受益期较长，可以通过"长期待摊费用"账户分期摊入各期工程成本。

2) 明细核算

本科目应当按照施工机械或运输设备的种类等进行明细核算。施工企业内部独立核算的机械施工、运输单位使用自有施工机械或运输设备进行机械作业所发生的各项费用，应当按照成本核算对象和成本项目进行归集。成本项目一般分为：人工费、燃料及动力费、折旧及修理费、其他直接费、间接费用(为组织和管理机械作业生产所发生的费用)。

▶ **3. 主要账务处理**

(1) 若不需考核自有施工机械进行作业发生的各项费用，按照工程受益对象，借记"工程施工——合同成本——机械使用费""应交税费——应交增值税(进项税额)"，贷记"累计折旧""原材料""低值易耗品""材料成本差异""应付职工薪酬——工资""应付职工薪酬——职工福利""银行存款"等。

(2) 若需考核自有施工机械进行作业所发生的各项费用，则应通过"机械使用费"账户进行核算，按照机组或单机设置明细分类账。发生有关费用时，借"应交税费——应交增值税(进项税额)"账户，贷记"库存材料""应付职工薪酬——工资""应付职工薪酬——职工福利""辅助生产""长期待摊费用""递延资产""累计折旧""银行存款"等有关账户。月末按有关受益对象，借记"工程施工""辅助生产""其他业务支出""专项工程支出"等账户，贷记"机械使用费"账户。"机械使用费"账户期末一般无余额。

[例4-13] 某工程有限公司9月发生以下业务。

① 应付汽车驾驶人员的工资6 000元。

借：机械使用费——运输设备   6 000

    贷：应付职工薪酬——工资   6 000

② 计提驾驶人员的职工福利费840元。

借：机械使用费——运输设备   840

  贷：应付职工薪酬——职工福利   840

③ 发放汽车驾驶人员劳动保护费400元。

  借：机械使用费——运输设备   400

    贷：库存现金   400

④ 本月购买燃料5 100元，增值税进项税额为867元。

  借：机械使用费——运输设备   5 100

    应交税费——应交增值税——进项税额   867

    贷：银行存款   5 967

⑤ 计提运输设备折旧额6 000元。

  借：机械使用费——运输设备   6 000

    贷：累计折旧   6 000

⑥ 本月领用机械配件的计划成本为4 000元，应负担的材料成本差异为-1%。

  借：机械使用费——运输设备   3 960

    材料成本差异   40

    贷：库存材料   4 000

⑦ 本月以银行存款支付汽车的维修费1 100元，增值税进项税额187元

  借：机械使用费——运输设备   1 100

    应交税费——应交增值税——进项税额   187

    贷：银行存款   1 287

⑧ 支付养路费600元。

  借：机械使用费——运输设备   600

    贷：银行存款   600

根据上述会计分录，登记"机械使用费明细账"（见表4-22）。

表4-22 机械使用费明细账

单位：某工程有限公司   类别：运输机械   年 月 日   金额单位：元

年		凭证号数	摘要	借方	贷方	余额	借方明细发生额				
月	日						人工费	燃料动力	折旧修理	其他直接	间接费用
		工资分配表	分配工资	6 000		6 000	6 000				
		工资分配表	计提福利	840		6 840	840				
		费用分配表	劳动保护	400		7 240	400				
		材料分配表	分配燃料	5 100		12 340		5 100			
		折旧计算表	计提折旧	6 000		18 340			6 000		
		材料分配表	领用配件	3 960		22 300			3 960		
		费用分配表	付维修费	1 100		23 400			1 100		
		费用分配表	付养路费	600		24 000				600	
		分配凭证	结转成本		24 000	0					
			本月合计	24 000	24 000	0	7 240	5 100	11 060	600	0

（3）月末分配。企业因使用自有机械设备发生的各项费用，应通过"机械使用费"账户

归集，月末再按一定的方法分配计入各受益对象的成本中，分配方法包括台班分配法、预算分配法和作业量法。月末分配完毕，本科目期末应无余额。

① 台班分配法和作业量分配法。如果按施工机械的工作台时（台班）或完成工程量分配机械使用费可依据下列公式。

某机械使用费分配率＝机械使用费合计/机械工作台时（已完成工程量）

某工程应该分配的机械使用费＝该工程使用的机械工作台时（已完成工程量）×分配率

具体如表 4-23 所示。

表 4-23　机械使用费分配表

单位：路桥分公司　　　　　　　　　　　年　　月　　日　　　　　　　　金额单位：元

成本核算对象	塔吊（300 元/台班）		搅拌机（20 元/立方米）		机械使用费合计
	台班	金额	台班	金额	
黄河大桥工程	400	120 000	5 000	100 000	220 000
济青高速工程	600	180 000	8 000	160 000	340 000
合计	1 000	300 000	13 000	260 000	560 000

借：工程施工——黄河大桥（机械使用费）　　　　　　　　　220 000

　　工程施工——济青高速（机械使用费）　　　　　　　　　340 000

　　贷：机械使用费——施工机械——塔吊　　　　　　　　　　　300 000

　　　　机械使用费——施工机械——搅拌机　　　　　　　　　　260 000

② 预算分配法。根据实际发生的机械作业费用占预算定额规定的机械使用费的比率进行分配的方法，其计算公式如下。

某成本核算对象应该分摊的机械使用费＝该成本核算对象预算机械使用费×实际机械作业费用占预算机械使用费的比率

实际机械作业费用占预算机械使用费的比率＝实际发生的机械作业费总额/受益成本核算对象预算机械费用总和

对外单位、专项工程等提供机械作业（包括运输设备）的成本，借记"劳务成本"科目，贷记本科目。

上述对本单位承包工程所发生的各项机械使用费用如果金额较小，也可以直接计入工程施工科目中的机械使用费科目。

（二）租赁机械设备

▶ 1. 租赁机械设备的含义

租赁机械是指从外单位或本企业其他外部独立核算单位租用的施工机械，当自有设备不能满足项目工程施工时，可申请从外部租赁机械，申请中需明确租用机械的名称、型号、租赁价格、截止时间等。

从外单位或本企业其他内部独立核算的机械站租入施工机械，支付或负担的机械租赁费，直接计入"工程施工"科目，同时要考虑增值税进项税额。

《财政部、国家税务总局关于将铁路运输和邮政业纳入营业税改征增值税试点的通知》（财税〔2013〕106 号）后附的《应税服务范围注释》对有形动产租赁服务的注释为：有形动产租赁，包括有形动产融资租赁和有形动产经营性租赁。

有形动产经营性租赁，是指在约定时间内将物品、设备等有形动产转让他人使用且租赁物所有权不变更的业务活动。远洋运输的光租业务、航空运输的干租业务，属于有形动产经营性租赁。光租业务，是指远洋运输企业将船舶在约定时间内出租给他人使用，不配备操作人员，不承担运输过程中发生的各项费用，只收取固定租赁费的业务活动。干租业务，是指航空运输企业将飞机在预定的时间内出租给他人使用，不配备机组人员，不承担运输过程中发生的各项费用，只收取固定租赁费的业务活动。

▶ 2. 会计核算

外租设备一般由设备管理部门根据机械设备使用台班登记表，制作机械租赁结算单，对于能够分清成本计算对象的，直接计入有关工程成本；分不清成本计算对象的，应按照各个成本计算对象所耗用租赁机械的台班数，分配计入有关成本计算对象，借记"工程施工——机械使用费""应交税费——应交增值税（进项税额）"，贷记"银行存款"或"应付账款"。

[**例 4-14**] 某工程有限公司与华达租赁公司（一般纳税人）签订设备租赁合同，租赁华达公司 2 台装载机用于黄河大桥工程现场施工，每月租金100 000元，增值税税率为17%。每月支付租金时，做如下会计分录。

借：工程施工——黄河大桥——机械使用费　　　　　　　　　100 000
　　应交税费——应交增值税——进项税额　　　　　　　　　　17 000
　　贷：银行存款　　　　　　　　　　　　　　　　　　　　　　　117 000

任 务 六　其他直接费的会计处理

一、其他直接费的内容

其他直接费（在清单计价中称为措施费）是指为完成工程项目施工，发生于该工程施工前和施工过程中非工程实体项目的费用。包括内容：

(1) 环境保护费，是指施工现场为达到环保部门要求所需要的各项费用。

(2) 文明施工费，是指施工现场文明施工所需要的各项费用。

(3) 安全施工费，是指施工现场安全施工所需要的各项费用。

(4) 临时设施费，是指施工企业为进行建筑工程施工所必须搭设的生活和生产用的临时建筑物、构筑物和其他临时设施费用等。

(5) 夜间施工费，是指因夜间施工所发生的夜班补助费、夜间施工降效、夜间施工照明设备摊销及照明用电等费用。

(6) 二次搬运费，是指因施工场地狭小等特殊情况而发生的建筑材料、成品、半成品和构配件等场内外二次搬运费用。

(7) 大型机械设备进出场及安拆费，是指机械整体或分体自停放场地运至施工现场或由一个施工地点运至另一个施工地点，所发生的机械进出场运输及转移费用及机械在施工现场进行安装、拆卸所需的人工费、材料费、机械费、试运转费和安装所需的辅助设施的费用。

大型机械的安拆费进入措施费，中小型机械的进入施工机械使用费。具体大小型的分类以地方规定为准。如有些地区界定大型机械为塔吊、打桩机、压桩机、施工电梯、潜水钻孔机、喷粉桩或深层搅拌钻机、砼搅拌站等，以上这些要计大型机械安拆费；履带式推土机、起重机、挖掘机、柴油打桩机、塔吊、压路机、砼搅拌站、压桩机、施工电梯、潜水钻孔机、喷粉桩或深层搅拌钻机、轮筋钻机等这些要计大型机械场外运输费。这些费用要计入措施费。其他机械属一般机械，其安拆及场外运输包括在直接工程费中，属于施工机械使用费。

（8）混凝土、钢筋混凝土模板及支架费，是指混凝土施工过程中需要的各种钢模板、木模板、支架等的支、拆、运输费用及模板、支架的摊销（或租赁）费用。

（9）脚手架费，是指施工需要的各种脚手架搭、拆、运输费用及脚手架的摊销（或租赁）费用。

（10）已完工程及设备保护费，是指竣工验收前，对已完工程及设备进行保护所需费用。

（11）施工排水、降水费，是指为确保工程在正常条件下施工，采取各种排水、降水措施所发生的各种费用。

参考费用项目（工程量清单计价表式）如表 2-24 所示。

表 2-24 安全防护、文明施工措施项目费分析表

工程名称：　　　　　　　　　　　　　　　　　　　　　　　　　　第 页 共 页

序 号	措施项目名称	单 位	数 量	单 价	合 价	备 注
一	文明施工及环境保护费					
1	安全警示标志牌					
1.1	安全警示牌	块				
1.2	交叉口闪光灯	处				市政工程
1.3	航标灯	处				通航要求
2	现场围挡					
2.1	围墙	米				
2.2	彩钢板围护	米				
2.3	人门（封闭管理）	扇				
3	五版一图					
3.1	门楼	处				
3.2	标牌	块				
3.3	效果图	块				
4	企业标志	元				
5	场容场貌					

续表

序　号	措施项目名称	单　位	数　量	单　价	合　价	备　注
5.1	道路平整	平方米				
5.2	排水沟	米				
5.3	地坪硬化	平方米				
5.4	现场绿化	平方米				
6	材料堆放					
6.1	材料堆场	处				
6.2	扬尘控制费用	元				
6.3	危险品仓库搭建	平方米				
7	现场防火					
7.1	灭火器	只				
7.2	消防水泵	台				
7.3	水枪、水带	套				
7.4	消防箱	只				
7.5	消防立管	米				
7.6	防雷设施	元				
8	垃圾清运					
8.1	密闭式垃圾站	处				
8.2	垃圾清运	元				
二	临时设施费					
1	现场办公设施					
1.1	办公用房	平方米				
1.2	宿舍	平方米				
1.3	食堂	平方米				
1.4	厕所	平方米				
1.5	浴室	平方米				
2	施工现场临时用电					
2.1	临时用电线路	米				
2.2	外电线路防护设施	元				
2.3	总配电箱	只				
2.4	分配电箱	只				
2.5	开关箱	只				
2.6	接地保护装置	处				
三	安全施工费					
1	安全防护					
1.1	安全网	平方米				垂直外立面
1.2	防护栏杆	平方米				防护长度

续表

序 号	措施项目名称	单 位	数 量	单 价	合 价	备 注
1.3	防护门	平方米				
1.4	防护棚	平方米				防护面积
1.5	断头路阻挡墙	平方米				
1.6	安全隔离网	平方米				爆破长度
2	高处作业					
2.1	临边防护栏杆	米				防护长度
2.2	高压线安全措施	元				
2.3	起重设备防护措施	元				
2.4	外用电梯防护措施	元				
3	深基坑(槽)					
3.1	护栏	米				
3.2	临边围护	米				
3.3	上下专用通道	平方米				含安全爬梯
3.4	基坑支护变形监测	元				
4	外架					
4.1	密目网	平方米				
4.2	水平隔离封闭设施	米				
5	井架					
5.1	防护棚	平方米				
5.2	架体围护	平方米				
5.3	对讲机	套				
6	特殊工程安全措施					
6.1	特殊作业防护用品	元				
6.2	救生设施	元				
6.3	救生衣	件				
6.4	防毒面具	副				
7	安全专项检测					
7.1	塔吊检测	元				
7.2	人货两用电梯检测	元				
7.3	钢管、扣件检测费	元				
7.4	起重机械监察费	元				
7.5	挂篮检测费	元				
7.6	缆绳检测费	元				
8	安全教育培训	元				
9	现场安全保卫	元				
四	其他	元				
合　计						

二、账务处理

（一）一般处理

（1）费用发生时能够明确成本核算对象归属的，直接计入"工程施工——合同成本——其他直接费"账户。

（2）费用发生时不能够明确成本核算对象归属的，在费用发生时，计入"工程施工——其他直接费"账户；月末，按照受益原则，编制其他直接费分配表，一般按照各项工程的直接工程费比例进行分配计算，进行分配。

借：工程施工——合同成本——其他直接费

贷：工程施工——其他直接费

（3）费用发生时难于同成本中的其他项目分开，如冬雨季施工用的防雨、保温材料费、夜间施工的电器材料及电费、流动施工津贴、场地清理费、材料二次搬运费中的人工费用、机械使用费等。为了简化核算手续，便于成本分析和考核，可以将这些费用并入"人工费用""材料费用""机械使用费"成本项目中核算。

[例4-15] 某工程有限公司路桥分公司当月其他费用发生额为20 000元，根据分配计算结果，其中，黄河大桥工程应分摊8 000元，济青高速工程应分摊12 000元，做如下会计分录。

借：工程施工——黄河大桥工程——其他直接费　　　　　　　　　　8 000

　　工程施工——济青高速工程——其他直接费　　　　　　　　　　12 000

　　贷：银行存款（工程施工——其他直接费）　　　　　　　　　　　20 000

（二）周转材料

▶ 1. 周转材料的含义和种类

周转材料指企业在施工生产过程中多次周转使用并基本保持其原有形态而其价值逐渐转移的各种材料。周转材料虽然在不同程度上保持材料的形态，但就其在施工中所起的作用，具有劳动资料的性质，即能够多次参加施工过程，而不改变其实物形态，其价值是逐渐转移到工程成本中去的。由于周转材料的种类繁多、用量较大、价值较低、使用期较短、使用频繁、经常需要补充和更换，所以它具有材料的特征。基于上述特征，在周转材料的管理和核算上，应该将固定资产和材料的方法结合使用，即对于周转材料的计价、收发、结存和实物清查盘点，比照材料的管理和核算方法进行；对于周转材料使用中的价值转移，比照固定资产的办法，采取摊销的方法。

周转材料按其在施工过程中的用途可以分为以下几类。

（1）模板，是指浇灌混凝土使用的木模、组合钢模以及配合模板使用的支撑材料、滑模材料、构件等。按固定资产管理的固定钢模和现场固定的大型钢模板不包括在内。

（2）挡板，是指土方工程使用的挡土板等，包括支撑材料在内。

（3）架料，架料是指搭设脚手架用的竹竿、木杆、竹木跳板、钢管脚手架及其附件等。

（4）低值易耗品，是指不能作为固定资产管理和核算的各种用具物品，如工具、管理用具、玻璃器皿等。

（5）其他，指除以上各类外，作为流动资产管理的其他周转材料，如塔吊使用的轻轨、枕木等。

▶ 2. 原始凭证

（1）由原材料等经过加工改制而成型的周转材料，应依照有关规定程序及材料消耗定额签发限额领料单办理领料手续，对加工好的周转材料按原材料加工运杂费等计价后，办理进库入账手续，并报财务部门做账。

（2）周转材料在周转使用过程中，由于耗用必须添补而领用材料，应依照规定的工程耗用材料定额计算其需要添补数量，其手续与一般材料手续相同。

（3）周转材料当月实际使用数量，应由物资管理部门按月提供每一工程使用周转材料的品名、规格、数量、使用次数、使用天数等资料，签证后送财务会计部门，据以计算当月摊销费用并计入工程施工的材料费成本项目。

▶ 3. 周转材料的增加

购入、自制、委托外单位加工完成并已验收入库的周转材料、施工企业接受的债务人以非现金资产抵偿债务方式取得的周转材料、非货币性交易取得的周转材料等，以及周转材料的清查盘点，比照"原材料"科目的相关规定进行账务处理。由于周转材料、低值易耗品与一次性消耗材料不同，施工企业应专门设置"周转材料"科目对其进行核算。

[例4-16] 某工程有限公司2017年3月1日用银行存款采购钢模板50 000元，增值税为8 500元。

借：周转材料——在库周转材料	50 000
应交税费——应交增值税（进项税额）	8 500
贷：银行存款	58 500

▶ 4. 周转材料的摊销

（1）企业采用一次转销法的，领用时按其账面价值，借记"工程施工——合同成本""工程施工——间接费用""管理费用""辅助生产成本"等科目，贷记"周转材料"科目。

周转材料报废时，应按报废周转材料的残料价值，借记"原材料"等科目，贷记"工程施工——合同成本""工程施工——间接费用""管理费用""辅助生产成本"等科目。

（2）企业采用其他摊销方法的，领用时应按其账面价值，借记"周转材料——在用"科目，贷记"周转材料——在库"科目。摊销时应按其摊销额，借记"工程施工——合同成本""工程施工——间接费用""管理费用""辅助生产成本"等科目，贷记"周转材料——摊销"科目。

周转材料报废时应补提摊销额，借记"工程施工——合同成本""工程施工——间接费用""管理费用""辅助生产成本"等科目，贷记"周转材料——摊销"科目；同时，按报废周转材料的残料价值，借记"原材料"等科目，贷记"工程施工——合同成本""工程施工——间接费用""管理费用""辅助生产成本"等科目；并转销全部已提摊销额，借记"周转材料——摊销"科目，贷记"周转材料——在用"科目。

[例4-17] 某工程有限公司2017年3月10日领用周转材料竹竿1 000根，做黄河大桥脚手架，每根价格20元，金额20 000元，于领用时一次计入工程施工成本。

借：工程施工——合同成本（黄河大桥工程）	20 000
贷：周转材料（脚手架）	20 000

[例4-18] 某工程有限公司2017年4月1日领用周转材料木模板1 000块，每块价格

200 元，领用钢模板 1 000 块，每块价格 360 元，共计 560 000 元。

  借：周转材料——在用（木模板）   200 000

    贷：周转材料——在库（木模板）   200 000

  借：周转材料——在用（钢模板）   360 000

    贷：周转材料——在库（钢模板）   360 000

  [例 4-19] 某工程有限公司将上述木模板按预计使用 5 次计算摊销额，2017 年 4 月使用一次应摊销 40 000 元（200 元×1 000 块/5 次）。

  借：工程施工——合同成本（黄河大桥工程）   40 000

    贷：周转材料——摊销   40 000

  [例 4-20] 上述钢模板按预计使用期限 3 年计算摊销额，2017 年 4 月应摊销 10 000 元（360 元×1 000 块/36 月）。

  借：工程施工——合同成本（黄河大桥工程）   10 000

    贷：周转材料——摊销   10 000

  [例 4-21] 上述钢模板 500 块于 2017 年 10 月 1 日退库，计 180 000 元。

  借：周转材料——在库（钢模板）   180 000

    贷：周转材料——在用（钢模板）   180 000

  [例 4-22] 上述领用的竹竿 2017 年 10 月全部报废，报废后出售收回 500 元。

  借：银行存款   500

    贷：工程施工——合同成本（黄河大桥工程）   500

  [例 4-23] 2017 年 10 月，上述木模板有 600 块使用 4 次报废，应补提摊销额 24 000 元，收回残值 6 000 元。

  ① 补提摊销额[200 元×600 块×（1～4 次/5 次）]。

  借：工程施工——合同成本（黄河大桥工程）   24 000

    贷：周转材料——摊销   24 000

  ② 结转报废周转材料的残值。

  借：原材料——其他   6 000

    贷：工程施工——合同成本（黄河大桥工程）   6 000

  ③ 转销木模板全部已提摊销额。

  借：周转材料——摊销   200 000

    贷：周转材料——在用   200 000

  ▶ **5. 周转材料退库与转移**

  周转材料使用完毕，应及时清点办理退库手续，重新盘估价值，其估价与摊销余价值之间的差异调整工程成本。

  对于从一个工程转移到另一个工程（不属于同一个成本核算对象）或从一个工地转移到另一个工地使用的周转材料，应及时办理转移手续，并确定其成色，对降低成色的，应补提摊销额，补提摊销额应计入转出前受益工程成本。

  [例 4-24] 某工程有限公司黄河大桥工程经盘点清理，将不需用的模板一批转移到济青高速工程使用，该批模板的成本为 15 000 元，转移时确定其成色为 80%，账面在用模板的成本为 67 000 元，累计摊销额为 10 050 元，作会计分录如下。

（1）计算钢模板应补提的摊销额。

应提摊销额＝15 000×（1－80%）＝3 000（元）

已计提摊销额＝15 000×（10 050/67 000）＝2 250（元）

应补提摊销额＝3 000－2 250＝750（元）

借：工程施工——黄河大桥工程（其他直接费）   750

    贷：周转材料——周转材料摊销（在用模板——黄河大桥工程）   750

（2）将钢模转移到济青高速工程使用。

借：周转材料——在用周转材料（模板——济青高速工程）   15 000

    贷：周转材料——在用周转材料（模板——黄河大桥工程）   15 000

（3）结转周转材料钢模的已提摊销额3 000元。

借：周转材料——周转材料摊销（在用模板——黄河大桥工程）   3 000

    贷：周转材料——周转材料摊销（在用模板——济青高速工程）   3 000

任务七　间接费用的会计处理

一、清单计价内容

间接费由规费和企业管理费组成。

（一）规费

规费是指政府和有关权力部门规定必须缴纳的费用（简称规费）。包括工程排污费、工程定额测定费、社会保险费（养老保险费、失业保险费、医疗保险费等）、住房公积金、危险作业意外伤害保险。

▶ 1.社会保险费

根据国家规定，企业为职工个人支付的各种社会保险费。如基本医疗保险、基本养老保险、失业保险、工伤保险和生育保险。企业为员工缴纳的各种商业保险，应该属于职工薪酬的范围，也在本项目核算。

1）基本养老保险费

缴费基数：职工个人为本人上一年度月平均工资收入；企业为上一年度支付给劳动者的全部劳动报酬。

费率：用人单位按上一年度支付给劳动者的全部劳动报酬的20%缴纳，现在多数省份已经改为18%。职工本人按本人上一年度月平均工资收入的8%缴纳。

2）基本医疗保险费

缴费基数：职工个人为本人上一年度月平均工资收入；用人单位为上一年度支付给劳动者的全部劳动报酬。职工工资无法确定时，按上一年度职工社会月平均工资为缴费基数。

费率：用人单位按上一年度支付给劳动者的全部劳动报酬的8%缴纳，在职职工按照本人工资收入的2%缴纳，退休人员个人不缴纳基本医疗保险费。

3）失业保险费

缴费基数：职工个人为本人上一年度月平均工资收入；企业为上一年度支付给劳动者的全部劳动报酬。

费率：城镇各类企业（包括个体工商户）和实行企业管理的事业单位、外商投资企业、乡镇企业、国家机关、社会团体和实行财政补贴的事业单位均按2%。职工个人按本人上一年度月平均工资收入的1%缴纳。

4）工伤保险费

缴费基数：用人单位上一年度支付给劳动者的全部劳动报酬。

费率：按行业风险、伤亡事故和职业病发生频率规定了从0.2%～1.5%的差别费率，由用人单位缴纳，职工个人不缴纳。

5）生育保险费

缴费基数：用人单位上一年度支付给劳动者的全部劳动报酬。

费率：0.6%～0.8%，最高不超过1%，由用人单位缴纳，职工个人不缴纳。

▶ 2. 住房公积金

是指企业按照国务院《住房公积金管理条例》规定的基准和比例计算，向住房公积金中心为个人缴存的住房公积金。

住房公积金是单位及其在职职工缴存的长期住房储金，是住房分配货币化、社会化和法制化的主要形式。住房公积金制度是国家法律规定的重要的住房社会保障制度，具有强制性、互助性、保障性。单位和职工个人必须依法履行缴存住房公积金的义务。职工个人缴存的住房公积金以及单位为其缴存的住房公积金，实行专户存储，归职工个人所有。

住房公积金应当用于职工购买、建造、翻建、大修自住住房，任何单位和个人不得挪作他用。

职工住房公积金的月缴存额为职工本人上一年度月平均工资乘以职工住房公积金缴存比例。（各地比例、各单位比例均有差别，如济南市单位7%，个人7%）

单位为职工缴存的住房公积金的月缴存额为职工本人上一年度月平均工资乘以单位住房公积金缴存比例。

新参加工作的职工从参加工作的第二个月开始缴存住房公积金，月缴存额为职工本人当月工资乘以职工住房公积金缴存比例。

单位新调入的职工从调入单位发放工资之日起缴存住房公积金，月缴存额为职工本人当月工资乘以职工住房公积金缴存比例。

职工和单位住房公积金的缴存比例均不得低于职工上一年度月平均工资的5%；有条件的城市，可以适当提高缴存比例。具体缴存比例由住房公积金管理委员会拟订，经本级人民政府审核后，报省、自治区、直辖市人民政府批准。

职工个人缴存的住房公积金，由所在单位每月从其工资中代扣代缴。

单位应当于每月发放职工工资之日起5日内将单位缴存的和为职工代缴的住房公积金汇缴到住房公积金专户内，由受委托银行计入职工住房公积金账户。

（二）企业管理费

企业管理费是指建筑安装企业组织施工生产和经营管理所需费用。

（1）管理人员工资，是指管理人员的基本工资、工资性补贴、职工福利费和劳动保护费等。

（2）办公费，是指企业管理办公用的文具、纸张、账表、印刷、邮电、书报、会议、水电、烧水和集体取暖（包括现场临时宿舍取暖）用煤等费用。

（3）差旅交通费，是指职工因公出差、调动工作的差旅费、住勤补助费、市内交通费和误餐补助费、职工探亲路费、劳动力招募费、职工离退休、退职一次性路费、工伤人员就医路费和工地转移费，以及管理部门使用的交通工具的油料、燃料、养路费及牌照费。

（4）固定资产使用费，是指管理和试验部门及附属生产单位使用的属于固定资产的房屋、设备仪器等的折旧、大修、维修或租赁费。

（5）工具用具使用费，包括施工和管理部门使用的不属于固定资产的工具、器具、家具、交通工具和检验试验、测绘、消防用具的购置、摊销和维修费，以及支付给工人自备工具的补贴费等费用。

（6）劳动保险费，是指由企业支付离退休职工的异地安家补助费、职工退职金、六个月以上的病假人员工资、职工死亡丧葬补助费、抚恤费、按规定支付给离休干部的各项经费。

（7）工会经费，是指企业按职工工资总额 2% 计提的工会经费。

（8）职工教育经费，是指企业为职工学习先进技术和提高文化水平，按职工工资总额 2.5% 计提的费用。

（9）财产保险费，是指企业管理用财产、车辆保险费。

（10）财务费，是指企业为筹集资金而发生的各种费用。

（11）税金，是指企业按规定缴纳的房产税、车船使用税、土地使用税、印花税等。

（12）其他，包括技术转让费、技术开发费、业务招待费、绿化费、广告费、公证费、法律顾问费、审计费、咨询费等。

另外，对于包含在公路工程 100 章中的建筑工程一切险，可以列入间接费用。建筑工程一切险承保各类民用、工业和公用事业建筑工程项目，包括道路、水坝、桥梁、港埠等，在建造过程中因自然灾害或意外事故而引起的一切损失。

▌ 二、账务处理

▶ 1. 账户设置

间接费用应按照前面规定的费用项目设置明细分类账，核算实际发生额，并经常与计划进行比较分析，控制实际发生额，达到节约的目的。

（1）工程施工——间接费用——规费——细目。

该科目仅适用于施工现场项目全部人员，对于企业行政管理人员等仍然要计入"管理费用"账户。

注：《企业会计准则应用指南——职工薪酬》规定，企业工会经费、职工教育经费以及企业为职工缴纳的医疗保险费、养老保险费、失业保险费、工伤保险费、生育保险费等社会保险费和住房公积金，应当在职工为其提供服务的会计期间，根据工资总额的一定比例计算，根据职工提供服务的受益对象进行分配。

（2）工程施工——间接费用——企业管理费——细目。

（3）财务费用——利息支出。

（4）管理费用——劳动保险费及管理费用——业务招待费。

目前，关于成本计算的理论问题有两种不同的观点：一是吸收成本（Absorbing Costing）观点。其基本原理是只要该职能部门与生产过程相关，不论是直接与生产过程相关，还是间接与生产过程相关；不论其发生的费用是什么，都将其吸收到产品成本中去，构成产品的生产成本。二是动因成本观点。其基本原理是衡量此项费用能不能进入产品的生产成本，除了该职能部门要与生产过程相关以外（因为与生产过程无关的职能部门所发生的费用根本不可能进入产品成本的），还要进一步确认其所发生的费用性质与产品的制造过程是否相关，只有在同时符合上述两种条件时，我们才能将其确认为产品的生产成本，否则，即使发生在与生产过程相关的职能部门，我们也不能将其确认为产品的生产成本。

从我国会计实务来说，采用的是动因成本观点，成本计算方法称之为制造成本法。

在施工企业工程成本核算中，采用上述的费用分类与科目设置与现行企业会计准则应用指南有些许差别，对于项目部施工成本来说总体的金额影响也不大；但是，却能更好地服务于管理。

▶ **2. 具体处理**

1）规费

（1）应该由企业（项目部）负担的部分。

借：工程施工——间接费用——规费——细目
  贷：应付职工薪酬——社保费——细目
          ——住房公积金

（2）应由个人负担的部分。

借：应付职工薪酬——工资
  贷：应付职工薪酬——社保费——细目

2）工具用具使用费

对于单位价值较低的管理用具和小型工、卡具，为简化核算手续，可以在领用时一次计入成本。单位价值超过规定标准，但按规定列入低值易耗品目录的，为了合理地分摊各期费用，可以根据其耐用期限，采取分期摊销法，将其价值分期摊入各期成本。其他低值易耗可采取五五摊销法进行摊销。至于它们的日常维修费用，由于发生数额较小，可以按实际发生额列入当期成本。某些施工企业允许生产工人使用自备工具（如木工使用自备木工用具等），则应按实际支付的自备工具补贴费列入当期的"工具用具使用费"项目。

[例 4-25] 某施工公司发放管理人员工资 50 000 元，奖金 20 000 元；管理用固定资产折旧费 100 000 元；支付办公费 5 000 元，差旅费 8 000 元；临时设施摊销 20 000 元；向环保局支付排污费 3 000 元。上述业务的账务处理如下。

借：工程施工——间接费用——管理人员工资   50 000
              ——折旧及修理   100 000
              ——办公费   5 000
              ——差旅费   8 000

	——临时设施摊销	20 000
	——环境治理费	3 000
贷：应付职工薪酬		5 000
累计折旧		100 000
库存现金		13 000
临时设施摊销		20 000
银行存款		3 000

3）间接费的分配方法

成本核算对象为两个或两个以上时，间接费用是不能直接计入工程成本核算对象的，月终必须按照一定的标准进行分摊。

选取标准按取费基数的不同可分为如下几类。

（1）以直接费为计算基础。

（2）以人工费和机械费合计为计算基础。

（3）以人工费为计算基础。

借：工程施工——合同成本——××合同（A 工程）——间接费用

　　贷：工程施工——间接费用——规费——细目

　　工程施工——间接费用——企业管理费——细目

[例 4-26] 某施工企业承包某项设备安装工程施工，安装任务包括中央型调、炼油设备和过滤设备三项。第四季度共计发生间接费用600 000元，该季度安装工程发生的人工费为：中央空调200 000元、炼油设备1 000 000元、过滤设备800 000元。企业按照直接人工费比例分配间接费用，请进行相关账务处理。

间接费分配率：600 000÷（200 000＋1 000 000＋6 800 000）－0.3

借：工程施工——合同成本（中央空调安装，间接费用） 60 000

　　——合同成本（炼油设备安装，间接费用） 300 000

　　——合同成本（过滤设备安装，间接费用） 240 000

　　贷：工程施工——间接费用 600 000

任务八 分包工程成本的核算

承包人可以按照承发包合同的约定，或者经发包人书面同意将承包工程中的部分工程分包给有资质的其他单位，有特殊资质要求的分部分项工程，如承包人本身不具备此特殊资质，承包人必须将此分部分项工程分包给具有相应资质的其他单位。

承包人按专用条款的约定分包所承包的部分工程，并与分包单位签订分包合同。非经发包人同意，承包人不得将承包工程的任何部分分包。工程分包不能解除承包人任何责任与义务。承包人应在分包场地派驻相应管理人员，保证本合同的履行。分包单位的任何违约行为或疏忽导致工程损害或给发包人造成其他损失，承包人承担连带责任。

分包工程价款由承包人与分包单位结算。发包人未经承包人同意不得以任何形式向分包单位支付各种工程款项。

施工分包又分为专业工程分包和劳务作业分包。其中劳务分包核算比较简单,一般直接计入人工费即可,此处不再多叙。

一、会计处理方法

分包工程是施工企业常见的一种情况,尤其是在实行总一分包协作制的模式下,大多数工程总承包企业要将工程尤其是专业工程分包给有资质的施工单位,并且所占的比重还比较大;但是企业会计准则第 15 号——建造合同仅规定了普通施工企业的工程成本核算方法,没有规定分包合同成本的核算方法。

在施工企业会计实践中,对分包工程的会计处理有如下两种方法。

▶ 1. 总价法

将分包工程收入纳入本公司的收入,将所支付的分包工程款作为本公司的施工成本,与自己承建的工程做同样的处理。这种做法全面反映了工程项目的收入与成本,既与总承包单位相关责任和义务对等;也便于正确计算完工进度,合理确认成本和收入。

▶ 2. 净价法

将分包工程视同与自己没有关系,分包工程的收入和支出均不通过本公司收支体系核算。这种做法没有全面反映总承单位的收入与成本,也不利于完整计算完工进度,从而影响收入与成本的匹配。

总承包单位在核算分包工程在各会计核算期间的营业收入与费用时,一般按第一种方法进行账务处理。

二、账户设置与运用

单独设立成本项目,工程施工——合同成本——××合同——分包工程费用。

理由如下:2013清单计价规范中包括"专业工程暂估价",如有指定分包工程,应该包含"分包工程费用";国际工程造价的一般构成也是单列分包费用的。

▶ 1. 涉及向分包单位预付工程款

借:预付账款——预付分包款——分包单位
　　贷:银行存款

▶ 2. 分包工程验收结算

根据与分包企业确认的结算通知单,首先根据合同协议约定扣减预付账款,其差额确认应付的工程款。

借:工程施工——合同成本——××合同——分包工程费用
　　贷:应付账款——应付分包款——分包单位
　　　　应付账款——保留金——分包单位
　　　　预付账款——预付分包款——分包单位

▶ 3. 支付进度款

借:应付账款——应付分包款——分包单位
　　贷:银行存款

在实际操作中，工程结算时，总承包单位根据工程的全部承包额开具发票给发包单位，发包单位根据发票金额支付总承包单位全部工程价款。分包单位与发包单位之间是没有任何联系的，分包单位只与总承包单位发生联系。总承包单位与分包单位进行工程价款结算时，分包单位按照分包工程收入开具发票给总承包单位。

[**例 4-27**] 甲建筑施工公司承包一项工程，工期 12 个月，总承包收入 10 000 万元，其中，装修工程 1 000 万元，由乙公司分建；结构分包工程 1 000 万元，由丙公司承包。甲公司完成工程累计发生合同成本 7 500 万元。项目在当年 12 月份如期完工，其账务处理如下。

（1）甲建筑公司完成项目发生成本费用。

借：工程施工——合同成本 75 000 000

　　贷：原材料等 75 000 000

收到一次性结算的总承包款时：

借：银行存款 111 000 000

　　贷：工程结算 100 000 000

　　　应交税费——应交增值税——销项税额 11 000 000

（2）对乙分建工程完工结算。

借：工程施工—合同成本——乙清单成本 10 000 000

　　应交税费——应交增值税——进项税额 1 100 000

　　贷：应付账款 11 100 000

（3）支付乙公司工程款。

借：应付账款 11 100 000

　　贷：银行存款 11 100 000

对丙公司分建工程完工结算及支付工程款与乙公司相同。

（4）甲公司确认该项目收入与费用。

借：主营业务成本 95 000 000

　　工程施工——合同毛利 5 000 000

　　贷：主营业务收入 100 000 000

（5）工程竣工，甲公司将工程结算与工程施工对冲结平。

借：工程结算 100 000 000

　　贷：工程施工——合同成本 75 000 000

　　　工程施工——合同成本——乙分建成本 10 000 000

　　　工程施工——合同成本——丙分建成本 10 000 000

　　　工程施工——合同毛利 5 000 000

另外，施工企业分包工程的会计处理应注意以下两个问题：第一，根据建造合同准则，工程结算科目只有在建造合同竣工结算完毕后，才会有借方发生额，通过工程结算科目的借方核算分包工程的已完工程，可以使本科目与工程施工科目保持数量对等；第二，总承包模式下，通常由总承包企业按照分包单位的需求进行材料采购，然后转付给分包单位抵作工程款，规模采购所获得的效益应确认为分包收入。

课后习题

　　某施工企业所属内部核算锯木厂，在 2017 年 8 月份内，共发生了下列各项生产费用。

　　（1）领用各种原木 342.5 立方米，每立方米计划价格为 240 元，原木的成本差异分摊率为 +1‰。

　　（2）8 月份生产工人工资总额为 7 000 元，管理人员工资总额为 2 000元。

　　（3）8 月份计提生产工人福利费 980 元，管理人员福利费 280 元。

　　（4）用银行存款支付动力费 1 320 元，照明电费 80 元。

　　（5）8 月份应计折旧固定资产原值及其折旧率如下：生产用固定资产原值为200 000 元，月折旧率为 5‰。管理用固定资产原值100 000 元，月折旧率为 2‰。

　　（6）8 月份应摊销生产用固定资产大修理支出 500 元，管理用固定资产大修理支出 100 元。

　　（7）用银行存款支付生产用固定资产经常修理费 610 元。

　　（8）领用一次损耗工具用具 1 000 元。分次摊销工具用具 1 200 元，报废分次摊销工具用具 1 000 元，残值作价 100 元入库（用五五摊销法摊销，可以只做最后摊销分录）。

　　（9）用银行存款支付其他直接费 1 040 元，其他管理费 2 268 元。

　　（10）8 月份内，共锯成下列锯材：大方 50 立方米，中方 60 立方米，中板 100 立方米。

　　（11）各种锯材每立方米预算价格为：大方 480 元，中方 400 元，中板 320 元。

　　要求：

　　（1）写出相关业务的会计分录并登记产品成本明细分类账（见表 4-25）。

　　（2）计算各种锯材实际成本（按各种锯材预算成本的比例进行分配计算），并写出计算方法。

表 4-25　产品成本明细账

产品名称：锯材　　　　　　　　　　　　　　　　　　　　　　　　　　单位：元

2017 年		凭证号数	摘　　要	人工费	材料费	其他直接费	间接费	成本合计
月	日							
8	31		领用材料					
			分摊成本差异					
			支付工资					
			计提福利费					
			支付电费					
			计提折旧					
			摊销大修理支出					
			经常修理					
			低值易耗品摊销					
			支付其他直接费					
			合计					

5 项目五
工程价款的结算

学习目标

知识目标

1. 掌握建造合同的概念
2. 掌握合同成本的组成
3. 掌握合同收入的组成
4. 掌握合同收入的确认方法

能力目标

1. 能处理结果能够可靠估计的建造合同的相关业务
2. 能处理结果不能可靠估计的建造合同的相关业务

财政部、建设部《建设工程价款结算暂行办法》定义为："建设工程价款结算是指对建设工程的发承包合同价款进行约定和依据合同约定进行工程预付款、工程进度款、工程竣工价款结算的活动。"

建筑安装工程费用的主要结算方式如下。

（1）按月结算。即先预付部分工程款，在施工过程中按月结算工程进度款，竣工后进行竣工结算。

（2）竣工后一次结算。建设工程项目或单项工程全部建筑安装工程建设期在 12 个月以内，或者工程承包合同价值在 100 万元以下的，可以实行工程价款每月月中预支，竣工后一次结算。

（3）分段结算。即当年开工，当年不能竣工的单项工程或单位工程按照工程形象进度，划分不同阶段进行结算。分段结算可以按月预支工程款。

（4）结算双方约定的其他结算方式。

实行竣工后一次结算和分段结算的工程，当年结算的工程款应与分年度的工作量一致，年终不另清算。

任 务 一　建造合同与合同成本

一、建造合同

▶ 1. 建造合同的含义与分类

建造合同是指为建造一项或数项在设计、技术、功能、最终用途等方面密切相关的资产而订立的合同。合同的甲方称为客户，乙方称为建造承包商。因为建造承包商的生产活动及经营方式有其特殊性，所以，与建造合同相关的收入、费用的确认和计量也有其特殊性。《企业会计准则第 15 号——建造合同》就是用于规范那些特定企业（即建造承包商）建造合同的确认、计量和相关信息的披露。

建造合同分为固定造价合同和成本加成合同。

1）固定造价合同

固定造价合同是指按照固定的合同价或固定单价确定工程价款的建造合同。比如，一座桥梁的造价为 2 000 万元，发包方支付给承包方的金额就是 2 000 万元，此为固定造价合同。如果原材料价格上涨，风险由承包方承担。

2）成本加成合同

成本加成合同是指以合同约定或其他方式议定的成本为基础，加上该成本的一定比例或定额费用确定工程价款的建造合同。此时材料、工资价格的上涨风险由发包方承担。

例如，建造一艘船舶，合同总价款以建造该船舶的实际成本为基础，加收 5% 计取；建造一段地铁，合同总价款以建造该段地铁的实际成本为基础，加 800 万元计取。

▶ 2. 合同的分立与合并

1）合同分立

有的资产建造虽然形式上只签订了一项合同，但各项资产在商务谈判、设计施工、价款结算等方面都是可以相互分离的，实质上是多项合同，在会计上应当作为不同的核算对象。

一项包括建造数项资产的建造合同，同时满足下列 3 项条件的，每项资产应当分立为单项合同。

（1）每项资产均有独立的建造计划。

（2）与客户就每项资产单独进行谈判，双方能够接受或拒绝与每项资产有关的合同条款。

（3）每项资产的收入和成本可以单独辨认。

例如，某建筑公司与客户签订一项合同，为客户建造一栋宿舍楼和一座食堂。在签订合同时，建筑公司与客户分别就所建宿舍楼和食堂进行谈判，并达成一致意见：宿舍楼的工程造价为 400 万元，食堂的工程造价为 150 万元。宿舍楼和食堂均有独立的施工图预算，宿舍楼的预计总成本为 370 万元，食堂的预计总成本为 130 万元。根据上述资料分析，由于宿舍楼和食堂均有独立的施工图预算，因此符合条件（1）；由于在签订合同时，建筑公司与客户分别就所建宿舍楼和食堂进行谈判，并达成一致意见，因此符合条件（2）；由于宿舍楼和食堂均有单独的造价和预算成本，因此符合条件（3）。

建筑公司应将建造宿舍楼和食堂分立为两个单项合同进行会计处理。

如果不同时满足上述 3 个条件，则不能将合同分立，而应将其作为一个合同进行会计处理。假如上例中，没有明确规定宿舍楼和食堂各自的工程造价，而是以 550 万元的总金额签订了该项合同，也未做出各自的预算成本。这时，不符合条件(3)，则建筑公司不能将该项合同分立为两个单项合同进行会计处理。

2) 合同合并

有的资产建造虽然形式上签订了多项合同，但各项资产在设计、技术、功能、最终用途上是密不可分的，实质上是一项合同，在会计上应当作为一个核算对象。

一组合同无论对应单个客户还是多个客户，同时满足下列 3 项条件的，应当合并为单项合同。

(1) 该组合同按一揽子交易签订。

(2) 该组合同密切相关，每项合同实际上已构成一项综合利润率工程的组成部分。

(3) 该组合同同时或依次履行。

例如，为建造一个冶炼厂，某建造承包商与客户一揽子签订了三项合同，分别建造一个选矿车间、一个冶炼车间和一个工业污水处理系统。根据合同规定，这三个工程将由该建造承包商同时施工，并根据整个项目的施工进度办理价款结算。根据上述资料分析，由于这三项合同是一揽子签订的，表明符合条件(1)。对客户而言，只有这三项合同全部完工交付使用时，该冶炼厂才能投料生产，发挥效益；对建造承包商而言，这三项合同的各自完工进度，直接关系到整个建设项目的完工进度和价款结算，并且建造承包商对工程施工人员和工程用料实行统一管理。因此，该组合同密切相关，已构成一项综合利润率工程项目，表明符合条件(2)。该组合同同时履行，表明符合条件(3)。因此，该建造承包商应将该组合同合并为一个合同进行会计处理。

3) 追加资产的建造合同

追加资产的建造合同，满足下列条件之一的，应当作为单项合同。

(1) 该追加资产在设计、技术或功能上与原合同包括的一项或数项资产存在重大差异。

(2) 议定该追加资产的造价时，不需要考虑原合同价款。

例如，某建筑商与客户签订了一项建造合同。合同规定，建筑商为客户设计并建造一栋办公楼，办公楼的工程造价(含设计费用)为 500 万元，预计总成本为 460 万元。合同履行一段时间后，客户决定追加建造一座地上车库，并与该建筑商协商一致，变更了原合同内容。根据上述资料分析，由于该地上车库在设计、技术和功能上与原合同包括的办公楼存在重大差异，表明符合条件(1)，因此该追加资产的建造应当作为单项合同。

▶ **3. 成本核算对象的确定**

成本核算对象，也就是成本计算对象，成本计算对象的确定，不仅仅是财务部门的事情，它涉及了责任、权利的具体归属和认定问题，属于成本管理的重要问题，必须与单位的经济责任制相联系。

正确确定各项建造合同的成本会计核算对象，是正确核算合同成本和反映合同损益的关键。在通常情况下，建造一项资产要签订一个合同，但有时建造数项资产也只签订一个合同，或者为建造一项资产或数项资产而同时签订一组合同。在上述情况下，对同一企业来讲，确定不同的会计核算对象，会产生不同的核算结果。一般情况下，企业应以所订立的单项合同为对象，分别确认合同收入和合同成本、费用和利润。

就公路工程而言，根据工程的不同部位分为总则、路基、路面、桥梁涵洞、隧道、安全设施及预埋管线、绿化及环境保护 7 部分，构成了工程量清单汇总表中的第 100 章至第 700 章，其中每一部分都可以作为一个成本核算对象。

施工企业的成本核算可以在不违反准则规定的前提下坚持合同能合并不分立，尤其是建设规模较小且又由几个相关合同组成的中、小型项目。从实际情况来看，施工企业一般在合同签订后以项目经理部为基本的成本核算单位，项目经理部的成本核算及成本考核以公司、分公司与项目经理部签订的经营业绩责任书为主。经营业绩责任书包括上缴指标、业绩指标、管理指标等若干项目。项目经理部就是公司的成本控制中心，成本中心的管理好坏直接影响利润中心（公司为利润中心）的经营结果。项目经理部的成本核算和成本控制基本上以经营业绩责任书为尺度和标准。一个项目有一份责任书，也就应合并为一个成本核算和考核对象。因而，无论是多少相关的小合同组成的一个项目经理部，建造合同也没有必要分立。

成本核算对象一经确定，不得任意变更。成本核算对象确定后，各种成本核算的凭证和原始记录，都必须按照确定的成本核算对象的工程项目编号、名称填写清楚，各项费用支出，都必须按照用途和核算对象切实划分，使会计核算与业务核算和统计核算的口径取得一致。

二、合同成本

▶ 1. 合同成本的构成

合同成本是指为建造某项合同而发生的相关费用。合同成本包括从合同签订开始至合同完成止所发生的、与执行合同有关的直接费用和间接费用。

1）直接费用

直接费用是指为完成合同所发生的、可以直接计入合同成本核算对象的各项费用支出。包括四项内容：耗用的材料费用、耗用的人工费用、耗用的机械使用费和其他直接费用（详待后续）。

2）间接费用

间接费用是指为完成合同所发生的、不宜直接归属于合同成本核算对象而应分配计入有关合同成本核算对象的各项费用支出。注意这里的间接费用包括规费、现场管理费，但不包括会计层面上的企业管理费。

▶ 2. 与建造合同相关的借款费用

建造承包商为客户建造资产，通常是客户筹集资金，并根据合同约定，定期向建造承包商支付工程进度款。但是，建造承包商也可能在合同建造过程中因资金周转等原因向银行借入款项，发生借款费用。建造承包商在合同建造期间发生的借款费用，符合《企业会计准则第 17 号——借款费用》规定的资本化条件的，应当计入合同成本。合同完成后发生的借款费用，应计入当期损益，不再计入合同成本。

▶ 3. 零星收益

与合同有关的零星收益，是指在合同执行过程中取得的，但不计入合同收入而应冲减合同成本的非经常性的收益。例如，完成合同后处置残余物资(指在施工过程中产生的一些材料物资的下脚料等)取得的收益。由于工程领用材料时已将领用材料的价值直接计入了工程成本，材料物资的下脚料已包括在合同成本中，因此，处置这些残余物资取得的收益应冲减合同成本。

▶ 4. 不计入合同成本的各项费用

下列各项费用属于期间费用，应在发生时计入当期损益，不计入建造合同成本。

(1)企业行政管理部门为组织和管理生产经营活动所发生的管理费用。这里所说的"企业行政管理部门"包括建筑安装公司的总公司、船舶、飞机、大型机械设备制造等企业的总部。

(2)船舶等制造企业的销售费用。

(3)企业为建造合同借入款项所发生的、不符合《企业会计准则第 17 号——借款费用》规定的资本化条件的借款费用。例如，企业在建造合同完成后发生的利息净支出、汇兑净损失、金融机构手续费以及筹资发生的其他财务费用。

任务二 合同价格与付款

一、合同价格

合同价格一般指业主在"中标函"中对实施、完成和修复工程缺陷所接受的金额，来源于承包商的投标报价并对其确认。但最终的合同价格则指按照合同各条款的约定，承包商完成建造和保修任务后，对所有合格工程有权获得的全部工程款。

最终结算的合同价与中标函中注明的接受的合同款额一般不会相等，原因可能包括：发生应由业主承担责任的事件、承包商的质量责任、承包商延误工期或提前竣工、包含在合同价格之内的暂定金额以及合同类型特点等。

二、付款

(一)工程支付的条件

(1)质量合格是工程支付的必要条件。支付以工程计量为基础，计量必须以质量合格为前提。所以，并不是对承包人已完的工程全部支付，而只支付其中质量合格的部分，对于工程质量不合格的部分一律不予支付。

(2)符合合同条件。一切支付均需要符合合同约定的要求，例如，动员预付款的支付款额要符合标书附录中规定的数量，支付的条件应符合合同条件的规定，即承包人提供履约保函和动员预付款保函之后才予以支付动员预付款。

(3)变更项目必须有工程师的变更通知。没有工程师的指示承包人不得作任何变更。如果承包人没有收到指示就进行变更的话，它无理由就此类变更的费用要求补偿。

(4)支付金额必须大于期中支付证书规定的最小限额。

(5)承包人的工作使工程师满意。为了确保工程师在工程管理中的核心地位，并通过经济手段约束承包人履行合同中规定的各项责任和义务，合同条件充分赋予了工程师有关支付方面的权力。对于承包人申请支付的项目，即使达到以上所述的支付条件，但承包人其他方面的工作未能使工程师满意，工程师可通过任何期中支付证书对他所签发过的任何原有的证书进行任何修正或更改，也有权在任何期中支付证书中删去或减少该工作的价值。

（二）支付程序

▶ 1. 中期支付程序

（1）承包人提出付款申请。

（2）监理工程师审核与签认。支付证书既是完成工程量的证明，也是支付工程价款、扣收工程预付款、保留金的依据，是工程款支付中最重要的支付凭证。支付证书包括中期支付证书和终期支付证书。中期支付证书是由承包商报送，经旁站、驻地及总监代表逐级签字并最终报业主核准的工程施工进度支付凭证。

（3）业主付款。

▶ 2. 最终支付程序

（1）承包人提出最终支付申请。

（2）监理工程师审定支付申请。

终期支付证书是工程款的最终结算凭证，除了要考虑收尾工程量之外，还应该考虑各种索赔、价格调整、变更等因素，这是工程竣工结算的法律文件。

（3）业主付款。

表 5-1　支付参考表

工程名称：　　　　　　　　　　　　　　　　　　　　　　　　　　编号：

致：　　　　　　　　　　　　　　　　　　　　　　　　（发包人全称）

我于　　　　至　　　　期间已完成了　　　　工作，根据施工合同的约定，现申请支付本期的工程款额为（大写）　　　　　　元，（小写）　　　　元，请予核准。

序　号	名　　称	金额（元）	备　注
1	累计已完成的工程价款		
2	累计已实际支付的工程价款		
3	本周期已完成的工程价款		
4	本周期完成的计日工金额		
5	本周期应增加和扣减的变更金额		
6	本周期应增加和扣减的索赔金额		
7	本周期应抵扣的预付款		
8	本周期应扣减的质保金		
9	本周期应增加或扣减的其他金额		
10	本周期实际应支付的工程价款		

续表

	承包人（章） 承包人代表 日　　期

复核意见： □与实际施工情况不相符，修改意见见附件。 □与实际施工情况相符，具体金额由造价工程师复核。 　　　　　　　　　　监理工程师： 　　　　　　　　　　日　　期：	复核意见： 你方提出的支付申请经复核，本周期已完成工程价款额为（大写）：　　　　元，（小写）：　　　　元，本期间应支付金额为（大写）：　　　　　元，（小写）： 　　元。 　　　　　　　　　　造价工程师： 　　　　　　　　　　日　　期：

审核意见： □不同意。 □同意，支付时间为本表签发后的 15 天内。 　　　　　　　　　　发包人（章）＿＿＿＿＿＿ 　　　　　　　　　　承包人代表 　　　　　　　　　　日　　期

注：1. 在选择栏中的"□"内作标识"√"。

本表一式四份，由承包人填报，发包人、监理人、造价咨询人、承包人各存一份。

（三）支付项目

根据合同文件规定，工程支付项目主要分为，工程量清单以内的支付和工程量清单以外的支付，即清单支付和合同支付。清单支付在付款中占的比重较大，而且合同中规定比较明确，是工程费用支付的主要内容。合同支付占的比重较小，在合同中无法对支付做出准确估计和详细规定，成为支付中的难点，若合同支付问题处理不当，会对整个工程进展产生影响。

▶ 1. 清单支付项目

清单支付是按合同条件、技术规范、清单序言及说明的要求，通过准确计量确认已完工程数量与工程细目的单价，计算和支付各项工程费用。

1）以物理单位计量支付

工程量清单中以物理单位计量的项目，由于其单价明确，支付金额取决于实际完成工程数量。其支付条件是完成技术规范和图纸所规定的工作内容，质量合格、计量准确，支付金额是每月完成工程项目的净值数量与其相应单价的乘积。

以物理单位计量的项目覆盖清单内容的绝大部分，其所占费用约占清单费用的85％左右，在支付中占有重要地位。准确地计量是此类支付项目的前提。

2）以自然单位计量支付

以自然单位计量项目包括两种情况，一种是按总额包干项目，其单位为项，如结构物的试验等。另一种是单纯的自然单位，如挖树以棵计，桥梁支座以块计等。前一种支付相对复杂些，后一种简单些，与以物理单位计量支付的项目处理方法一样。按项支付的项目，需在工程开始之前，拟订支付比例，按形象进度进行支付。支付比例可按承包人消耗程度及各部位工程价值在工程中的比重确定。

3）计日工支付

计日工即按日计工，也称散工。计日工常用于工程施工过程中的一些临时性、新增加、特殊的或较小的变更工程，也就是在工程量清单中找不到可以适用的支付项目的小规模作业内容的支付。根据合同条件规定，监理工程师如认为有必要或可取时，可以指令按计日工完成任何变更工程，对这类工程应按合同中包括计日工明细表中规定的项目及承包人所报的单价或价格，向承包人付款。

4）暂定（估）金额

暂定金额是指包括在合同中并列入工程量清单、用于工程施工，或供应物资和材料，或提供服务，或供紧急事宜且不可预见费用的款项。指定分包工程通常也以暂定金额列入工程量计算。暂定金额的使用范围由业主确定，在取得业主审查同意后，在监理工程师的指令下，该金额可以全部或部分使用或不予使用。

▶ 2. 合同支付项目

合同支付是按合同文件有关规定，根据工程实际情况和现场证实资料，确认清单以外的各项费用。合同支付项目是费用管理工作中的重点和难点，由于合同文件中无法将某些意外费用的确定作详细规定，所以支付中灵活性较大，难以把握和控制。

合同支付内容主要包括开工动员预付款、材料预付款、保留金、工程变更、索赔、价格调整、迟付款利息、延期违约偿金和提前竣工奖金等。

动员预付款以及材料、设备预付款前已有叙。

1）保留金

保留金是业主对承包人已完工程款的保留额，用来保证承包人完成缺陷修补的义务。在合同中通常规定了保留金的扣除额及保留金归还给承包人的条件。根据国际招标合同条件，业主从中期支付证书中扣除承包人已完成工程的保留金额，每次扣留已完工程款的 10%，以合同价的 5% 为限。国内招标合同应从工程累计完成至 50% 时开始扣留，扣留比例为每次应支付款的 5%，扣至保留金限额为合同价格的 10% 为止。一旦承包人未履行合同中所承担的责任，则此保留金应归业主所有。

合同条件中一般规定，扣除的保留金应分两期退还给承包人。交接证书签发后退还全部保留金的一半，缺陷责任终止证书签发后退还全部保留金额的另一半。如果签发的交接证书仅是部分工作的交接证书，退还的保留金应按竣工和该部分工程的相对价值的比例计算。如果签发缺陷责任终止证书时，承包人仍有未完工程，业主有权扣发该证并从保留金额中扣除为完成未完工程所需的全部费用，直到该遗留工程完成时归还该证。

2）工程变更费用

工程变更是指对合同的工作内容做出修改、追加或者取消某一项工作。显然，由于勘测、设计、试验等与实际的差异，在合同执行过程中，为了全面合理地完成工程，工程变更是不可避免的、必要的。

工程变更的支付包括对下达变更令的项目进行支付和在颁发工程移交证书时，变更费用超过一定限度的费用支付。一旦变更成立，只要确定了变更项目的单价，其支付方式就类同清单支付项目，根据计量确认工程支付款。一般规定对整个合同而言变更费用超过 15%，对单项工程而言变更工程数量超过 25%，且该细目的合同金额超出合同价的 2%

后，对超过的部分费用(单价)作相应的调整。变更支付的时间和支付方式也是列入中期支付证书中予以支付。支付货币同其他支付项目，按承包人投标时提供的货币比例进行付款。由于变更工作争议较大，单价没有达成一致时，可以进行暂行支付，避免发生变更索赔。

3) 价格调整

如果工程建设的周期较长，而且在建设周期中物价变动较大，无论是业主或承包人，都必须考虑到与工程有关的各种价格变化。一般来说，不论在国内还是国外，主要问题是价格上涨，价格下跌时也可同样计算。

任务三　结果能够可靠估计的建造合同

建造合同的结果能够可靠估计的，企业应根据完工百分比法在资产负债表日确认合同收入和合同费用。完工百分比法是根据合同完工进度确认合同收入和费用的方法，运用这种方法确认合同收入和费用，能为报表使用者提供有关合同进度及本期业绩的有用信息，体现了权责发生制的要求。

一、合同收入的组成

合同收入包括如下两部分内容。

▶ 1. 合同规定的初始收入

合同规定的初始收入即建造承包商与客户签订的合同中最初商定的合同总金额，它构成了合同收入的基本内容。

▶ 2. 因合同变更、索赔、奖励等形成的收入

1) 合同变更收入

合同变更是指客户为改变合同规定的作业内容而提出的调整。

例如，某建造承包商与客户签订了一项建造图书馆的合同，建设期3年。第二年，客户要求将原设计中采用的铝合金门窗改为塑钢门窗，并同意增加合同造价50万元。

合同变更款同时满足下列条件的，才能构成合同收入。

(1) 客户能够认可因变更而增加的收入。

(2) 该收入能够可靠地计量。

上例中，建造承包商可在第二年将因合同变更而增加的收入50万元认定为合同收入的组成部分。假如建造承包商认为此项变更应增加造价50万元，但双方最终只达成增加造价40万元的协议，则只能将40万元认定为合同收入的组成部分。

2) 索赔收入

索赔款是指因客户或第三方的原因造成的、向客户或第三方收取的、用以补偿不包括在合同造价中成本的款项。例如，某建造承包商与客户签订了一项建造水电站的合同。合同规定的建设期是2017年3月至2020年8月；同时规定，发电机由客户采购，于2019年8月交付建造承包商进行安装。该项合同在执行过程中，客户于2020年1月才将发电

机交付建造承包商。建造承包商因客户交货延期，要求客户支付延误工期款100万元。

索赔款同时满足下列条件的，才能构成合同收入。

（1）根据谈判情况，预计对方能够同意该项索赔。

（2）对方同意接受的金额能够可靠地计量。

上例中，假如客户不同意支付延误工期款，则不能将100万元计入合同总收入。假如客户只同意支付延误工期款50万元，则只能将50万元认定为合同收入的组成部分。

3）奖励收入

奖励款是指工程达到或超过规定的标准，客户同意支付的额外款项。例如，某建造承包商与客户签订一项建造大桥的合同，合同规定的建设期为2017年12月20日至2019年12月20日。2019年9月，主体工程已基本完工，工程质量符合设计要求，有望提前3个月竣工，客户同意向建造承包商支付提前竣工奖100万元。

奖励款同时满足下列条件的，才能构成合同收入。

（1）根据合同目前完成情况，足以判断工程进度和工程质量能够达到或超过规定的标准。

（2）奖励金额能够可靠地计量。

上例中，假如该项合同的主体工程虽于2019年9月基本完工，但是经工程监理人员认定，工程质量未达到设计要求，还需进一步施工。这种情况下，不能认定奖励款构成合同收入。

应该注意的是：在建造合同执行过程中，每隔一个周期有必要调整一次预计合同总收入和预计合同总成本。调整的周期可以是一季度、半年度、一年或两年，企业可以根据合同履行的实际情况确定。一般来说，中、小项目半年度调整一次、大项目一年调整一次比较适合施工企业现状。中、小项目建设周期短。一般为1～3年施工期，企业半年度调整一次预算后，预算基本上能真实反映项目经营的基本情况。大项目建设周期长。一般为3～5年施工期，企业一个年度调整一次预算后，预算基本上能够真实反映项目经营的基本情况。

二、建造合同的结果能够可靠估计的认定标准

建造合同的结果能够可靠估计是企业采用完工百分比法确认合同收入和合同费用的前提条件。

建造合同分为固定造价合同和成本加成合同两种类型，不同类型的合同，其结果是否能够可靠估计的标准也不同。

（一）固定造价合同的结果能够可靠估计的认定标准

如果同时具备以下四个条件，则固定造价合同的结果能够可靠估计。

▶ 1. 合同总收入能够可靠地计量

合同总收入一般根据建造承包商与客户签订的合同中的合同总金额来确定，如果在合同中明确规定了合同总金额，且订立的合同是合法有效的，则合同总收入能够可靠地计量；反之，合同总收入不能可靠地计量。

▶ 2. 与合同相关的经济利益很可能流入企业

与合同相关的经济利益很可能流入企业，意味着企业能够收到合同价款。合同价款能

否收回，取决于客户与建造承包商双方是否都能正常履行合同。

如果客户与建造承包商有一方不能正常履行合同，则意味着建造承包商可能无法收回工程价款，不满足经济利益很可能流入企业的条件。

▶ 3. 实际发生的合同成本能够清楚地区分和可靠地计量

实际发生的合同成本能否清楚地区分和可靠地计量，关键在于建造承包商能否做好建造合同成本核算的各项基础工作和准确计算合同成本。如果建造承包商能够做好建造合同成本核算的各项基础工作，准确核算实际发生的合同成本，划清当期成本与下期成本的界限、不同成本核算对象之间成本的界限、未完合同成本与已完合同成本的界限，则说明实际发生的合同成本能够清楚地区分和可靠地计量；反之，则说明实际发生的合同成本不能够清楚地区分和可靠地计量。

▶ 4. 合同完工进度和为完成合同尚需发生的成本能够可靠地确定

合同完工进度能够可靠地确定，要求建造承包商已经和正在为完成合同而进行工程施工，并已完成了一定的工程量，达到了一定的工程完工进度，对将要完成的工程量也能够做出科学、可靠的测定。如果建造承包商尚未动工或刚刚开工，尚未形成一定的工程量，对将要完成的工程量不能够做出科学、可靠的测定，则表明合同完工进度不能可靠地确定。

为完成合同尚需发生的成本能否可靠地确定，关键在于建造承包商是否已经建立了完善的内部成本核算制度和有效的内部财务预算及报告制度；能否对为完成合同尚需发生的合同成本做出科学、可靠的估计。如果建造承包商已经建立了完善的内部成本核算制度和有效的内部财务预算及报告制度，并对为完成合同尚需发生的合同成本能够做出科学、可靠的估计，则意味着建造承包商能够可靠地确定为完成合同尚需发生的成本；反之，则意味着建造承包商不能可靠地确定为完成合同尚需发生的成本。

（二）成本加成合同的结果能够可靠估计的认定标准

如果同时具备以下两个条件，则成本加成合同的结果能够可靠估计。

（1）与合同相关的经济利益很可能流入企业。

（2）实际发生的合同成本能够清楚地区分和可靠地计量。

对成本加成合同而言，合同成本的组成内容一般已在合同中进行了相应规定，合同成本是确定其合同造价的基础，也是确定其完工进度的重要依据，因此要求其实际发生的合同成本能够清楚地区分和可靠地计量。

三、完工进度的确定

确定合同完工进度有以下三种方法。

▶ 1. 根据累计实际发生的合同成本占合同预计总成本的比例确定

该方法是确定合同完工进度比较常用的方法，用计算公式表示如下。

合同完工进度＝累计实际发生的合同成本÷合同预计总成本×100％

累计实际发生的合同成本是指形成工程完工进度的工程实体和工作量所耗用的直接成本和间接成本，不包括下列内容。

1）与合同未来活动相关的合同成本

与合同未来活动相关的合同成本包括施工中尚未安装、使用或耗用的材料成本。材料物资从仓库运抵施工现场，如果尚未安装、使用或耗用，则没有形成工程实体，就其资金的占用形态而言，仍属于"原材料"占用的资金，而非"产成品"占用的资金。因此，为保证确定完工进度的可靠性，不应将这部分成本计入累计实际发生的合同成本中来确定完工进度。

[例 5-1] 某公司承建 A 工程，工期 2 年，A 工程的预计总成本为 1 000 万元。第一年，该建筑公司的"工程施工——A 工程"账户的实际发生额为 680 万元。其中，人工费 150 万元，材料费 380 万元，机械使用费 100 万元，其他直接费 20 万元，工程间接费 30 万元。经查明，A 工程领用的材料中有一批虽已运到施工现场但尚未使用，尚未使用的材料成本为 80 万元。根据上述资料计算第一年的完工进度如下。

合同完工进度＝(680－80)÷1 000×100％＝60％

2）在分包工程的工作量完成之前预付给分包单位的款项

对总承包商来说，分包工程是其承建的总体工程的一部分，分包工程的工作量也是其总体工程的工作量。总承包商在确定总体工程的完工进度时，应考虑分包工程的完工进度。在分包工程的工作量完成之前预付给分包单位的备料款项虽然是总承包商的一项资金支出，但是该项支出并没有形成相应的工作量，因此不应将这部分支出计入累计实际发生的合同成本中来确定完工进度。但是，根据分包工程进度支付的分包工程进度款，应构成累计实际发生的合同成本。

[例 5-2] 甲公司与客户一揽子签订了一项建造合同，承建 A、B 两项工程。该项合同的 A、B 两项工程密切相关，客户要求同时施工，一起交付，工期为 2 年。合同规定的总金额为 1 100 万元。甲公司决定 A 工程由自己施工，B 工程以 400 万元的合同金额分包给乙公司承建，甲公司已与乙公司签订了分包合同。

第一年，甲公司自行施工的 A 工程实际发生工程成本 450 万元，预计为完成 A 工程尚需发生工程成本 150 万元；甲公司根据乙公司分包的 B 工程的完工进度，向乙公司支付了 B 工程的进度款 250 万元，并向乙公司预付了下年度备料款 50 万元。甲公司根据上述资料计算确定该项建造合同第一年的完工进度如下。

合同完工进度＝(450＋250)÷(450＋150＋400)×100％＝70％

▶ 2. 根据已经完成的合同工作量占合同预计总工作量的比例确定

该方法适用于合同工作量容易确定的建造合同，如道路工程、土石方挖掘、砌筑工程等。用计算公式表示如下。

合同完工进度＝已经完成的合同工作量÷合同预计总工作量×100％

▶ 3. 根据实际测定的完工进度确定

该方法是在无法根据上述两种方法确定合同完工进度时所采用的一种特殊的技术测量方法，适用于一些特殊的建造合同，如水下施工工程等。需要指出的是，这种技术测量并不是由建造承包商自行随意测定，而应由专业人员现场进行科学测定。

▌四、账务处理

▶ 1. 当期确认的合同收入和费用计算

确定建造合同的完工进度后，就可以根据完工百分比法确认和计量当期的合同收入和费用。

当期确认的合同收入和费用可用下列公式计算。

当期确认的合同收入＝合同总收入×完工进度－以前会计期间累计已确认的收入

当期确认的合同费用＝合同预计总成本×完工进度－以前会计期间累计已确认的费用

当期确认的合同毛利＝当期确认的合同收入－当期确认的合同费用

上述公式中的完工进度指累计完工进度。

在计算最后一年的合同收入和合同毛利时，应采用倒挤的方式处理，以避免出现误差。具体计算公式如下。

最后一年的合同收入＝实际合同总收入－以前年度累计确认的收入

最后一年的合同费用＝实际发生的总成本－以前年度累计已确认的费用

最后一年的合同毛利＝最后一年的合同收入－最后一年的合同费用

▶ 2. 合同预计损失的处理

建造承包商正在建造的资产，类似于工业企业的在产品，性质上属于建造承包商的存货，期末应当对其进行减值测试。如果建造合同的预计总成本超过合同总收入，则形成合同预计损失，应提取损失准备，并确认为当期费用。合同完工时，将已提取的损失准备冲减合同费用。

▶ 3. 核算举例

[例 5-3] 假定某公司签订了一项总金额为 9 000 000 元(不含增值税)的建造合同，承建一座桥梁。工程已于 2017 年 7 月开工，预计 2019 年 10 月完工。最初预计工程总成本为 8 000 000 元，到 2017 年年底，预计工程总成本已为 8 100 000 元。建造该项工程的其他有关资料如表 5-2 所示。

表 5-2 资　　料

项目/年度	2017 年	2018 年	2019 年
到目前为止已发生的成本	2 000 000	5 832 000	8 100 000
完成合同尚需发生成本	6 000 000	2 268 000	—
已结算工程价款	1 800 000	4 800 000	2 400 000
实际收到价款	1 500 000	3 500 000	4 000 000

具体会计处理如下。

(1) 确定各年的合同完工进度，如表 5-3 所示。

表 5-3　各年的合同完工进度

项目/年度	2017 年	2018 年	2019 年
合同金额	9 000 000	9 000 000	9 000 000
减合同预计总成本：			
到目前为止已发生的成本	2 000 000	58 432 000	8 100 000
完成合同尚需发生的成本	6 000 000	2 268 000	—
合同预计总成本	8 000 000	8 100 000	8 100 000
预计总毛利	1 000 000	900 000	900 000
完工进度	25％	72％	100％

注：2017 年的完工进度＝2 000 000÷8 000 000＝25％。

2018 年的完工进度＝5 832 000÷8 100 000×100％＝72％。

（2）确认各年的收入、费用和毛利，如表 5-4 所示。

表 5-4 各年的收入、费用和毛利

项目/年度	年末累计	以前年度确认	本年确认
2017 年			
收入（9 000 000×25%）	2 250 000	2 250 000	
毛利（1 000 000×25%）	250 000	250 000	
费用（收入－毛利）	2 000 000	2 000 000	
2018 年			
收入（9 000 000×72%）	6 480 000	2 250 000	4 230 000
毛利（900 000×72%）	648 000	250 000	398 000
费用（收入－毛利）	5 832 000	2 000 000	3 832 000
2019 年			
收入 9 000 000	9 000 000	6 480 000	2 520 000
毛利 900 000	900 000	648 000	252 000
费用（收入－毛利）	8 100 000	5 832 000	2 268 000

（3）编制有关会计分录，并在会计报表中披露有关信息（为简化起见，以下会计分录以汇总数反映，有关纳税业务的会计分录略）。

2017 年的会计分录如下。

① 按月记录实际发生的合同成本。

借：工程施工——合同成本　　　　　　　　　　　　　　　　　　　2 000 000

　　贷：应付职工薪酬、原材料等　　　　　　　　　　　　　　　　　2 000 000

② 按批准的支付证书，记录已结算的工程价款。

借：应收账款——业主——工程款　　　　　　　　　　　　　　　　1 800 000

　　贷：工程结算　　　　　　　　　　　　　　　　　　　　　　　　1 800 000

知识链接

5402 工程结算

一、本科目核算企业（建造承包商）根据建造合同约定向业主办理结算的累计金额。

二、本科目应当按照建造合同进行明细核算。

三、企业向业主办理工程价款结算时，按应结算的金额，借记"应收账款"等科目，贷记本科目。合同完工时，将本科目余额与相关工程施工合同的"工程施工"科目对冲，借记本科目，贷记"工程施工"科目。

四、本科目期末贷方余额，反映企业尚未完工建造合同已办理结算的累计金额。

③ 记录已收的工程价款。

对于结算中涉及的保留金应予以记录，本例中保留金按 5% 计提，1 500 000×5%＝75 000（元）（以后各例相同，不再叙及）。

借：银行存款   1 500 000

    贷：应收账款——业主——工程款   1 500 000

注：a. 对于结算中涉及的保留金应予以记录，借记"应收账款——业主——保留金"账户，贷记"应收账款——业主——工程款"账户。

b. 结算中涉及预收账款扣回的，应该借记"预收账款"账户，贷记"应收账款——业主——工程款"账户。

c. 业主方代扣代缴税金的，应借记"应交税费——城市维护建设税、教育费附加"账户，贷记"应收账款——业主——工程款"账户。

④ 按月记录确认的收入、费用和毛利。

借：工程施工——合同毛利   250 000

    主营业务成本   2 000 000

    贷：主营业务收入   2 250 000

2018 年的会计分录如下。

① 实际发生的合同成本。

借：工程施工——合同成本   3 832 000

    贷：应付职工薪酬、原材料等   3 832 000

② 已结算的工程价款。

借：应收账款——业主——工程款   4 800 000

    贷：工程结算   4 800 000

③ 已收的工程价款。

借：银行存款   3 500 000

    贷：应收账款——业主 工程款   3 500 000

④ 确认的收入、费用和毛利。

借：工程施工——合同毛利   398 000

    主营业务成本   3 832 000

    贷：主营业务收入   4 230 000

2019 年的会计分录如下。

① 实际发生的合同成本。

借：工程施工——合同成本   2 268 000

    贷：应付职工薪酬、原材料等   2 268 000

② 已结算的工程价款。

借：应收账款——业主——工程款   2 400 000

    贷：工程结算   2 400 000

③ 已收的工程价款。

借：银行存款   4 000 000

    贷：应收账款——业主——工程款   4 000 000

④ 确认的收入、费用和毛利。

借：工程施工——合同毛利   252 000

    主营业务成本   2 268 000

    贷：主营业务收入   2 520 000

 ⑤ 工程完工时，将"工程施工"科目的余额与"工程结算"科目的余额对冲。

  借：工程结算   9 000 000

    贷：工程施工——合同毛利   900 000

      工程施工——合同成本   8 100 000

  [例 5-4] A 公司 2018 年承揽了 份建造合同，合同标的为一座桥梁，为固定造价合同，合同总收入为 1 000 万元（不含增值税），预计总成本为 800 万元，工程期为 3 年，2019 年年底由于钢材价格上涨致使工程成本上涨为 1 200 万元，工程于 2020 年 10 月提前完工，并达到了优质工程标准，根据合同获得了 300 万元奖励。相关款项于 2020 年末结清。每年的与施工有关的资料如表 5-5 所示（单位：万元）。

表 5-5 与施工有关的资料   单位：万元

项目/年度	2018年	2019年	2020年
至目前为止已发生的成本	160	480	1 200
完成合同尚需发生成本	640	720	0
已结算合同价款	200	200	900
实际收到价款	180	220	900

  根据以上资料，做出相应的账务处理。

  (1) 2018 年的会计处理。

  ① 发生的合同成本。

  借：工程施工——合同成本   1 600 000

    贷：原材料、应付职工薪酬、累计折旧等   1 600 000

  ② 已结算的合同价款。

  借：应收账款——业主——工程款   2 220 000

    贷：工程结算   2 000 000

      应交税费——应交增值税——销项税额   220 000

  ③ 实际收到的合同价款。

  借：银行存款   1 800 000

    贷：应收账款——业主——工程款   1 800 000

  ④ 确认和计量当年的收入和费用。

  2018 年度的完工进度＝160/(160＋640)×100％＝20％

  2018 年应确认的合同收入＝1 000×20％－0＝200（万元）

  2018 年应确认的合同费用＝(160＋640)×20％－0＝160（万元）

  2018 年应确认的合同毛利＝200－160＝40（万元）

  借：工程施工——合同毛利   400 000

    主营业务成本   1 600 000

    贷：主营业务收入   2 000 000

(2) 2019年的会计处理。

① 发生的合同成本。

借：工程施工——合同成本 3 200 000

　　贷：原材料、应付职工薪酬、累计折旧等 3 200 000

② 已结算的合同价款。

借：应收账款——业主——工程款 2 220 000

　　贷：工程结算 2 000 000

　　　应交税费——应交增值税——销项税额 220 000

③ 实际收到的合同价款。

借：银行存款 2 200 000

　　贷：应收账款——业主——工程款 2 200 000

④ 确认和计量当年的收入和费用。

2019年度的完工进度＝480/(480＋720)×100％＝40％

2019年应确认的合同收入＝1 000×40％－200＝200(万元)

2019年应确认的合同费用＝(480＋720)×40％－160＝320(万元)

2019年应确认的合同毛利＝200－320＝120(万元)

借：主营业务成本 3 200 000

　　贷：主营业务收入 2 000 000

　　　工程施工——毛利 1 200 000

合同预计损失＝(1 200－1 000)×(1－40％)＝120(万元)

由于该合同预计总成本为1 200万元，大于合同总收入1 000万元，预计总损失为200万元。由于已经在"工程施工——合同毛利"中反映了80万元(第一期的毛利40万元和第二期的毛利－120万元，两者合并为净损失80万元)，因此应将剩余的、为完成工程将发生的预计损失120万元确认为当期损失。

借：资产减值损失——合同预计损失 1 200 000

　　贷：存货跌价准备——预计损失准备 1 200 000

(3) 2020年的会计处理。

① 发生的合同成本。

借：工程施工——合同成本 7 200 000

　　贷：原材料、应付职工薪酬、累计折旧等 7 200 000

② 已结算的合同价款。

借：应收账款——业主——工程款 9 990 000

　　贷：工程结算 9 000 000

　　　应交税费——应交增值税——销项税额 990 000

③ 实际收到的合同价款。

借：银行存款 9 000 000

　　贷：应收账款——业主——工程款 9 000 000

④ 确认和计量当年的收入和费用。

2020年应确认的合同收入＝1 000＋300－200－200＝900(万元)

2020 年应确认的合同费用＝1 200－120－320＝720（万元）

2020 年应确认的合同毛利＝900－720＝180（万元）

借：主营业务成本　　　　　　　　　　　　　　　　　　　　　　　　　　7 200 000

　　工程施工——合同毛利　　　　　　　　　　　　　　　　　　　　　　1 800 000

　　　贷：主营业务收入　　　　　　　　　　　　　　　　　　　　　　　　　9 000 000

借：存货跌价准备　　　　　　　　　　　　　　　　　　　　　　　　　　1 200 000

　　　贷：主营业务成本　　　　　　　　　　　　　　　　　　　　　　　　　1 200 000

完工时：

借：工程结算　　　　　　　　　　　　　　　　　　　　　　　　　　　13 000 000

　　　贷：工程施工　　　　　　　　　　　　　　　　　　　　　　　　　　13 000 000

任 务 四　结果不能可靠估计的建造合同

如果建造合同的结果不能可靠估计，则不能采用完工百分比法确认和计量合同收入和费用，而应区别以下两种情况进行会计处理。

一、合同成本能够收回的

合同收入根据能够收回的实际合同成本予以确认，合同成本在其发生的当期确认为合同费用。

[例 5-5] 某公司与客户签订了一项总金额为 1 000 万元（不含增值税）的建造合同。第一年实际发生工程成本 400 万元，双方均能履行合同规定的义务，结算价款 650 万元；但建筑公司在年末时对该项工程的完工进度无法可靠确定。第二年，实际发生成本 300 万元，完工时结算余款 350 万元。

▶ 1. 第一年的账务处理

该公司不能采用完工百分比法确认收入。由于客户能够履行合同，当年发生的成本均能收回，所以公司可将当年发生的成本金额同时确认为当年的收入和费用，当年不确认利润。其账务处理如下。

1）实际发生的成本

借：工程施工——合同成本　　　　　　　　　　　　　　　　　　　　　4 000 000

　　　贷：原材料、应付职工薪酬等　　　　　　　　　　　　　　　　　　　4 000 000

2）结算价款

借：应收账款——业主——工程款　　　　　　　　　　　　　　　　　　7 215 000

　　　贷：工程结算　　　　　　　　　　　　　　　　　　　　　　　　　　650 000

　　　　应交税费——应交增值税——销项税额　　　　　　　　　　　　　715 000

3）确认合同收入和成本

借：主营业务成本　　　　　　　　　　　　　　　　　　　　　　　　　4 000 000

　　　贷：主营业务收入　　　　　　　　　　　　　　　　　　　　　　　　4 000 000

▶ 2. 第二年的账务处理

1）发生成本

借：工程施工——合同成本   3 000 000

    贷：原材料、应付职工薪酬等   3 000 000

2）结算价款

借：应收账款——业主——工程款   3 885 000

    贷：工程结算   3 500 000

       应交税费——应交增值税——销项税额   385 000

3）确认合同收入和成本

借：主营业务成本   3 000 000

    工程施工——合同毛利   3 000 000

    贷：主营业务收入   6 000 000

4）完工对冲

借：工程结算   10 000 000

    贷：工程施工——合同成本   7 000 000

       工程施工——合同毛利   3 000 000

二、合同成本不可能收回的

应在发生时立即确认为合同费用，不确认合同收入。

[例 5-6] 改变例 5-5 的条件，假设该公司当年与客户只办理价款结算 200 万元，其余款项可能收不回来。这种情况下，该公司只能将 200 万元确认为当年的收入，400 万元应确认为当年的费用。其账务处理如下。

借：主营业务成本   4 000 000

    贷：主营业务收入   2 000 000

       工程施工——合同毛利   2 000 000

同时预计合同损失。

三、结果由不可靠转为可靠时

使建造合同的结果不能可靠估计的不确定因素不复存在的，就不应再按照上述规定确认合同收入和费用，而应转为按照完工百分比法确认合同收入和费用。

[例 5-7] 改变例 5-6 的条件，假设工期为三年，如果到第二年，完工进度无法可靠确定的因素消除。第二年实际发生成本为 300 万元，预计为完成合同尚需发生的成本为 200 万元，则企业应当计算合同收入和费用如下。

第二年合同完工进度＝（400＋300）÷（400＋300＋200）×100％＝77.78％

第二年确认的合同收入＝1 000×77.78％－200＝577.8（万元）

第二年确认的合同成本＝（400＋300＋200）×77.78％－400＝300（万元）

第二年确认的合同毛利＝577.8－300＝277.8（万元）

会计分录如下。

借：主营业务成本   3 000 000

| 工程施工——合同毛利 | 2 778 000 |
| 贷：主营业务收入 | 5 778 000 |

课后习题

　　某路桥公司签订了一项总金额为 7 200 000 元的建造合同，承建一段城铁。工程已于 2017 年 3 月开工，预计 2019 年 8 月完工。最初，预计工程总成本为 6 400 000 元，到 2018 年年底，由于材料价格上涨，预计工程总成本已达到 6 480 000 元。该企业于 2019 年 6 月完成合同，该企业的其他有关资料见表 5-6。

表 5-6　企业有关资料

项目/年度	2017 年	2018 年	2019 年
发生的成本	1 600 000	4 665 600	6 480 000
完成合同尚需发生成本	4 800 000	1 814 400	0
已结算工程价款	1 440 000	3 840 000	1 920 000
实际收到价款	1 200 000	2 800 000	3 200 000

　　该公司在进行会计核算时，应根据所发生的经济业务，及时登记合同发生的实际成本、已办理结算的工程价款和实际已收取的工程价款，并根据工程施工进展情况，准确地确定工程完工进度，计量和确认当年的合同收入和费用，并在财务报表中披露与合同有关的会计信息。请做出各年的具体会计处理。

6 项目六
非经常性会计业务

学习目标

知识目标

1. 掌握施工企业非经常性业务的内容
2. 掌握施工企业投资性房地产的确认条件
3. 掌握借款费用资本化开始的条件

能力目标

1. 能对施工企业外币折算业务进行会计处理
2. 能对施工企业投资性房地产业务进行会计处理
3. 能对施工企业非货币性资产交换进行会计处理
4. 能对施工企业借款费用资本化进行会计处理
5. 能对施工企业债务重组业务进行会计处理
6. 能对施工企业金融资产进行会计处理

任 务 一 外 币 折 算

一、记账本位币的确定

外币是企业记账本位币以外的货币。

记账本位币是指企业经营所处的主要经济环境中的货币。

企业通常应选择人民币作为记账本位币。业务收支以人民币以外的货币为主的单位，可以选定其中一种货币作为记账本位币，但是，财务会计报告应当折算为人民币。

如果发生记账本位币的变更，要在报表附注中进行充分的披露。应采用变更当日的即期汇率将所有项目折算为变更后的记账本位币，折算后的金额作为新的记账本位币的历史成本。

二、外币交易的账务处理

外币业务是指企业以记账本位币以外的其他货币进行款项收付、往来结算和计价的经济业务，具体包括外币兑换业务、外币借贷业务、以外币计价的商品购销业务、接受外币资本投资业务等。

▶ 1. 外币交易的内容

外币交易业务通常包括：

（1）买入或者卖出以外币计价的商品或者劳务。

（2）借入或者借出外币资金。

（3）其他以外币计价或者结算的交易。

▶ 2. 记账方法

外币交易的记账方法有外币统账制和外币分账制两种。

外币统账制是指企业在发生外币交易时，即折算为记账本位币入账。

外币分账制是指企业在日常核算时分别币种记账；会计报表日，将其折算成记账本位币。

一般企业采用外币统账制，金融类企业采用外币分账制。

施工企业对于发生的外币收支业务，应在"银行存款"科目下设置"外币存款"二级科目进行核算，并将记账本位币——人民币在"人民币存款"二级科目进行核算，同时应按外币种类设置"银行存款日记账"。企业发生的外币收支业务和往来款项，应将有关外币金额折合为人民币记账，并登记外币金额和折合率。

▶ 3. 外币折算交易日的初始确认

外币交易应当在初始确认时，采用交易发生日的即期汇率将外币金额折算为记账本位币金额；也可以采用按照系统合理的方法确定的、与交易发生日即期汇率近似的汇率折算。

即期汇率——当日人民币外汇牌价的中间价。

即期汇率近似的汇率——通常为当期平均汇率或加权平均汇率。

▶ 4. 资产负债表日的处理

企业在资产负债表日，应当按照下列规定对外币货币性项目和外币非货币性项目进行处理。

1）外币货币性项目

外币货币性项目采用资产负债表日即期汇率折算。因资产负债表日即期汇率与初始确认时或者前一资产负债表日即期汇率不同而产生的汇兑差额，计入当期损益。

货币性项目，是指企业持有的货币资金和将以固定或可确定的金额收取的资产或者偿付的负债。包括库存现金、银行存款、应收账款、其他应收款、长期应收款、短期借款、应付账款、其他应付款、长期借款、应付债券、长期应付款等。

2）外币非货币性项目

外币非货币性项目是指货币性项目以外的项目，包括存货、长期股权投资、固定资产、无形资产等。

外币非货币性项目应当根据其不同的计量模式，采取不同的会计折算处理方法。

（1）以历史成本计量的外币非货币性项目，仍采用交易发生日的即期汇率（历史汇率）折算，不做调整。

（2）以公允价值计量的交易性金融资产等外币非货币性项目，采用公允价值确定日的即期汇率折算，折算后的金额与原记账本位币金额的差额，作为公允价值变动，计入当期损益。

（3）以成本与可变现净值孰低计量的存货等外币非货币性项目，按资产负债表日即期汇率折算的可变现净值与以记账本位币反映的存货成本进行比较，以较低者作为报表反映金额，差额作为当期损益。

三、外币财务报表折算

企业的子公司、合营企业、联营企业和分支机构如果采用与企业相同的记账本位币，即便是设在境外，其财务报表也不存在折算问题。但是，如果企业境外经营的记账本位币不同于企业的记账本位币，在将企业的境外经营通过合并报表、权益法核算等纳入企业的财务报表中时，需要将企业境外经营的财务报表折算为以企业记账本位币反映。

企业对境外经营的财务报表进行折算时，应当遵循下列规定。

（1）资产负债表中的资产和负债项目，采用资产负债表日的即期汇率折算，所有者权益项目除"未分配利润"项目外，其他项目采用发生时的即期汇率折算。

（2）利润表中的收入和费用项目，采用交易发生日的即期汇率折算；也可以采用按照系统合理的方法确定的、与交易发生日即期汇率近似的汇率折算。

按照上述（1）、（2）折算产生的外币财务报表折算差额，在资产负债表中所有者权益项目下单独列示——增设"外币报表折算差额"项目。比较财务报表的折算比照上述规定处理。

企业在处置境外经营时，应当将资产负债表中所有者权益项目下列示的、与该境外经营相关的外币财务报表折算差额，自所有者权益项目转入处置当期损益；部分处置境外经营的，应当按处置的比例计算处置部分的外币财务报表折算差额，转入处置当期损益。

任务二 投资性房地产

投资性房地产，是指为赚取租金或资本增值，或两者兼有而持有的房地产。

一、投资性房地产的确认

▶ 1. 投资性房地产的范围

下列项目属于投资性房地产。

（1）已出租的土地使用权，指企业已通过经营租赁方式出租的土地使用权。

计划用于出租但尚未出租的不属于投资性房地产，对于以经营租赁方式租入的土地使用权和房屋建筑物再转租给其他单位的，不能确认为投资性房地产。

[例6-1] 星海建筑公司购买一幢写字楼，共8层。其中1层出租给某超市，2~4层出租给甲公司，5~8层出租给乙公司。星海建筑公司同时为该写字楼提供安保、维修等日常服务。

分析：本案例中，星海建筑公司将其购买的写字楼对外出租，提供的服务为辅助性服务，对于星海建筑公司而言，该幢写字楼可确认为投资性房地产。

（2）持有并准备增值后转让的土地使用权。但不包括按照国家有关规定认定的闲置土地。

（3）已出租的建筑物。指企业拥有产权的出租建筑物。

下列各项不属于投资性房地产。

（1）自用房地产，即为生产商品、提供劳务或者经营管理而持有的房地产。

（2）作为存货的房地产。

（3）对于以经营租赁方式租入的土地使用权和房屋建筑物再转租给其他单位的，不能确认为投资性房地产。

[例6-2] 星海建筑公司与鑫华公司签订了一项经营租赁合同，鑫华公司将其持有使用权的一块土地转租给星海建筑公司，以赚取租金，为期10年。星海建筑公司将此块土地转租给甲企业，以赚取租金差价，为期3年。

分析：本案例中，对于星海建筑公司而言，其租入鑫华公司的此块土地使用权不能予以确认，也不属于投资性房地产。对于甲企业而言，自租赁期开始日起，这项土地使用权属于其投资性房地产。

▶ 2. 确认条件

投资性房地产同时满足下列条件的，才能予以确认。

（1）与该投资性房地产有关的经济利益主要由租赁经营产生并很可能流入企业。

（2）该投资性房地产的成本能够可靠地计量。

如某项房地产，部分用于赚取租金或资本增值、部分用于生产经营，能够单独计量和出售的，用于赚取租金或资本增值的部分，应当确认为投资性房地产；不能够单独计量和出售的，用于赚取租金或资本增值的部分，也不得确认为投资性房地产。企业将建筑物出租，按租赁协议向承租人提供的相关辅助服务在整个协议中所占比重不大的，如企业将办公楼出租并向承租人提供保安、维修等辅助服务，应当将该建筑物确认为投资性房地产。

二、投资性房地产的计量

▶ 1. 初始计量

施工企业对投资性房地产的核算，在"投资性房地产"科目进行。考虑到我国的城镇土地，属于国家所有，企业拥有的土地，没有所有权，只有使用权，属于无形资产。它与属于固定资产的房屋，具有不同的属性和核算方法，因此在核算中，应将地产与房产分开，在"投资性房地产"科目下，分设"投资性房产""投资性地产"两个二级科目。如果不分开核算，则在计提折旧、摊销，将其转为自用或出售、转让、报废时，都会给核算带来困难。投资性房地产在形成时，应按实际成本计量。投资性房地产应当按照成本进行初始计量。

（1）外购投资性房地产的成本，包括购买价款、相关税费和可直接归属于该资产的其他支出。计入"投资性房地产——投资性房产""投资性房地产——投资性地产"科目的借方和"银行存款"等科目的贷方。

[例 6-3] 星海建筑公司于 8 月 3 日支付 2 000 万元价款和 32 万元相关税费购买了 800 平方米的商业用房，当日将其出租给鑫华公司。星海公司投入投资性房地产的会计处理如下。

借：投资性房地产——投资性房产   20 320 000
 贷：银行存款   20 320 000

（2）自行建造投资性房地产的成本，由建造该项资产达到预定可使用状态前所发生的必要支出构成。

[例 6-4] 星海建筑公司采用出包方式在市中心建造一座写字楼，用于出租，总投资 5 000 万元。6 月 1 日支付工程价款 2 500 万元。

借：在建工程——写字楼   25 000 000
 贷：银行存款   25 000 000

12 月 20 日，工程达到预定可使用状态，开始办理经营租赁手续，在建工程余额为 5 000 万元。

借：投资性房地产   50 000 000
 贷：在建工程   50 000 000

（3）以其他方式取得的投资性房地产的成本，按照相关会计准则的规定确定。

[例 6-5] 星海建筑公司于 1 月 1 日支付 2 000 万元土地出让金取得一块土地使用权，使用期限 40 年，准备筹建办公楼。

借：无形资产——土地使用权   20 000 000
 贷：银行存款   20 000 000

年末摊销土地使用权。

借：管理费用   500 000
 贷：累计摊销   500 000

次年 1 月 1 日，该土地使用权出租，星海公司将无形资产转入投资性房地产，采用成本模式计量。

借：投资性房地产   20 000 000
  累计摊销   500 000
 贷：无形资产——土地使用权   20 000 000
   投资性房地产摊销   500 000

▶ **2. 后续计量**

（1）一般情况下，企业应当在资产负债表日采用成本模式对投资性房地产进行后续计量。在成本模式下，应对按照固定资产或无形资产的有关规定，对投资性房地产进行后续计量，计提折旧或进行摊销；存在减值迹象的，还应当按照资产减值的有关规定进行处理。

[例 6-6] 星海建筑公司的一幢办公楼出租给鑫源公司，已确认为投资性房地产，采用成本模式进行后续计量。假设这幢办公楼的成本为 1 800 万元，按照直线法计提折旧，使

用寿命为 20 年，预计净残值为零。按照经验租赁合同，鑫源公司每月支付星海建筑公司租金 8 万元。当年 12 月，该幢办公楼发生减值现象，经减值测试，其可收回金额为 1 200 万元。此时办公楼的账面价值为 1 500 万元，以前未计提减值准备。

① 计提折旧。

每月的折旧额＝1 800÷20÷12＝7.5（万元）

借：其他业务成本　　　　　　　　　　　　　　　　　　　　　　　75 000

　　贷：投资性房地产累计折旧　　　　　　　　　　　　　　　　　　75 000

② 确认租金收入。

借：其他应收款　　　　　　　　　　　　　　　　　　　　　　　　80 000

　　贷：其他业务收入　　　　　　　　　　　　　　　　　　　　　　80 000

③ 计提减值准备。

借：资产减值损失　　　　　　　　　　　　　　　　　　　　　　3 000 000

　　贷：投资性房地产减值准备　　　　　　　　　　　　　　　　　3 000 000

（2）如果有确凿证据表明投资性房地产的公允价值能够持续可靠取得的，可以对投资性房地产采用公允价值模式进行后续计量。采用公允价值模式计量的，应当同时满足下列条件。

① 投资性房地产所在地有活跃的房地产交易市场。

② 企业能够从房地产交易市场上取得同类或类似房地产的市场价格及其他相关信息，从而对投资性房地产的公允价值做出合理的估计。

（3）采用公允价值模式计量的，不对投资性房地产计提折旧或进行摊销，应当以资产负债表日投资性房地产的公允价值为基础调整其账面价值，公允价值与原账面价值之间的差额计入当期损益。

[例 6-7] 1 月 1 日，星海建筑公司支付 600 万元购得一幢办公用房用于出租（属于投资性房地产），每年租金 40 万元，在每年年初一次性收取。同年 12 月 31 日，该办公用房的公允价值为 610 万元，该投资性房地产采用公允价值模式核算。

① 1 月 1 日购入该办公楼。

借：投资性房地产　　　　　　　　　　　　　　　　　　　　　6 000 000

　　贷：银行存款　　　　　　　　　　　　　　　　　　　　　　6 000 000

借：银行存款　　　　　　　　　　　　　　　　　　　　　　　400 000

　　贷：预收账款　　　　　　　　　　　　　　　　　　　　　　400 000

② 12 月 31 日确认收入和公允价值变动损益。

借：预收账款　　　　　　　　　　　　　　　　　　　　　　　400 000

　　贷：其他业务收入　　　　　　　　　　　　　　　　　　　　400 000

借：投资性房地产——公允价值变动　　　　　　　　　　　　　100 000

　　贷：公允价值变动损益　　　　　　　　　　　　　　　　　　100 000

（4）企业对投资性房地产的计量模式一经确定，不得随意变更。成本模式转为公允价值模式的，应当作为会计政策变更处理。

（5）已采用公允价值模式计量的投资性房地产，不得从公允价值模式转为成本模式。

三、转换

▶ 1. 转换条件

企业有确凿证据表明房地产用途发生改变,满足下列条件之一的,应当将投资性房地产转换为其他资产或者将其他资产转换为投资性房地产。

(1) 投资性房地产开始自用。

(2) 作为存货的房地产,改为出租。

(3) 自用土地使用权停止自用,用于赚取租金或资本增值。

(4) 自用建筑物停止自用,改为出租。

▶ 2. 转换时的计量

(1) 在成本模式下,应当将房地产转换前的账面价值作为转换后的入账价值。

(2) 采用公允价值模式计量的投资性房地产转换为自用房地产时,应当以其转换当日的公允价值作为自用房地产的账面价值,公允价值与原账面价值的差额计入当期损益(公允价值变动损益)。

转换日,按该项投资性房地产的公允价值,借记"固定资产"或"无形资产"科目,按该项投资性房地产的成本,贷记"投资性房地产——成本";按该项房地产的累计公允价值变动,借记或贷记"投资性房地产—— 公允价值变动"科目;按其差额,贷记或借记"公允价值变动损益"科目。

[例 6-8] 9 月 20 日,星海建筑公司因租赁期满,将出租的写字楼收回,准备作为办公楼用于企业的行政管理。次年 3 月 1 日,该写字楼正式开始自用,相应由投资性房地产转换为自用房地产,当日的公允价值为 48 000 000 元。该项房地产在转换前采用公允价值模式计量,原账面价值为 47 500 000 元,其中,成本为 45 000 000 元,公允价值变动为增值 2 500 000 元。

借:固定资产——写字楼   48 000 000

  贷:投资性房地产——写字楼(成本)   45 000 000

        ——写字楼(公允价值变动)   2 500 000

   公允价值变动损益   500 000

(3) 自用房地产或存货转换为采用公允价值模式计量的投资性房地产时,投资性房地产按照转换当日的公允价值计价,转换当日的公允价值小于原账面价值的,其差额计入当期损益(公允价值变动损益);转换当日的公允价值大于原账面价值的,其差额计入所有者权益(资本公积)。

① 作为存货的房地产转换为投资性房地产。

企业将存货的房地产转换为采用公允价值模式计量的投资性房地产时,应按该投资性房地产的公允价值,借记"投资性房地产(成本)"科目;原已计提跌价准备的,借记"存货跌价准备"科目;按其账面余额,贷记"开发产品"等科目。同时,转换日的公允价值小于账面价值的,按其差额,借记"公允价值变动损益"科目;转换日的公允价值大于账面价值的,按其差额,贷记"资本公积——其他资本公积"科目。待该项投资性房地产处置时,因转换计入资本公积的部分应转入当期的其他业务收入,借记"资本公积——其他资本公积",贷记"其他业务收入"。

[例 6-9] 2017 年 9 月 10 日，星海建筑公司与广筑公司签订了租赁协议，将其开发的一幢写字楼出租给广筑公司。租赁开始日为 2017 年 10 月 15 日，当日该写字楼的账面余额为 45 000 万元，公允价值为 47 000 万元。2017 年 12 月 31 日，该项投资性房地产的公允价值为 48 000 元。

2017 年 10 月 15 日：

借：投资性房地产——成本	470 000 000
贷：开发产品	450 000 000
资本公积——其他资本公积	20 000 000

2017 年 12 月 31 日：

借：投资性房地产——公允价值变动	10 000 000
贷：公允价值变动损益	10 000 000

② 自用房地产转换为投资性房地产。

企业将自用的房地产转换为采用公允价值模式计量的投资性房地产时，应当按该项土地使用权或建筑物在转换日的公允价值，借记"投资性房地产（成本）"科目；原已计提累计折旧或累计摊销的，借记"累计折旧"或"累计摊销"科目；按原已计提减值准备的，借记"无形资产减值准备"或"固定资产减值准备"科目，按其账面余额，贷记"固定资产"或"无形资产"科目。同时，转换日的公允价值小于账面价值的，按其差额，借记"公允价值变动损益"科目；转换日的公允价值大于账面价值的，按其差额，贷记"资本公积——其他资本公积"科目。待该项资性房地产处置时，因转换计入资本公积的部分应转入当期的其他业务收入，借记"资本公积——其他资本公积"，贷记"其他业务收入"科目。

[例 6-10] 2017 年 3 月，星海建筑公司打算搬迁至新建办公楼，由于原办公楼处于商业繁华地段，星海建筑公司准备将其出租，以赚取租金收入。2017 年 4 月，星海建筑公司完成了搬迁工作，原办公楼停止使用。2017 年 6 月，星海建筑公司与广筑公司签订了租赁协议，将其原办公楼租赁给广筑公司使用，租赁期开始日为 2017 年 7 月 1 日，租赁期限为 3 年。假设星海建筑公司对出租的办公楼采用公允价值模式计量，该办公楼 2017 年 7 月 1 日的公允价值为 350 000 000 元，其原价为 500 000 000 元，已计提折 142 500 000 元。

借：投资性房地产——办公楼（成本）	350 000 000
公允价值变动损益	7 500 000
累计折旧	142 500 000
贷：固定资产	500 000 000

四、处置

当投资性房地产被处置，或者永久退出使用且预计不能从其处置中取得经济利益时，应当终止确认该项投资性房地产。

企业出售、转让、报废投资性房地产或者发生投资性房地产毁损，应当将处置收入扣除其账面价值和相关税费后的金额计入当期损益。

▶ **1. 成本模式下**

企业出售、转让、报废投资性房地产或者发生投资性房地产毁损时，应当将处置收入扣除其账面价值和相关税费后的金额计入当期损益（将实际收到的处置收入计入其他业务收入，所处置投资性房地产的账面价值计入其他业务成本）。

▶ 2. 公允价值模式下

1）按实际收到的款项

借：银行存款

    贷：其他业务收入

2）按当时投资性房地产的账面余额

借：其他业务成本

    贷：投资性房地产——成本

             ——公允价值变动（也可能在借方）

3）将累计公允价值变动转入其他业务收入

借：公允价值变动损益

    贷：其他业务收入

或反之。

4）将转换时原计入资本公积的部分转入其他业务收入

借：资本公积——其他资本公积

    贷：其他业务收入

[例 6-11] 星海建筑公司为一家房地产开发企业，2017 年 3 月 10 日，星海建筑公司与广筑公司签订了租赁协议，将其开发的一幢写字楼出租给广筑公司使用，租赁期开始日为 2017 年 3 月 15 日。2017 年 4 月 15 日，该写字楼的账面余额为 450 万元，公允价值为 470 万元。2017 年 6 月 30 日，该项投资性房地产的公允价值为 480 万元。2018 年 6 月租赁期满，企业收回该项投资性房地产，并以 550 万元出售，出售款项已存入银行。

① 2017 年 4 月 15 日，转换为投资性房地产。

借：投资性房地产——成本   4 700 000

    贷：开发产品   4 500 000

        资本公积——其他资本公积   200 000

② 2017 年 6 月 30 日，确认公允价值变动。

借：投资性房地产——公允价值变动   100 000

    贷：公允价值变动损益   100 000

③ 2018 年 6 月，收回并出售该项投资性房地产。

借：银行存款   5 500 000

    贷：其他业务收入   5 500 000

借：其他业务成本   4 800 000

    贷：投资性房地产——成本   4 700 000

             ——公允价值变动   100 000

同时，将投资性房地产累计公允价值变动损益以及原计入资本公积的部分转入其他业务收入。

借：公允价值变动损益   100 000

    资本公积——其他资本公积   200 000

    贷：其他业务收入   300 000

任务三 非货币性资产交换

一、确认

▶ 1. 货币性资产

所谓货币性资产，是指货币资金及将来对应一笔固定的或可确定的货币资金量的资产，包括货币资金、应收账款、应收票据、其他应收款以及准备持有至到期的债券投资等。

▶ 2. 非货币性资产

所谓非货币性资产，是指在将来不对应一笔固定的货币资金量的资产，如固定资产、存货、无形资产，以及不准备持有至到期的债券投资、股权投资等。

▶ 3. 非货币性资产交换

所谓非货币性资产交换，是指交易双方以非货币性资产进行的交换。这种交换不涉及或只涉及少量的货币资产，也可以将其称为以物易物。

▶ 4. 有补价的非货币性资产交换的界定

当补价占整个交易额的比重小于25%时，该交易仍被定性为非货币性交易。否则，应被定性为货币性资产交换。具体计算公式如下。

补价额÷收到补价方的换出资产的公允价(或支付补价方的换出资产的公允价＋支付的补价)≤25%时，属于非货币性交易。

补价额÷收到补价方的换出资产的公允价(或支付补价方的换出资产的公允价＋支付的补价)＞25%时，属于货币性交易；

[例6-12]下列交易中，属于非货币性资产交换的有(　　　)。

A. 以100万元应收债权换取生产用设备

B. 以持有的一项土地使用权换取一栋生产用厂房

C. 以持有至到期的公司债券换取一项长期股权投资

D. 以一批存货换取一台公允价值为100万元的设备并支付50万元补价

E. 以公允价值为200万元的房产换取一台运输设备并收取24万元补价

[答案]B、E。

[解析]A、C属于货币性资产交换，因为应收债权和持有至到期投资属于货币性资产。选项D，50/100×100%＝50%，大于25%，所以属于货币性资产交换。

例如，甲公司决定用一辆混凝土搅拌运输车与乙公司的一台汽车式起重机交换。混凝土搅拌运输车的公允价值为135 000元；起重机的公允价值为140 000元。甲公司以银行存款向乙公司支付补价5 000元。

分析：在这项交易中，甲公司支付的货币性资产5 000元占换入起重机公允价值的3.57%，低于25%。所以可判断这项交易为非货币性交易，应根据非货币性交易的有关规定进行会计处理。

二、公允价值计量模式下的会计处理

▶ 1. 公允价值计量模式的适用条件

非货币性资产交换同时满足下列条件的，应当以公允价值和应支付的相关税费作为换入资产的成本，公允价值与换出资产账面价值的差额计入当期损益。

（1）该项交换具有商业实质。满足下列条件之一的非货币性资产交换具有商业实质。

① 换入资产的未来现金流量在风险、时间和金额方面与换出资产显著不同。这种情形主要包括以下几种情形：

a. 未来现金流量的风险、金额相同，时间不同。

b. 未来现金流量的时间、金额相同，风险不同。

c. 未来现金流量的风险、时间相同，金额不同。

② 换入资产与换出资产的预计未来现金流量现值不同，且其差额与换入资产和换出资产的公允价值相比是重大的。

在确定非货币性资产交换是否具有商业实质时，企业应当关注交易各方之间是否存在关联方关系。关联方关系的存在可能导致发生的非货币性资产交换不具有商业实质。

（2）换入资产或换出资产的公允价值能够可靠地计量。

符合下列情形之一的，表明换入资产或换出资产的公允价值能够可靠地计量。

① 换入资产或换出资产存在活跃市场。

② 换入资产或换出资产不存在活跃市场，但同类或类似资产存在活跃市场。

③ 换入资产或换出资产不存在同类或类似资产的可比市场交易，应当采用估值技术确定其公允价值。该公允价值估计数的变动区间很小，或者在公允价值估计数变动区间内，各种用于确定公允价值估计数的概率能够合理确定的，视为公允价值能够可靠计量。

▶ 2. 一般会计分录

1）如果换出的是无形资产

借：换入的非货币性资产［换出无形资产公允价值＋支付的补价（或－收到的补价）－（换入存货对应的进项税）］

　　银行存款（收到的补价）

　　累计摊销

　　无形资产减值准备

　　贷：无形资产（账面余额）

　　　　银行存款（支付的补价）

　　　　应交税费——应交增值税

　　　　营业外收入（换出无形资产的公允价值－换出无形资产的账面价值－相关税费）

2）如果换出的是固定资产

（1）借：固定资产清理（账面价值）

　　　　累计折旧

　　　　固定资产减值准备

　　　　　贷：固定资产

（2）借：固定资产清理

　　　　　贷：应交税费——应交增值税

（3）借：固定资产清理

　　　　　贷：银行存款

（4）借：换入的非货币性资产［换出固定资产公允价值＋支付的补价（或－收到的补价）（－换入存货对应的进项税）］

　　　　应交税费—应交增值税（进项税额）（增值税一般纳税人）

　　　　银行存款（收到的补价）

　　　　　贷：固定资产清理（换出固定资产的公允价值）

　　　　　　　银行存款（支付的补价）

（5）借：固定资产清理

　　　　　贷：营业外收入（换出固定资产的公允价值－换出固定资产的账面价值－相关税费）

3）如果换出的是存货

（1）借：换入的非货币性资产［＝换出存货的公允价值＋增值税＋支付的补价（或－收到的补价）－换入存货对应的进项税］

　　　　银行存款（收到的补价）

　　　　　贷：主营业务收入（或其他业务收入）

　　　　　　　应交税费——应交增值税（销项税额）（增值税一般纳税人）

　　　　　　　银行存款（支付的补价）

（2）借：主营业务成本（或其他业务成本）

　　　　存货跌价准备

　　　　　贷：库存商品（原材料等）

　　[**例 6-13**] 星海建筑公司以一批积压的钢材袋换入广筑公司的一合设备。换出钢材的账面余额为 120 万元，已提存货跌价准备 20 万元，公允价值为 110 万元，换入设备的账面价值为 140 万元，已提存货跌价准备 30 万元，公允价值为 110 万元。星海建筑公司另支付运费 1 万元。假设该交换具有商业实质，公允价值能可靠计量。

　　　借：固定资产　　　　　　　　　　　　　　　　　　　　　　　1 143 000

　　　　　贷：其他业务收入　　　　　　　　　　　　　　　　　　　1 100 000

　　　　　　　应交税费——应交增值税（销项税额）　　　　　　　　　　33 000

　　　　　　　银行存款　　　　　　　　　　　　　　　　　　　　　　10 000

　　　借：其他业务成本　　　　　　　　　　　　　　　　　　　　1 000 000

　　　　存货跌价准备　　　　　　　　　　　　　　　　　　　　　　200 000

　　　　　贷：原材料　　　　　　　　　　　　　　　　　　　　　1 200 000

三、账面价值计量模式下的会计处理

▶ **1. 适用条件**

未同时满足公允价值计量模式的两个必备条件时，应当采用账面价值计量模式。

▶ **2. 会计处理原则**

（1）换入资产的入账成本＝换出资产账面价值＋相关税费（包括价内税和价外税）＋支付的补价（或－收到的补价）（－换入存货对应的进项税）。

（2）不确认交易损益。

（3）如果是多项资产的非货币性交易，则据上述原理推算出换入资产总的待分配价值后，按各项资产的账面价值占全部换入资产账面价值的比例来分配其入账成本。

▶ **3. 一般会计分录**

1）如果换出的是非固定资产

借：换入的非货币性资产［换出资产账面价值＋相关税费＋支付的补价（或收到的补价）（－换入存货对应的进项税）］

　　银行存款（收到的补价）

　　贷：换出的非货币性资产（账面余额）

　　　　银行存款（支付的补价）

　　　　应交税费——应交增值税（销项税额）（增值税一般纳税人）

　　　　　　　　——应交消费税（增值税一般纳税人）

2）如果换出的是固定资产

（1）借：固定资产清理（账面价值）

　　　　累计折旧

　　　　固定资产减值准备

　　　　贷：固定资产

（2）借：固定资产清理

　　　　贷：应交税费——应交增值税

（3）借：固定资产清理

　　　　贷：银行存款（清理费）

（4）借：换入的非货币性资产（倒挤）

　　　　应交税费——应交增值税（进项税额）——（增值税一般纳税人）

　　　　银行存款（收到的补价）

　　　　贷：固定资产清理（固定资产清理成本）

　　　　　　银行存款（支付的补价）

［例 6-14］ 星海建筑公司以使用的挖掘机交换兰翔建筑公司的起重机。挖掘机的账面原值为 120 000 元，在交换日的累计折旧为 60 000 元；起重机的账面原值为 200 000 元，在交换日的累计折旧为 140 000 元。假设两家公司都得相应资产作为固定资产进行管理，都没有为固定资产计提资产减值准备；整个交易过程中星海建筑公司接受起重机发生运杂费用 2 100 元，兰翔建筑公司接受挖掘机发生运杂费 3 200 元，都以银行存款支付，除此之外假定没有发生其他相关税费。如果公允价值无法计量，双方均根据换出资产账面价值确定换入资产的入账价值。

星海建筑公司的账务处理如下。

（1）结转换出固定资产账面记录。

借：固定资产清理　　　　　　　　　　　　　　　　　　　　　　60 000

累计折旧   60 000

贷：固定资产——挖掘机   120 000

（2）支付发生的运杂费。

借：固定资产清理   2 100

贷：银行存款   2 100

（3）确认换入起重机的入账价值。

借：固定资产——起重机   62 100

贷：固定资产清理   62 100

兰翔建筑公司的账务处理如下。

（1）结转换出固定资产账面记录。

借：固定资产清理   60 000

累计折旧   1 400 000

贷：固定资产——起重机   200 000

（2）支付发生的运杂费。

借：固定资产清理   3 200

贷：银行存款   3 200

（3）确认换入挖掘机的入账价值。

借：固定资产——挖掘机   63 200

贷：固定资产清理   63 200

任务四 借款费用

一、借款费用的内容

借款费用是指企业因借入资金所付出的代价，包括借款利息、折价或者溢价的摊销、辅助费用以及因外币借款而发生的汇兑差额等。具体来说，包括以下各项内容。

（1）因借款而发生的利息。

（2）因借款而发生的折价或溢价的摊销。

主要是指发行债券等所发生的折价或者溢价，发行债券中的折价或者溢价，其实质是对债券票面利息的调整（即将债券票面利率调整为实际利率），属于借款费用的范畴。

（3）因借款而发生的辅助费用。

因借款而发生的辅助费用，是指企业在借款过程中发生的诸如手续费、佣金、印刷费等交易费用。

（4）因外币借款而发生的汇兑差额。

外币借款相关汇率变化所导致的汇兑差额属于借款费用的组成部分。

二、借款费用资本化的确认

▶ 1. 借款费用资本化的范围

（1）借款费用应予资本化的资产范围。

符合资本化条件的资产，指需要经过相当长时间的购建或者生产活动才能达到预定可使用或者可销售状态的固定资产、投资性房地产和存货等资产。

无形资产的研发、建造合同等，也可以是符合资本化条件的资产。

（2）借款费用应予资本化的借款范围。资本化的借款范围包括专门借款和一般借款。

其中专门借款，是指为购建或者生产符合资本化条件的资产而专门借入的款项，通常签订有标明该用途的借款合同；一般借款，是指专门借款之外的借款，相对于专门借款而言，其用途通常没有特指用于符合资本化条件的资产的购建或者生产。

▶ 2. 开始资本化的条件

借款费用必须同时满足以下三个条件时，才能允许开始资本化，计入相关资产的成本。

1）资产支出已经发生

资产支出包括为购建或生产符合资本化条件的资产而以支付现金、转移非现金资产和承担带息债务形式所发生的支出

（1）支付现金是指用货币资金支付符合资本化条件的资产的购建或者生产支出。

（2）转移非现金资产是指企业将自己的非现金资产用于符合资本化条件的资产的购建或生产，如将自产产品用于固定资产建造，将自己生产的产品向其他企业换取用于固定资产建造所需的工程物资等。

（3）承担带息债务是指企业为了购建或者生产符合资本化条件的资产所需用物资等而承担带息应付款项（如带息应付票据）。即企业以带息票据购入工程物资，在赊购日即认为资产支出已经发生，如为不带息票据，则应在实际支付票款时作为资产支出的发生日。

如果企业委托其他单位建造固定资产，则企业向受托单位支付第一笔预付款或第一笔进度款时，即认为资产支出已经发生。

2）借款费用已经发生

借款费用已经发生指企业已经发生了因购建或生产符合资本化条件的资产而专门借入款项的借款费用或者所占用的一般借款的利息、折价溢价的摊销、辅助费用以及因外币借款而发生的汇兑差额等借款费用。

例如，某企业为了建造一座工期为 2 年的办公楼，于 2017 年 1 月 1 日从银行取得专门借款 700 万元，并于当日开始计息。在 2017 年 1 月 1 日该公司就应当认定借款费用已经发生。

3）为使资产达到预定可使用或者可销售状态所必要的购建或者生产活动已经开始

指符合资本化条件的资产的实体建造或生产工作已经开始，如主体设备的安装、厂房的实际开工建造等；不包括仅仅持有资产、但没有发生为改变资产形态而进行实质上的建造或者生产活动的情况，如只购置了建筑用地但未发生有关房屋建造活动等。

例如，某企业为了建设写字楼购置了建筑用地，但是尚未开工兴建房屋，有关房屋实体建造活动也没有开始，在这种情况下即使企业为了购置建筑用地已经发生了支出，也不

应当将其认为资产达到预定可使用状态所必要的构建活动已经开始。

▶ **3. 借款费用暂停资本化的时间**

符合资本化条件的资产在构建或生产过程中非正常中断，且中断时间连续超过 3 个月的，应对暂停借款费用资本化。中断的原因必须是非正常中断，属于正常中断的，相关借款费用仍可资本化。

例如，某企业于 2017 年 1 月 1 日利用专门借款开工兴建一幢办公楼，支出已经发生，因此借款费用从当日开始资本化。工程预计于 2018 年 5 月完工。2017 年 5 月 15 日，由于发生了安全事故，导致工程中断，直到 9 月 10 日才复工。该中断就属于非正常中断，因此，上述专门借款在 5 月 15 日至 9 月 10 日间所发生的借款费用不应资本化，而应作为财务费用计入当期损益。

非正常中断，通常是指由于企业管理决策上的原因或其他不可预见的原因导致的中断。比如，企业因与施工方发生了质量纠纷，后者工程、生产用料没有及时供应，或者资金运转发生了困难，或者施工、生产发生了安全事故，或者发生了与资产构建、生产有关的劳动纠纷等原因，导致资产构建或者生产活动发生中断，均属于非正常中断。

非正常中断与正常中断显著不同。正常中断通常仅限于构建或者生产符合资本化条件的资产达到预定可使用或者可销售状态必要的程序，或者实现可预见的不可抗力因素导致的中断。

三、一般会计处理

企业发生的借款费用（包括利息、折溢价摊销、辅助费用、汇兑差额等），应按照规定，分别计入有关科目。

（1）属于筹建期间不应计入相关资产价值的借款费用，计入管理费用。

（2）属于经营期间不应计入相关资产价值的借款费用，计入财务费用。

（3）属于发生的与购建或者生产符合资本化条件的资产有关的借款费用，按规定在购建或者生产的资产达到预定可使用或者可销售状态前应予以资本化的，计入相关资产的成本，视资产的不同，分别计入"在建工程""研发支出"等科目。

对于建造合同成本，符合条件的情况下，也可以认定为符合资本化条件的资产。因此利息费用也可能计入"工程施工——合同成本"科目中。

（4）购建或者生产符合资本化条件的资产达到预定可使用或者可销售状态后所发生的借款费用以及规定不能予以资本化的借款费用，计入财务费用。

暂停资本化期间发生的借款利息，计入财务费用。

[例 6-15] 某建筑公司为了修建新厂房，经批准于 2017 年 8 月 1 日发行 2 年期债券 2 000 000 元，年利率为 12%，支付发行手续费 1 000 元，溢价发行实际收到债券发行款 2 160 000 元。

借：银行存款   2 160 000

  贷：应付债券——面值   200 000

      ——溢价   160 000

由于"辅助费用——债券发行手续费"数额较小，因而应当于发生时确认为费用，作如下会计处理。

借：财务费用 　　　　　　　　　　　　　　　　　　　　 1 000
　　贷：银行存款 　　　　　　　　　　　　　　　　　　 1 000

任务五 债务重组

一、概述

债务重组，是指在债务人发生财务困难的情况下，债权人按照其与债务人达成的协议或者法院的裁定做出让步的事项。

债务重组的方式主要包括以下四种。

（1）以资产清偿债务。

（2）将债务转为资本。

（3）修改其他债务条件，如减少债务本金、减少债务利息等，不包括上述（1）和（2）两种方式。

（4）以上三种方式的组合等。

二、债务重组的会计处理

（一）以现金清偿债务

以现金清偿债务的，债务人应将重组债务的账面价值与实际支付的现金之间的差额，确认为债务重组利得，计入营业外收入；债权人应将重组债权的账面余额与收到的现金之间的差额，确认为债务重组损失计入营业外支出。

债权人已对债权计提减值准备的，应当先将该差额冲减减值准备，减值准备不足以冲减的部分，计入营业外支出；多计提的减值准备，冲减"资产减值损失"。

▶ 1. 债务人的处理

借：应付账款（账面余额）

　　贷：银行存款（实际支付款项）

　　　　营业外收入——债务重组利得

▶ 2. 债权人的账务处理

1）实际收到的现金金额小于重组债权账面价值

借：银行存款

　　坏账准备

　　营业外支出——债务重组损失

　　贷：应收账款

2）实际收到的现金金额大于重组债权的账面价值

借：银行存款

　　坏账准备

　　贷：应收账款

资产减值损失

[例 6-16] 2 月 10 日，天虹物资公司销售一批材料给星海建筑公司，总价款为 117 000 元。当年 3 月 20 日，星海建筑公司财务发生困难，无法按合同规定偿还债务，经双方协议，天虹物资公司同意减免星海建筑公司 20 000 元的债务，余额用现金立即清偿。天虹物资公司对债权计提坏账准备为 10 000 元。

(1) 天虹物资公司的账务处理。

借：库存现金　　　　　　　　　　　　　　　　　　　　　　　　　97 000

　　营业外支出——债务重组损失　　　　　　　　　　　　　　　　10 000

　　坏账准备　　　　　　　　　　　　　　　　　　　　　　　　　10 000

　　　贷：应收账款　　　　　　　　　　　　　　　　　　　　　　　　　117 000

(2) 星海建筑公司的账务处理。

借：应付账款　　　　　　　　　　　　　　　　　　　　　　　　117 000

　　　贷：库存现金　　　　　　　　　　　　　　　　　　　　　　　　　97 000

　　　　营业外收入——债务重组利得　　　　　　　　　　　　　　　　20 000

▶ 3. 总结

债务重组中，以货币资金偿债的处理为核心进行掌握，其他偿债方式，均可以转化为以现金偿债方式。

(1) 以非现金资产偿债，债务人按公允价值变卖资产，以获得的现金清偿债务。

(2) 债转股，债务人发行股票（公允价值），以发行股票获得的现金清偿债务。

(3) 修改债务条件，也就是"拆东墙补西墙""借新债还旧债"。债务人以"公允价值"借入现金，用现金清偿债务。

(二) 以非现金资产清偿债务

以非现金资产清偿债务的，债务人应将重组债务的账面价值与转让的非现金资产公允价值之间的差额，确认为债务重组利得计入营业外收入。转让的非现金资产公允价值与其账面价值的差额，应当分别下列情况进行处理。

(1) 转让的非现金资产为存货的，应当作为销售处理，按照其公允价值确认收入，同时结转相应的成本。

(2) 转让的非现金资产为固定资产、无形资产等的，其公允价值与账面价值和应支付的相关税费之间的差额，计入营业外收入或营业外支出。

(3) 转让的非现金资产为长期股权投资或交易性金融资产的，其公允价值与账面价值和应支付的相关税费之间的差额，计入投资收益。

以非现金资产清偿债务的，债权人应当对受让的非现金资产按其公允价值入账，重组债权的账面余额与受让的非现金资产的公允价值和应支付的相关税费之间的差额，比照上述第(一)种重组方式处理。

▶ 1. 债务人的会计处理

债务人应按应付债务的账面余额，借记"应付账款"等科目，按用于清偿债务的非现金资产的公允价值，贷记"交易性金融资产""其他业务收入""主营业务收入""固定资产清理""无形资产""长期股权投资"等科目，按应交的增值税额（增值税一般纳税人），贷记"应交税费——应交增值税（销项税额）"科目，按其差额，贷记"营业外收入——债务重组利得"

科目。

债务人结转用于清偿债务的非现金资产的账面价值、支付应付的相关税费的账务处理参见有关章节。

▶ 2. 债权人的会计处理

债权人应按接受的非现金资产的公允价值，借记"原材料""库存商品""固定资产""无形资产""交易性金融资产""长期股权投资"等科目，按可抵扣的增值税额，借记"应交税费——应交增值税（进项税额）"科目（增值税一般纳税人），按重组债权日，计提的坏账准备，借记"坏账准备"科目，按重组债权的账面余额，贷记"应收账款"等科目，按应支付的相关税费，贷记"银行存款""应交税费"等科目。按其差额，借记"营业外支出"科目或贷记"资产减值损失"科目。

[例 6-17] 2017 年 1 月 1 日，天虹物资公司销售一批材料给星海建筑公司，价款总计 105 000 元。7 月 1 日，星海建筑公司发生财务困难，无法按照合同规定债务，经双方协议，天虹物资公司同意星海建筑公司用另一种材料抵偿该应收账款。该材料市价 80 000 元，材料成本为 70 000 元。星海建筑公司为转让的材料计提了存货跌价准备 500 元，天虹物资公司为债权计提了坏账准备 500 元。两家公司均为小规模纳税人，假定不考虑其他税费。

（1）天虹物资公司的账务处理。

借：坏账准备	500
原材料	82 400
营业外支出——债务重组损失	22 100
贷：应收账款	105 000

（2）星海建筑公司的账务处理。

债务重组时：

借：应付账款	105 000
贷：其他业务收入	80 000
应交税费——应交增值税	2 400
营业外收入——债务重组利得	22 600

结转材料成本时：

借：其他业务成本	69 500
存货跌价准备	500
贷：原材料	70 000

（三）债务转为资本

以债务转为资本清偿债务的，债务人应将重组债务的账面价值与债权人放弃债权而享有股份的公允价值总额之间的差额，确认为债务重组利得计入营业外收入，将股份的面值总额确认为股本（或者实收资本），股份的公允价值总额与股本（或者实收资本）之间的差额确认为资本公积。债权人应当将享有股份的公允价值确认为对债务人的投资，重组债权的账面余额与股份的公允价值和应支付的相关税费之间的差额，比照上述第（一）种重组方式处理。

▶ 1. 债务人的会计处理

借：应付账款

贷：实收资本(股本)

　　资本公积——资本溢价

　　营业外收入——债务重组收益(按抵债额减去股票公允价值)

▶ **2. 债权人的会计处理**

借：长期股权投资或交易性金融资产(按其公允价值入账)

　　坏账准备

　　营业外支出——债务重组损失(当重组损失额大于已提减值准备时)

贷：应收账款(账面余额)

　　资产减值损失(当重组损失额小于已提减值准备时)

[**例 6-18**] 天虹物资公司于 2017 年 4 月 1 日销售给星海建筑公司一批产品，价值 600 000元，货款尚未收到。2017 年 7 月 1 日，由于星海建筑公司发生财务困难，短期内不能支付货款。经与天虹物资公司协商，星海建筑公司以其普通股偿还债务。假定普通股的面值为 1 元，星海建筑公司以200 000股抵偿该项债务，股票每股市价为 2.5 元。天虹物资公司对该项应收账款计提了坏账准备20 000元。股票登记手续已于 8 月 9 日办理完毕。天虹物资公司将其作为长期股权投资核算。

(1) 天虹物资公司的账务处理。

借：长期股权投资　　　　　　　　　　　　　　　　　　　500 000

　　营业外支出——债务重组损失　　　　　　　　　　　　 80 000

　　坏账准备　　　　　　　　　　　　　　　　　　　　　 20 000

　　贷：应收账款　　　　　　　　　　　　　　　　　　　600 000

(2) 星海建筑公司的账务处理。

借：应付账款　　　　　　　　　　　　　　　　　　　　　600 000

　　贷：股本　　　　　　　　　　　　　　　　　　　　　200 000

　　　　资本公积——股本溢价　　　　　　　　　　　　　300 000

　　　　营业外收入——债务重组利得　　　　　　　　　　100 000

(四) 修改其他债务条件

"修改其他债务条件"，通常指延长债务偿还期限、延长债务偿还期限并减少债务本金或债务利息等。

(1) 以修改其他债务条件进行债务重组的，债务人应当将修改其他债务条件后债务的公允价值作为重组后债务的入账价值。重组债务的账面价值与重组后债务的入账价值之间的差额，确认为债务重组利得计入营业外收入。

修改后的债务条款如涉及或有应付金额，且该或有应付金额符合《企业会计准则——或有事项》中有关预计负债确认条件的，债务人应将该或有应付金额确认为"预计负债"，并根据或有事项准则的规定确定其金额。重组债务的账面价值与重组后债务的入账价值和预计负债金额之和的差额，确认为债务重组利得，计入营业外收入。

或有应付金额，是指需要根据未来某种事项出现而发生的应付金额，而且该未来事项的出现具有不确定性。

(2) 以修改其他债务条件进行债务重组的，债权人应当将修改其他债务条件后的债权的公允价值作为重组后债权的账面价值，重组债权的账面余额与重组后债权的账面价值之间的差额，比照上述第（一）种重组方式处理。

修改后的债务条款中涉及或有应收金额的，债权人不应当确认或有应收金额，不得将其计入重组后债权的账面价值。

（五）混合重组

债务重组以现金清偿债务、非现金资产清偿债务、债务转为资本、修改其他债务条件等方式的组合进行的，债务人应当依次以支付的现金、转让的非现金资产公允价值、债权人享有股份的公允价值冲减重组债务的账面价值，再按修改其他债务条件方式的规定处理；债权人应当依次以收到的现金、接受的非现金资产公允价值、债权人享有股份的公允价值冲减重组债权的账面余额，再按修改其他债务条件方式的规定处理。

混合重组中，如果涉及多项非现金资产。应在按规定计算确定的入账价值范围内，按照各项非现金资产公允价值占受让的非现金资产公允价值总额的比例，对受让资产的成本总额进行分配，确定各项受让非现金资产的成本。

[例6-19]华润公司持有鑫海公司的应收票据20 000元，票据到期时，累计利息为1 000元。由于鑫海公司资金周转发生困难，经与华润公司协商，同意鑫海公司支付5 000元现金，同时转让一项无形资产以清偿该项债务。该项无形资产的账面价值为14 000元，公允价值为15 000元。鑫海公司因转让无形资产应缴纳的增值税为900元。假定鑫海公司未对转让的无形资产计提减值准备，且不考虑其他税费。

（1）华润公司的账务处理。

借：银行存款	5 000
无形资产	15 000
应交税费——应交增值税	900
营业外支出——债务重组损失	100
贷：应收票据	21 000

（2）鑫海公司的账务处理。

借：应付票据	21 000
贷：银行存款	5 000
无形资产	14 000
应交税费——应交增值税	900
营业外收入——债务重组利得	1 000
——资产转让损益	100

任务六 金融资产

一、金融资产的定义和分类

金融资产是指一切代表未来收益或资产合法要求权的凭证，亦称金融工具或证券。是指单位或个人拥有的以价值形态存在的资产，是一种索取实物资产的权利。

企业金融资产主要包括库存现金、银行存款、应收账款、应收票据、其他应收款项、股权投资、债权投资等。

企业应当结合自身业务特点、投资策略和风险管理要求，将取得的金融资产在初始确认时划分为以下几类。

(1) 以公允价值计量且其变动计入当期损益的金融资产。

(2) 持有至到期投资。

(3) 贷款和应收款项。

(4) 可供出售的金融资产。可供出售的金融资产，一般是指非短期持有，持股比例较低，且在活跃市场上有报价、公允价值能够可靠计量金融资产。

二、以公允价值计量且变动计入当期损益的金融资产

(一) 分类

以公允价值计量且其变动计入当期损益的金融资产分为两类，一是交易性金融资产；二是直接指定为以公允价值计量且其变动计入当期损益的金融资产。

▶ 1. 交易性金融资产

满足以下条件之一的，应划分为交易性金融资产。

(1) 取得该金融资产的目的主要是为了近期内出售。

(2) 属于进行集中管理的可辨认金融工具组合的一种，且有客观证据表明企业近期采用短期获利方式对该组合进行管理。

(3) 属于衍生工具，比如国债期货、远期合同、股指期货等，其公允价值变动大于零时，应将其相关变动金额确认为交易性金融资产，同时计入当期损益。

▶ 2. 直接指定为以公允价值计量且其变动计入当期损益的金融资产

满足下列条件之一的，才可以定义为此类金融资产。

(1) 该指定可以消除或明显减少由于该金融资产或金融负债的计量基础不同所导致的相关利得或损失在确认或计量方面不一致的情况。

(2) 企业风险管理或投资策略的正式书面文件已载明，该金融资产组合、该金融负债组合、或该金融资产和金融负债组合，以公允价值为基础进行管理、评价并向关键管理人员报告。

(二) 一般会计处理

▶ 1. 交易性金融资产的初始计量

以公允价值作为其入账成本，交易费用计入当期损益。交易费用是指可直接归属于购买、发行或处置金融工具新增的外部费用。

一般分录如下：

借：交易性金融资产——成本(按公允价值入账)

投资收益(交易费用)

应收股利(应收利息)

贷：其他货币资金(银行存款)

[例 6-20] 2017 年 3 月 20 日，星海建筑公司委托某证券公司从上海证券交易所购买某上市公司股票 100 万股，并持其划分为交易性金融资产。该笔股票在购买时支付股票买价

1 000万元，支付相关交易费用2.5万元。

 (1) 3月20日购入A公司股票。

  借：交易性金融资产——成本   10 000 000

   贷：其他货币资金   10 000 000

 (2) 支付相关交易费用。

  借：投资收益   25 000

   贷：其他货币资金   25 000

▶ **2. 交易性金融资产的后续计量**

交易性金融资产采用公允价值进行后续计量，公允价值的变动计入当期损益。

 (1) 当公允价值大于账面价值时：

  借：交易性金融资产——公允价值变动

   贷：公允价值变动损益

 (2) 当公允价值小于账面价值时：

  借：公允价值变动损益

   贷：交易性金融资产——公允价值变动

[例6-21] 星海建筑公司2017年1月1日购入甲公司100万股成本为1 000万元的股票，到6月30日(中期报告日)，其公允价值为每股13元，该批股票的公允价值(市价)为每股12元。星海建筑公司在期末应确认公允价值变动带来的损益。

 ① 6月30日，确认该笔股票公允价值的变动损益。

  借：交易性金融资产——公允价值变动   3 000 000

   贷：公允价值变动损益   3 000 000

 ② 12月31日，确认该批股票公允价值的变动损益。

  借：公允价值变动损益   1 000 000

   贷：交易性金融资产——公允价值变动   1 000 000

▶ **3. 宣告分红或利息到期时**

 借：应收股利(或应收利息)

  贷：投资收益

[例6-22] 2017年1月8日，星海建筑公司用银行存款购入甲公司发行的面值为250万元、票面利率为4%、按年分期计息的公司债券。星海建筑公司将其划分为交易性金融资产，支付价款260万元(其中包括已到付息期的债券利息5万元)，另支付交易费用3万元。

  借：交易性金融资产——成本   2 550 000

    应收利息   50 000

    投资收益   30 000

   贷：银行存款   2 630 000

▶ **4. 收到股利或利息时**

 借：银行存款

  贷：应收股利(应收利息)

[例6-23] 接例6-22，2月5日，星海建筑公司收到该批债券利息5万元，年末确认本

年的利息。

  借：银行存款   50 000

    贷：应收利息   50 000

▶ 5. 处置时

  借：其他货币资金（银行存款）（净售价）

    公允价值变动损益（持有期间公允价值的净增值额）

    贷：交易性金融资产（账面余额）

      投资收益（倒挤认定，损失记借方，收益记贷方。）

      公允价值变动损益（持有期间公允价值的净贬值额）

[例6-24] 2017 年 10 月 28 日，星海建筑公司出售了所持有的甲公司债券，售价为 2 580 000 元。"交易性金融资产——成本"明细账户借方余额 2 500 000 元，"交易性金融资产——公允价值变动"明细科目借方余额 50 000 元。

  借：银行存款   2 580 000

    贷：交易性金融资产——成本   2 500 000

        ——公允价值变动   50 000

      投资收益   30 000

同时，按"交易性金融资产——公允价值变动"明细科目的余额，调整公允价值变动损益。

  借：公允价值变动损益   50 000

    贷：投资收益   50 000

三、可供出售金融资产

  可供出售金融资产是指初始确认时即被指定为可供出售的非衍生金融资产，以及除下列各类资产以外的金融资产：贷款和应收款项；持有至到期投资；以公允价值计量且其变动计入当期损益的金融资产。

  相对于交易性金融资产而言，可供出售金融资产的持有意图不明确。

  可供出售金融资产的会计处理，与以公允价值且其变动计入当期损益的金融资产的会计处理有些类似，但也有不同。

  (1) 可供出售金融资产的交易费用应当计入初始入账金额。

  (2) 可供出售金融资产后续计量时公允价值变动计入所有者权益。

  (3) 可供出售外币股权投资因资产负债表日汇率变动形成的汇兑损益计入所有者权益。

▶ 1. 企业取得可供出售的金融资产

1) 股票投资

  借：可供出售金融资产——成本（公允价值与交易费用之和，倒挤差额）

    应收股利（已宣告但尚未发放的现金股利）

    贷：银行存款等

[例6-25] 星海建筑公司于 2017 年 7 月 13 日从二级市场购入股票 1 000 000 股，每股市价 15 元，手续费 30 000 元；初始确认时，该股票划分为可供出售金融资产。

借：可供出售金融资产——成本   15 030 000
　　贷：银行存款   15 030 000

2）债券投资

借：可供出售金融资产——成本（面值）
　　应收利息（已到付息期但尚未领取的利息）
　　可供出售金融资产——利息调整（倒挤差额，也可能在贷方）
　　贷：银行存款等

[例6-26] 星海建筑公司于2017年1月1日从债券二级市场购入甲公司公开发行的债券10 000张，每张面值100元，票面利率为3%，初始确认时，划分为可供出售金融资产。假定星海建筑公司初始确认该债券时计算确定的债券实际利率为3%，且不考虑其他因素。

借：可供出售金融资产——成本   1 000 000
　　贷：银行存款   1 000 000

▶ **2. 资产负债表日计算利息（专指债券类投资的）**

1）分期付息一次还本

借：应收利息（债券面值×票面利率）
　　贷：投资收益（摊余成本×实际利率）
　　　　可供出售金融资产－利息调整（倒挤差额，也可能在借方）

[例6-27] 接例6-26，假定星海建筑公司购入的债券为到期付息一次还本。

2017年12月31日，该债券的市场价格为每张100元，星海建筑公司确认该债券利息。

借：应收利息   30 000
　　贷：投资收益   30 000

借：银行存款   30 000
　　贷：应收利息   30 000

2017年债券的公允价值变动为零，故可不做账务处理。

2）到期时一次还本付息债券

借：可供出售金融资产－应计利息（债券面值×票面利率）
　　贷：投资收益（摊余成本×实际利率）

可供出售金融资产－利息调整（倒挤差额，也可能在借方）

▶ **3. 资产负债表日公允价值变动**

1）公允价值上升

借：可供出售金融资产——公允价值变动
　　贷：资本公积——其他资本公积

2）公允价值下降

借：资本公积——其他资本公积
　　贷：可供出售金融资产——公允价值变动

▶ **4. 资产负债表日减值（公允价值发生了明显的变化）**

借：资产减值损失（减记的金额）

  贷：资本公积——其他资本公积(转出原计入资本公积的累计损失金额)

     可供出售金融资产——公允价值变动

  [例6-28] 接例6-27,2018年12月31日,星海建筑公司购买的甲公司债券的公允价值下降为每张80元。星海建筑公司预计如甲公司不采取措施,该债券的公允价值预计会持续下跌。

  确认利息收入:

  借：应收利息   30 000

    贷：投资收益   30 000

  借：银行存款   30 000

    贷：应收利息   30 000

  确认减值损失:

  借：资产减值损失   200 000

    贷：可供出售金融资产——公允价值变动   200 000

 ▶ **5. 减值损失转回**

  1) 债券类投资(债权工具)

  借：可供出售金融资产——公允价值变动

    贷：资产减值损失

  [例6-29] 接例6-28,2019年,甲公司调整产品结构并整合其他资源,致使上年发生的财务困难大为好转。2019年12月31日,该债券(即甲公司发行的上述债券)的公允价值已上升至每张95元。

  2019年应确认的利息收入=(期初摊余成本-发生的减值损失)×3%

              =(1 000 000-200 000)×3%=24 000(元)

  借：应收利息   30 000

    贷：投资收益   24 000

      可供出售金融资产——利息调整   6 000

  借：银行存款   30 000

    贷：应收利息   30 000

  减值损失回转前:

  该债券摊余成本=1 000 000-200 000-6 000=794 000(元)

  应回转的金额为=950 000-794 000=156 000(元)

  借：可供出售金融资产——公允价值变动   156 000

    贷：资产减值损失   156 000

  2) 股票投资类(权益工具)

  借：可供出售金融资产-公允价值变动

    贷：资本公积——其他资本公积

  在活跃市场没有报价且其公允价值不能可靠计量的权益工具投资发生的减值损失,不得转回。

  [例6-30] 星海建筑公司于2017年1月1日从股票二级市场以每股15元的价格购入甲公司发行的股票2 000 000股,占甲公司有表决权股价的5%,对甲公司无重大影响,划分

为可供出售金融资产。2017年12月31日，该股票的市场价格为每股13元。星海建筑公司预计该股票价格下跌是暂时的。2017年，甲公司因违法相关证券法规，收到证券监管部门查处。受此影响，甲公司的价格发生下跌。至2018年12月31日，该股票的市场价格下跌到每股6元。

（1）2017年12月31日，确认股票公允价值变动。

借：资产公积——其他资本公积 3 600 000
　　贷：可供出售金融资产——公允价值变动 3 600 000

（2）2018年12月31日，确认股票投资的减值损失。

借：资产减值损失 17 600 000
　　贷：资本公积——其他资本公积 3 600 000
　　　　可供出售金融资产——公允价值变动 14 000 000

▶ **6. 出售可供出售的金融资产**

借：银行存款等
　　贷：可供出售金融资产（成本、利息调整、公允价值变动、应计利息等）
　　　　资本公积——其他资本公积（转出的公允价值累计变动额，也可能在借方）
　　　　投资收益（差额，也可能在借方）

[**例6-31**] 星海建筑公司于2017年5月6日支付价款10 160 000（含交易费用10 000元和已宣告发放的现金股利150 000元），购入万通公司发行的股票2 000 000股，占万通公司有表决权股份的0.5%。星海建筑公司将其划分为可供出售金融资产。

2017年5月10日，星海建筑公司收到万通公司发放的现金股利150 000元。

2017年6月30日，该股票市价为每股5.2元。

2017年12月31日，星海建筑公目仍持有该股票，当日，该股票市价为每段5元。

2018年5月9日，万通公司宣告发放股利40 000 000元。

2018年5月13日，星海建筑公司收到万通公司发放的现金股利。

2018年5月20日，星海建筑公司以每股4.9元的价格将股票全部转让。

假定不考虑其他因素，星海建筑公司的账务处理如下。

（1）2017年5月10日。

借：应收股利 150 000
　　可供出售金融资产——成本 10 010 000
　　贷：银行存款 10 160 000

（2）2017年5月10日。

借：银行存款 150 000
　　贷：应收股利 150 000

（3）2017年6月30日。

借：可供出售金融资产——公允价值变动 390 000
　　贷：资本公积——其他资本公积 390 000

（4）2017年12月31日。

借：资本公积——其他资本公积 400 000
　　贷：可供出售金融资产——公允价值变动 400 000

（5）2018 年 5 月 9 日。

借：应收股利 200 000

　　贷：投资收益 200 000

（6）2018 年 5 月 13 日。

借：银行存款 200 000

　　贷：应收股利 200 000

（7）2018 年 5 月 20 日。

借：银行存款 9 800 000

　　投资收益 210 000

　　可供出售金融资产——公允价值变动 10 000

　　贷：可供出售金融资产——成本 10 010 000

　　　　资本公积——其他资本公积 10 000

四、持有至到期投资

持有至到期投资，指企业有明确意图并有能力持有至到期，到期日固定、回收金额固定或可确定的非衍生金融资产。企业从二级市场上购入的固定利率国债、浮动利率公司债券等，都属于持有至到期投资。

▶ 1. 会计科目设置

对于持有至到期投资，企业应设置"持有至到期投资"会计科目，用来核算企业持有至到期投资的价值。此科目属于资产类科目，应当按照持有至到期投资的类别和品种，分别"成本""利息调整""应计利息"等进行明细核算。其中，"利息调整"实际上反映企业债券投资溢价和折价的相应摊销。

▶ 2. 持有至到期投资的主要账务处理

持有至到期投资应采用实际利率法，按摊余成本计量。实际利率法指按实际利率计算摊余成本及各期利息费用的方法，摊余成本为持有至到期投资初始金额扣除已偿还的本金和加上或减去累计摊销额以及扣除减值损失后的金额。

（1）企业取得的持有至到期投资，应按该投资的面值，借记本科目（成本），按支付的价款中包含的已到付息期但尚未领取的利息，借记"应收利息"科目，贷记"银行存款"等科目，按其差额，借记或贷记本科目（利息调整）。

（2）资产负债表日，持有至到期投资为分期付息、一次还本债券投资的，应按票面利率计算确定的应收未收利息，借记"应收利息"科目，按持有至到期投资摊余成本和实际利率计算确定的利息收入，贷记"投资收益"科目，按其差额，借记或贷记本科目（利息调整）。

持有至到期投资为一次还本付息债券投资，应于资产负债表日按票面利率计算确定的应收未收利息，借记本科目（应计利息），持有至到期投资摊余成本和实际利率计算确定的利息收入，贷记"投资收益"科目，按其差额，借记或贷记本科目（利息调整）。

收到取得持有至到期投资支付的价款中包含的已到付息期的债券利息，借记"银行存款"科目，贷记"应收利息"科目。

收到分期付息、一次还本持有至到期投资持有期间支付的利息，借记"银行存款"，贷记"应收利息"科目。

（3）出售持有至到期投资时，应按实际收到的金额，借记"银行存款"等科目，已计提减值准备的，借记"持有至到期投资减值准备"科目，按其账面余额，贷记本科目（成本、利息调整、应计利息），按其差额，贷记或借记"投资收益"科目。

（4）本科目期末借方余额，反映企业持有至到期投资的摊余成本。

（5）持有至到期投资的减值准备

持有至到期投资以摊余成本进行后续计量的，其发生减值时，应当在将该持有至到期投资的账面价值与预计未来现金流量现值之间的差额，确认为减值损失，计入当期损益。

资产负债表日，持有至到期投资发生减值的，按应减记的金额，借记"资产减值损失"科目，贷记本科目。已计提减值准备的持有至到期投资价值以后又得以恢复，应在原已计提的减值准备金额内，按恢复增加的金额，借记本科目，贷记"资产减值损失"科目。本科目期末贷方余额，反映企业已计提但尚未转销的持有至到期投资减值准备。

[例6-32] 星海建筑公司于2017年1月3日购入某公司于2017年1月1日发行的3年期债券，作为持有至到期投资。该债券票面金额为100万元，票面利率为10%，星海建筑公司实际支付106万元。该债券每年付息一次，最后一年还本并支付最后一次利息。假设星海公司按年计算利息。

（1）2017年1月购入。

借：持有至到期投资——成本（面值）   1 000 000

            ——利息调整（溢价）   60 000

    贷：银行存款   1 060 000

（2）2017年12月31日。

该债券票面利率为10%，年应收利息＝100×10%＝10（万元）

用内插法计算该债券实际利率得：$r=7.6889\%$（计算过程略）

（3）计算利息收入（用实际利率），如表6-1所示。

表6-1 计 算 过 程   单位：万元

时　　间	应 收 利 息	利 息 收 入	溢价摊销（成本）	本金（摊余成本）
	①＝面值×票面利率	②＝上一期④×实际利率	③＝①－②	④＝上一期④－③
2017.01.01				106
2017.12.31	10	8.15	1.85	104.15
2018.12.31	10	8.01	1.99	102.16
2019.12.31	10	7.84	2.16	100

2017年12月31日：

借：应收利息   100 000

贷：投资收益		81 500
持有至到期投资——利息调整		18 500
借：银行存款		100 000
贷：应收利息		100 000

2018 年 12 月 31 日：

借：应收利息		100 000
贷：投资收益		80 100
持有至到期投资——利息调整		19 900
借：银行存款		100 000
贷：应收利息		100 000

2019 年 12 月 31 日：

借：应收利息		100 000
贷：投资收益		78 400
持有至到期投资——利息调整		21 600
借：银行存款		1 100 000
贷：应收利息		100 000
持有至到期投资——成本（面值）		1 000 000

五、长期股权投资

长期股权投资是指企业持有的对其子公司、合营企业及联营企业的权益性投资以及企业持有的对被投资单位不具有控制、共同控制或重大影响，且在活跃市场中没有报价、公允价值不能可靠计量的权益性投资。

（一）长期股权投资的范围

▶ 1. 对子公司、联营企业和合营企业的投资

1）母子公司

当两个企业之间同时满足以下两个条件时应确认为母子公司关系。

（1）两者之间必须有投资关系。

（2）两者之间必须有控制关系。控制是指一个企业能够决定另一个企业的财务和经营政策，并能据以从另一个企业的经营活动中获取利益的权力。

2）合营企业

合营企业中投资方对合营企业的影响程度属于共同控制，即由投资各方共同对企业的财务和经营政策进行决策，而非一方。共同控制，是指按照合同约定对某项经济活动所共有的控制，根据这一约定，任何一个投资方均不能单独控制被投资企业的生产经营活动，被投资企业的重要财务和生产经营决策必须由投资各方一致同意方可通过，投资各方可能通过合同或协议形式任命其中的一个投资方对被投资企业的日常活动进行管理，但该管理者必须在投资各方已经一致同意的财务和经营政策范围内行使管理权。

3）联营企业

联营企业中投资方对联营企业的影响程度属于重大影响，即投资方只能影响到企业的财务和经营政策而非控制或共同控制。

4）重大影响

当投资企业直接拥有被投资单位20%或以上至50%的表决权资本时，一般认为被投资单位具有重大影响。

此外，虽然投资企业直接拥有被投资单位20%以下的表决权资本，但符合下列情况之一的，也应确认为对被投资单位具有重大影响。

（1）在被投资单位的董事会或类似的权力机构中派有代表。

（2）参与被投资单位的政策制定过程。

（3）向被投资单位派出管理人员。

（4）与被投资单位之间发生重要交易。

（5）向依赖投资单位提供关键技术资料。

总之，此类长期股权投资在对被投资方的影响程度上均达到了重大影响程度。

▶ 2. 重大影响以下、在活跃市场中没有报价、公允价值无法可靠计量的权益性投资

如果是重大影响以下、在活跃市场中有报价、公允价值能够可靠计量的权益性投资应确认为可供出售金融资产。

（二）长期股权投资的初始计量原则

长期股权投资在取得时，应按初始投资成本入账。长期股权投资的初始投资成本，应分企业合并和非企业合并两种情况确定。

▶ 1. 企业合并形成的长期股权投资的初始计量

1）企业合并的类型及界定

企业合并指将两个或两个以上的企业合并形成一个报告主体的交易或事项；

根据参与合并的企业在合并前后是否受同一方或相同的多方最终控制，分为同一控制下的企业合并与非同一控制下的企业合并。

（1）同一控制下的企业合并的界定

参与合并的各方在合并前后均受同一方或相同的多方最终控制，且该控制并非暂时性的。

同一控制下企业合并的特点：不属于交易，本质上是资产、负债的重新组合；交易作价往往不公允。

（2）非同一控制下的企业合并的界定

参与合并的各方在合并前后不属于同一方或相同的多方最终控制的情况下进行的合并。

非同一控制下企业合并的特点：非关联的企业之间进行的合并；以市价为基础，交易作价相对公平合理。

2）同一控制下的企业合并

（1）合并方以支付现金、转让非现金资产或承担债务方式作为合并对价的，应当在合并日按照取得被合并方所有者权益账面价值的份额作为长期股权投资的初始投资成本。长期股权投资初始投资成本与支付的现金、转让的非现金资产以及所承担债务账面价值之间的差额，应当调整资本公积；资本公积（资本溢价或股本溢价）不足冲减的，调整留存收益。

合并方的一般分录如下：

借：长期股权投资（合并当日被投资方账面净资产×合并方取得的股份比例）

资本公积（转让资产或代偿负债的账面价值高于长期股权投资初始成本的差额先冲资本公积）

盈余公积或利润分配——未分配利润（当资本公积不够冲时再冲盈余公积，如果仍不够抵最后冲未分配利润）

贷：转让的资产或代偿的负债（账面价值）

如果合并前合并方与被合并方采用的会计政策不同，应在被合并方的会计政策调成与合并方一致后，再根据被合并方的账面净资产认定合并方长期股权投资成本。

[例 6-33] 星海建筑公司以原价 1 500 万元，已提折旧 600 万元的固定资产取得同一集团内的海通公司 70%的股权，星海建筑公司因此发生的审计和评估两项费用共计 5 万元，合并日海通公司的账面净资产为 1 200 万元。星海建筑公司账面资本公积（股本溢价）有贷方余额 80 万元，盈余公积贷方余额 200 万元，则合并方星海建筑公司的账务处理如下。

借：累计折旧   6 000 000
    固定资产清理   9 000 000
    贷：固定资产   15 000 000
借：长期股权投资——海通公司   8 400 000
    资本公积——股本溢价   600 000
    贷：固定资产清理   9 000 000
借：管理费用——审计评估费   50 000
    贷：银行存款   50 000

（2）合并方以发行权益性证券作为合并对价的，应当在合并日按照被合并方账面净资产中属于投资方的份额作为长期股权投资的初始投资成本。按照发行股份的面值总额作为股本，长期股权投资初始投资成本与所发行股份面值总额之间的差额，应当调整资本公积；资本公积（资本溢价或股本溢价）不足冲减的，调整留存收益。

合并方的一般会计分录如下：

借：长期股权投资（合并当日被投资方账面净资产×合并方取得的股份比例）

贷：股本或实收资本（发行股份的面值或新增的实收资本）

资本公积——股本溢价或资本溢价（当长期股权投资的入账成本大于股份面值时计入贷方，反之计入借方，如果资本公积不够冲减的则调减留存收益）

[例 6-34] 若上例中，星海建筑公司以发行 500 万股普通股（每股面值 1 元）作为对价，支付的佣金和手续费 12 万元，则合并方星海建筑公司账务处理为：

借：长期股权投资——海通公司   8 400 000
    贷：股本   5 000 000
    资本公积——股本溢价   3 280 000
    银行存款   120 000

[例 6-35] 若例 6-34 中，星海建筑公司发行面值 1 000 万元，票面利率为 5%（发行时的市场利率为 4%）、每届满 1 年时支付利息、到期还本、期限为 3 年的债券，为此支付佣金、手续费等发行费用 10 万元，其他条件不变。应付债券的未来现金流量现值，经计算

为10 177 550元，则应付债券的初始计量金额为10 277 550元。合并方星海建筑公司的账务处理如下。

借：长期股权投资——海通公司   8 400 000

  资本公积——股本溢价   800 000

  盈余公积   1 077 550

  贷：应付债券   10 277 550

3）非同一控制下的企业合并

（1）非同一控制下的控股合并中，购买方应当按照确定的企业合并成本作为长期股权投资的初始投资成本。一次交换交易实现的企业合并，合并成本为购买方在购买日为取得对被购买方的控制权而付出的资产、发生或承担的负债以及发行的权益性证券的公允价值以及为进行企业合并发生的各项直接相关费用之和。该直接相关费用包括为进行合并而发生的会计审计费用、法律服务费用、咨询费用，但不包括为企业合并发行的债券或承担其他债务支付的手续费、佣金等，也不包括企业合并中发行权益性证券发生的手续费、佣金等费用。直接相关费用在同一控制下列入合并方的管理费用。债券的发行费用追加折价或冲减溢价，权益性证券的发行费用在溢价发行前提下冲抵溢价，如果溢价不够抵或面价发行的应冲减盈余公积和未分配利润。股票发行费、佣金冲减资本公积，资本公积不足冲减的，冲减盈余公积和未分配利润。

购买日，是指购买方实际取得对被购买方控制权的日期。通常以法律手续办妥日或款项结清日为准。

如果换出的是无形资产或固定资产则按正常转让方式处理。

借：长期股权投资（按上述原则确认的成本）

  应收股利

  贷：有关资产（账面余额）

    银行存款（相关费用）

    营业外收入（或借记"营业外支出"）

如果换出的是存货则按正常销售收入处理（增值税一般纳税人）。

借：长期股权投资（按上述原则确认的成本）

  应收股利

  贷：主营业务收入

    应交税费——应交增值税（销项税额）

借：主营业务成本

  存货跌价准备

  贷：库存商品

借：税金及附加

  贷：应交税费——应交消费税

如果是换股合并方式则应作如下处理。

借：长期股权投资（按股份的公允价值入账）

  贷：股本（按股票面值入账）

    资本公积——股本溢价（倒挤）

在另付发行费用时：

借：资本公积——股本溢价

贷：银行存款

[**例 6-36**] 兴荣建材公司以账面价值 500 万元、公允价值 560 万元的原材料一批收购鑫源租赁公司 70% 的股份，收购日鑫源租赁公司账面净资产的公允价值是 1 000 万元，兴荣建材公司适用 17% 的增值税税率，购买前双方不存在关联方关系，则购买方的账务处理如下。

借：长期股权投资——鑫源公司   6 552 000

 贷：主营业务收入   5 600 000

   应交税费——应交增值税(销项税额)   952 000

借：主营业务成本   5 000 000

 贷：库存商品   5 000 000

对于合并成本小于合并中取得购买方可辨认净资产公允价值的份额，应在合并利润表中却营业外收入 448 000 元(10 000 000×70%−6 552 000)。

(2) 通过多次交换交易分步实现的企业合并，合并成本为每一单项交易成本之和。达到企业合并前对持有的长期股权投资采用成本法核算的，长期股权投资在购买日的成本应为原账面余额加上购买日为取得进一步的股份新支付的对价的公允价值之和；达到企业合并前对长期股权投资采用权益法核算的，购买日应对权益法下长期股权投资的账面余额进行调整，将有关长期股权投资的账面余额调整至最初取得成本，在此基础上加上购买日新支付对价的公允价值作为购买日长期股权投资的成本。

▶ 2. 非企业合并形成的长期股权投资的初始计量

(1) 以支付现金取得的长期股权投资，应当按照实际支付的购买价款作为初始投资成本。

初始投资成本包括与取得长期股权投资直接相关的费用、税金及其他必要支出。企业取得长期股权投资，实际支付的价款或对价中包含的已宣告但尚未发放的现金股利或利润，应作为应收项目处理。

一般分录如下：

借：长期股权投资——某公司

  (应收股利)

 贷：银行存款

[**例 6-37**] 兴荣公司于 2018 年 2 月 10 日，自公开市场中买入鑫源公司 20% 的股份，实际支付价款 8 000 万元。在购买过程中另外支付手续费等相关费用 200 万元。

借：长期股权投资   82 000 000

 贷：银行存款   82 000 000

若实际支付的价款中含有 100 万元已宣告但尚未发放的现金股利。

借：长期股权投资   81 000 000

  应收股利   1 000 000

 贷：银行存款   82 000 000

(2) 以发行权益性证券取得的长期股权投资，应当按照发行权益性证券的公允价值作为初始投资成本。

权益性证券的发行费用在溢价发行前提下冲抵溢价，如果溢价不够抵或面价发行的应冲减盈余公积和未分配利润。

借：长期股权投资——某公司

　　贷：股本

　　　　资本公积——股本溢价

[例6-38] 2018年3月，兴荣公司通过增发9 000万股本公司普通股（每股面值1元）取得捷运公司20％的股权，按照增发时的股价计算，增发股份的公允价值为15 600万元。为增发该部分股份，公司向证券承销机构支付600万元佣金和手续费。假定兴荣公司取得该部分股权后，能够对捷运公司的生产经营决策施加重大影响。

借：长期股权投资　　　　　　　　　　　　　　　　　156 000 000

　　贷：股本　　　　　　　　　　　　　　　　　　　　　90 000 000

　　　　资本公积——股本溢价　　　　　　　　　　　　　66 000 000

借：资本公积——股本溢价　　　　　　　　　　　　　　6 000 000

　　贷：银行存款　　　　　　　　　　　　　　　　　　　6 000 000

（3）投资者投入的长期股权投资，应当按照投资合同或协议约定的价值作为初始投资成本，但合同或协议约定价值不公允的除外。

[例6-39] 2018年1月1日，东明公司以所持有的甲公司的股票作为出资对星海建筑公司进行投资，东明公司所持有甲公司股票账面余额为3 000万元，未计提长期股权投资减值准备，根据协议，东明公司和星海建筑公司约定对甲公司的长期股权投资价值为5 500万元，占星海建筑公司所有者权益的60％。假定星海建筑公司2018年1月1日的所有者权益总额为8 000万元。

东明公司的账务处理如下。

借：长期股权投资——星海建筑公司　　　　　　　　　55 000 000

　　贷：长期股权投资——甲公司　　　　　　　　　　　30 000 000

　　　　投资收益　　　　　　　　　　　　　　　　　　25 000 000

星海建筑公司的账务处理如下。

借：长期股权投资——甲公司　　　　　　　　　　　　55 000 000

　　贷：实收资本　　　　　　　　　　　　　　　　　　48 000 000

　　　　资本公积　　　　　　　　　　　　　　　　　　7 000 000

（4）债务重组、非货币性交易方式换入的长期股权投资。

[例6-40] 东海公司欠星华公司货款12 000万元（不含增值税），由于公司财务困难已无法偿还，经协商，星华公司同意东海公司以1 200万元股普通股偿债，该普通股面值1元，每股市价10元，占东海公司50％的股权。星华公司已就此项应收账款提取坏账准备1 404 000元。东海公司在债务重组日净资产的账面价值为25 000万元，公允价值为28 000万元。星华公司账面股本溢价2 000万元。印花税税率为3‰，星华公司增值税税率为17％。

① 假定债务重组协议中规定星华公司有权控制东海公司的财务和经营决策，且在重组前就存在关联方关系。

同一控制下的企业合并，应收账款应以账面价值结转。

  借：长期股权投资——东海公司   125 000 000

    坏账准备   1 404 000

    资本公积——股本溢价   13 996 000

    贷：应收账款——东海公司   140 400 000

  ② 假定债务重组协议中规定星华公司有权控制东海公司的财务和经营决策，且在重组前不存在关联方关系。

  非同一控制下的企业合并，应收账款应以公允价值结转至初始投资成本。

  借：坏账准备   1 404 000

    贷：管理费用   140 400 000

  借：长期股权投资——东海公司   140 760 000

    贷：应收账款——东海公司   140 400 000

      银行存款   360 000

由于初始投资成本为140 760 000元，大于星华公司投资时应享有东海公司可辨认净资产公允价值的份额140 000 000元，在合并报表中应确认商誉760 000元。

（三）长期股权投资的后续计量

▶ 1. 长期股权投资核算的成本法

1）成本法核算的范围

（1）企业能够对被投资的单位实施控制的长期股权投资。

意指企业对子公司的长期股权投资。具体操作标准如下。

① 控制方拥有被控制方半数以上权益性资本。

② 控制方虽然不拥有被控制方半数以上的股份，但如果同时达到以下条件之一的，也构成控制关系。

  a. 通过与被投资企业的其他投资者之间的协议，持有该被投资方企业半数以上的表决权。

  b. 根据章程或协议，有权控制企业的财务和经营政策。

  c. 有权任免公司董事会等类似权力机构的多数成员。

  d. 在公司董事会或类似权力机构会议上有半数以上的投票权。

投资企业对子公司的长期股权投资，应当采用成本法核算，编制合并财务报表时按照权益法进行调整。

（2）企业对被投资单位不具有控制、共同控制或重大影响，且在活跃市场中没有报价、公允价值不能可靠计量的长期股权投资。

2）一般会计处理

采用成本法时，除追加或收回投资外，长期股权投资的账面价值一般应保持不变。投资单位取得长期股权投资后当被投资单位实现净利润时不做账务处理。被投资单位宣告分派的利润或现金股利，确认为当期投资收益，不管净利润是在被投资单位接受投资前还是接受投资后实现的。投资企业确认投资收益，仅限于所获得的被投资单位在接受投资后产生的累计净利润的分配额，所获得的被投资单位宣告分派的利润或现金股利超过上述数额的部分，作为初始投资成本的收回，冲减投资的账面价值。

处置长期股权投资的一般分录如下。

借：银行存款

　　长期股权投资减值准备

　　贷：长期股权投资

　　　　投资收益（倒挤）

[例 6-41] 永昌公司于 2017 年 3 月 1 日购入甲公司 10% 的股份，实际支付 110 万元，永昌公司采用成本法核算。2017 年 5 月 3 日，甲公司宣布派发 2016 年度现金股利共计 100 万元，2017 年 1 月 1 日，甲公司的股东权益合计为 1 200 万元，其中股本 1 000 万元，未分配利润 200 万元，2017 年度实现净利润 250 万元，2018 年 4 月 1 日甲公司宣布分派现金股利 300 万元。

（1）2017 年 3 月 1 日。

借：长期股权投资——成本（甲公司）　　　　　　　　　　　　1 100 000

　　贷：银行存款　　　　　　　　　　　　　　　　　　　　　　　1 100 000

（2）2017 年 5 月 3 日。

借：应收股利（甲公司）　　　　　　　　　　　　　　　　　　　100 000

　　贷：投资收益　　　　　　　　　　　　　　　　　　　　　　　100 000

（3）2018 年 4 月 1 日。

借：应收股利（甲公司）　　　　　　　　　　　　　　　　　　　300 000

　　贷：投资收益　　　　　　　　　　　　　　　　　　　　　　　300 000

▶ **2. 长期股权投资核算的权益法**

1）权益法核算的范围

（1）企业对被投资单位具有共同控制的长期股权投资。即企业对其合营企业的长期股权投资。

（2）企业对被投资单位具有重大影响（占股权的 20%～50%）的长期股权投资。即企业对其联营企业的长期股权投资。

2）一般会计处理

采用权益法时，投资单位取得投资时应该将成本（取得长期股权投资的成本）与所享份额（按持股比例享有被投资单位所有者权益公允价值的份额）进行比较，如果前者大于后者，不调整长期股权投资的初始账面价值（即以取得的成本作为初始账面价值），如果前者小于后者，则要调整长期股权投资的初始账面价值（即以所享份额的公允价值作为它的初始价值，将两者的差额计入营业外收入）投资企业应在取得股权投资后，按应享有或应分担的被投资单位当年实现的净利润或发生的净亏损的份额（法规或公司章程规定不属于投资企业的净利润除外），调整投资的账面价值，并确认为当期投资损益。投资企业按被投资单位宣告分派的利润或现金股利计算应分得的部分，相应减少投资的账面价值。

企业应当定期对长期股权投资的账面价值逐项进行检查，至少于每年年末检查一次。如果由于市价持续下跌或被投资单位经营状况变化等原因导致其可收回金额低于投资的账面价值，应将可收回金额低于长期股权投资账面价值的差额，确认为当期投资损失。

处置长期股权投资的一般分录如下。

借：银行存款
　　长期股权投资减值准备
　　资本公积——其他资本公积（如为借方余额则应在贷方冲减）
　　贷：长期股权投资——投资成本
　　　　　　　　　　　——损益调整
　　　　　　　　　　　——其他权益变动（如为贷方余额则应在借方冲减）
　　　　投资收益（倒挤）

[例 6-42] 永昌公司于 2017 年 4 月 1 日以 1 800 万元投资普通股，占甲公司普通股的 20%，并对甲公司有重大影响，公司按权益法核算对甲公司的投资。取得投资时甲公司的净资产账面价值为 8 000 万元（假设甲公司各项可辨认资产、负债的公允价值与其账面价值相同）。

借：长期股权投资（投资成本）——甲公司　　　　　　　　　　18 000 000
　　贷：银行存款　　　　　　　　　　　　　　　　　　　　　　18 000 000

[例 6-43] 若例 6-42 中甲公司净资产账面价值为 10 000 万元，其他条件不变，则账务处理如下。

借：长期股权投资（投资成本）——甲公司　　　　　　　　　　20 000 000
　　贷：银行存款　　　　　　　　　　　　　　　　　　　　　　18 000 000
　　　　营业外收入　　　　　　　　　　　　　　　　　　　　　　2 000 000

[例 6-44] 2016 年 1 月 1 日，永昌公司以银行存款 970 000 元购入甲公司的普通股股票 97 万股，占甲公司 70% 的表决权。2016 年甲公司实现净利润 550 000 元。2016 年 12 月 31 日，永昌公司确认投资收益。2017 年 2 月份，甲公司宣告分配现金股利 350 000 元，当年年度发生净亏损 2 100 000 元。2018 年，甲公司实现净利润 850 000 元。永昌公司和甲公司适用的所得税税率均为 25%。假定 2016 年 1 月 1 日甲公司可辨认净资产的公允价值等于账面价值。除长期股权投资外，永昌公司在甲公司中没有其他长期权益。

(1) 2016 年 12 月 31 日。

借：长期股权投资——甲公司（损益调整）　　　　　　　　　　385 000
　　贷：投资收益——股权投资收益　　　　　　　　　　　　　　385 000

(2) 2017 年 2 月 28 日。

借：应收股利——甲公司　　　　　　　　　　　　　　　　　　245 000
　　贷：投资收益——股权投资收益　　　　　　　　　　　　　　245 000

(3) 2017 年 12 月 31 日。

借：投资收益——股权投资损失　　　　　　　　　　　　　　1 110 000
　　贷：长期股权投资——甲公司（损益调整）　　　　　　　　1 110 000

(4) 2018 年 12 月 31 日。

借：长期股权投资——甲公司（损益调整）　　　　　　　　　　235 000
　　贷：投资收益——股权投资收益　　　　　　　　　　　　　　235 000

课后习题

1. 简述投资性房地产的确认条件。
2. 简述有补价的非货币性资产交换的界定。
3. 简述借款费用开始资本化的条件。
4. 简述长期股权投资成本法的核算程序。
5. 简述长期股权投资权益法的核算程序。

项目七
施工企业财务成果核算

学习目标

知识目标

1. 掌握施工企业的财务成果的构成
2. 掌握施工企业所得税核算的基本程序和方法
3. 掌握施工企业利润分配的程序

能力目标

1. 能计算施工企业的收入、费用，并进行会计处理
2. 能计算施工企业应交所得税，并进行会计处理
3. 能对施工企业利润分配进行账务处理

财务成果是指企业在一定时期内全部生产经营活动的成果，通常称为利润或亏损，也有称为损益的，具体体现为利润表中的净利润。从会计核算来讲，既要核算净利润的计算过程，又要核算净利润的分配过程；这是一个财务成果形成和分配的全过程。

任 务 一 财务成果形成核算基本知识

一、财务成果计算

从利润表的构成来看，财务成果计算体现为三个层次。

▶ **1. 计算营业利润**

以营业收入为基础，减去营业成本、税金及附加、销售费用、管理费用、财务费用、资产减值损失，加上公允价值变动收益(减去公允价值变动损失)和投资收益(减去投资损失)。

▶ 2. 计算利润总额

以营业利润为基础，加上营业外收入，减去营业外支出。

▶ 3. 计算净利润（或净亏损）

以利润总额为基础，减去所得税费用。

二、账户设置与运用

（一）4103 本年利润

（1）本科目核算企业当年实现的净利润（或发生的净亏损）。

（2）期末结转利润时，应将"主营业务收入""利息收入""手续费收入""保费收入""租赁收入""其他业务收入""摊回保险责任准备金""营业外收入"等科目的期末余额分别转入本科目，借记"主营业务收入""利息收入""手续费收入""保费收入""租赁收入""其他业务收入""摊回保险责任准备金""营业外收入"等科目，贷记本科目。

将"主营业务成本""利息支出""手续费支出""税金及附加""提取未到期责任准备金""提取保险责任准备金""赔付支出""分出保费""分保费用""其他业务支出""销售费用""管理费用""财务费用""勘探费用""资产减值损失""营业外支出""所得税"等科目的期末余额分别转入本科目，借记本科目，贷记"主营业务成本""利息支出""手续费支出""税金及附加""提取未到期责任准备金""提取保险责任准备金""赔付支出""分出保费""分保费用""其他业务支出""销售费用""管理费用""财务费用""勘探费用""资产减值损失""营业外支出""所得税"等科目。

将"公允价值变动损益"、"投资收益"科目的净收益，转入本科目，借记"公允价值变动损益""投资收益"科目，贷记本科目；如为净损失，做相反的会计分录。

（3）年度终了，应将本年收入和支出相抵后结出的本年实现的净利润，转入"利润分配"科目，借记本科目，贷记"利润分配——未分配利润"科目；如为净亏损，做相反的会计分录。结转后本科目应无余额。

（二）6001 主营业务收入

（1）本科目核算企业根据收入准则确认的销售商品、提供劳务等主营业务的收入。

（2）本科目应当按照主营业务的种类进行明细核算。

（3）主营业务收入的主要账务处理

① 企业销售商品或提供劳务实现的销售收入，应按照实际收到或应收的价款，借记"银行存款""应收账款""应收票据"等科目，按销售收入的金额，贷记本科目，按专用发票上注明的增值税额，贷记"应交税费——应交增值税（销项税额）"科目。

企业采用递延方式分期收款、实质上具有融资性质的销售商品或提供劳务满足收入确认条件的，按应收合同或协议价款，借记"长期应收款"科目，按应收合同或协议价款的公允价值，贷记本科目，按专用发票上注明的增值税额，贷记"应交税费——应交增值税（销项税额）"科目，按其差额，贷记"未实现融资收益"科目。

企业以库存商品进行非货币性资产交换（在非货币性资产交换具有商业实质且公允价值能够可靠计量的情况下）或债务重组，应按照该用于交换或抵债的库存商品的公允价值，借记有关资产科目或"应付账款"等科目，贷记本科目。

② 企业本期发生的销售退回或销售折让，按应冲减的销售商品收入，借记本科目，

按专用发票上注明的应冲减的增值税销项税额，借记"应交税费——应交增值税（销项税额）"科目，按实际支付或应退还的价款，贷记"银行存款""应收账款"等科目。

③ 根据建造合同准则确认合同收入时，按应确认的合同费用，借记"主营业务成本"科目，按应确认的合同收入，贷记本科目，按其差额，借记或贷记"工程施工——合同毛利"科目。

建造合同收入与费用的确认，应首先判断建造合同的结果能否可靠估计，然后再根据具体情况进行处理。

▶ 1. 建造合同的结果能够可靠估计

在资产负债表日，建造合同的结果能够可靠估计的，应当根据完工百分比法确认合同收入和合同费用。

（1）固定造价合同的结果能够可靠估计，需要同时满足下列条件。

① 合同总收入能够可靠地计量。

② 与合同相关的经济利益很可能流入企业。

③ 实际发生的合同成本能够清楚地区分和可靠地计量。

④ 合同完工进度和为完成合同尚需发生的成本能够可靠地确定。

（2）成本加成合同的结果能够可靠估计，需要同时满足下列条件。

① 与合同相关的经济利益很可能流入企业。

② 实际发生的合同成本能够清楚地区分和可靠地计量。

▶ 2. 建造合同的结果不能可靠估计

建造合同的结果不能可靠估计的，应当分别按照下列情况处理。

（1）合同成本能够收回的，合同收入根据能够收回的实际合同成本予以确认，合同成本在其发生的当期确认为合同费用。

（2）合同成本不可能收回的，在发生时立即确认为合同费用，不确认合同收入。

▶ 3. 完工百分比法

完工百分比法是指根据合同完工进度确认收入与费用的方法。这种方法包括确定建造合同完工进度和根据完工进度确认与计量当期的合同收入和合同费用两个步骤。运用这种方法确认合同收入和合同费用，能够为报表使用者提供有关合同进度及本期业绩的有用信息。

1）确定建造合同完工进度

施工企业确定建造合同完工进度可以选择以下三种方法。

（1）根据累计实际发生的合同成本占合同预计总成本的比例确定。该方法是确定合同完工进度较常用的方法。其计算公式为：

合同完工进度＝累计实际发生的成本/（累计发生的成本＋预计尚需发生的成本）

［例7-1］某施工企业签订了一项合同总金额为18 000万元的建造合同，合同规定的建设期为2年。第一年实际发生合同成本6 120万元，年末预计为完成合同尚需发生成本9 900万元；第二年实际发生合同成本8 550万元，年末预计为完成合同尚需发生成本2 800万元。

计算合同完工进度如下。

第一年合同完工进度＝6 120/（9 900＋6 120）×100%＝38.20%

第二年合同完工进度＝(6 120＋8 550)/(6 120＋8 550＋2 880)×100％＝83.59％

（2）根据已经完成的合同工作量占合同预计总工作量的比例确定。该方法适用于合同工作量容易确定的建造合同，如道路工程、土石方挖掘、砌筑工程等。其计算公式如下。

合同完工进度＝累计完成的工作量/合同预计总工作量

[例 7-2] 某建筑工程公司签订了修建一条 100 千米公路的一项建造合同，合同规定的总金额为 8 000 万元，工期为 3 年。该公司第一年修建了 30 千米，第二年修建了 40 千米。根据上述资料，计算合同完工进度如下。

第一年合同完工进度＝30/100×100％＝30％

第二年合同完工进度＝(30＋40)/100×100％＝70％

（3）根据实际测定的完工进度确定。该方法是在无法根据上述两种方法确定合同完工进度时所采用的一种特殊的技术测量方法，适合于一些特殊的建造合同，如水下施工工程等。需要指出的是，这种技术测量并不是由建造承包商自行随意测定，而应由专业人员现场进行科学测定。

2）根据完工进度确认与计量当期的合同收入和合同费用

施工企业在确定建造合同完工进度以后，据以确认与计量当期的合同收入和合同费用，其计算公式如下。

当期确认的合同收入＝合同总收入×完工进度－以前会计年度累计已确认收入

当期确认的合同毛利＝(合同总收入－合同预计总成本)×完工进度
－以前会计年度累计已确认收入

当期确认的合同费用＝当期确认的合同收入－当期确认的合同毛利
－以前会计年度预计损失准备

在上列公式中，完工进度实际上是累计完工进度，在实际工作中，施工企业应分别对建造合同实施的具体情况进行处理。

（1）当年开工当年未完工的建造合同。在这种情况下，企业确认与计量当期合同收入和合同费用时，以前会计年度累计已确认与计量的合同收入和合同毛利均为零。

（2）当年开工当年完工的建造合同。在这种情况下，当期确认与计量的合同收入，等于该项合同的总收入；当期确认与计量的合同费用，等于该项合同的实际总成本。

（3）以前年度开工本年仍未完工的建造合同。在这种情况下，企业可以直接运用上列公式确认与计量当期合同收入和合同费用。

（4）以前年度开工本年完工的建造合同。在这种情况下，企业当期确认与计量的合同收入，等于合同总收入扣除以前会计年度累计已确认的合同收入后的余额；当期确认与计量的合同毛利，等于合同总收入扣除实际合同总成本和以前会计年度累计已确认的合同毛利后的余额。

[例 7-3] 某建筑公司签订了一项合同总金额为 18 000 万元的固定造价合同。合同规定工期为 3 年。假定经计算第一年完工进度为 25％，第二年完工进度已达 80％，经测定前两年的合同预计总成本均为 13 500 万元。第三年工程全部完成，累计实际发生合同成本 12 150 万元。施工企业计算各期确认的合同收入和合同费用如下。

第一年：

确认的合同收入＝18 000×25％＝4 500(万元)

确认的合同费用＝13 500×25％＝3 375(万元)

确认的合同毛利＝4 500－3 375＝1 125(万元)

第二年：

确认的合同收入＝18 000×80％－4 500＝9 900(万元)

确认的合同费用＝13 500×80％－3 375＝7 425(万元)

确认的合同毛利＝9 900－7 425＝2 475(万元)

第三年：

确认的合同收入＝18 000－(4 500＋9 900)＝3 600(万元)

确认的合同费用＝12 150－(3 375＋7 425)＝1 350(万元)

确认的合同毛利＝3 600－1 350＝2 250(万元)

期末，应将"主营业务收入"科目的余额转入"本年利润"科目，结转后本科目应无余额。

（三）6051 其他业务收入

(1) 本科目核算企业根据收入准则确认的除主营业务以外的其他经营活动实现的收入，包括出租固定资产、出租无形资产、出租包装物和商品、销售材料等实现的收入。

企业(租赁)出租固定资产取得的租赁收入，在"租赁收入"科目核算，不在本科目核算。采用成本模式计量的投资性房地产取得的租金收入，也通过本科目核算。

(2) 本科目应当按照其他业务收入种类进行明细核算。

(3) 企业确认的其他业务收入，借记"银行存款""应收账款"等科目，贷记本科目、"应交税费——应交增值税(销项税额)"等科目。

企业以原材料进行非货币性资产交换(在非货币性资产交换具有商业实质且公允价值能够可靠计量的情况下)或债务重组，应按照该用于交换或抵债的原材料的公允价值，借记有关资产科目或"应付账款"等科目，贷记本科目。

(4) 期末，应将本科目余额转入"本年利润"科目，结转后本科目应无余额。

[例 7-4]星海建筑公司某项目部对施工用材料进行管理，2017 年 12 月 25 日，向另一施工单位出售水泥 30 吨，单价 200 元，该水泥的账面价值为 5 500 元，假设按照 3％的税率缴纳增值税。

借：银行存款　　　　　　　　　　　　　　　　　　　　　　　　6 000

　　贷：其他业务收入　　　　　　　　　　　　　　　　　　　　5 825.24

　　　　应交税费——应交增值税　　　　　　　　　　　　　　　174.76

结转售出水泥的成本。

借：其他业务成本　　　　　　　　　　　　　　　　　　　　　　5 500

　　贷：原材料　　　　　　　　　　　　　　　　　　　　　　　5 500

（四）6101 公允价值变动损益

(1) 本科目核算企业交易性金融资产、交易性金融负债，以及采用公允价值模式计量的投资性房地产、衍生工具、套期保值业务等公允价值变动形成的应计入当期损益的利得或损失。

指定为以公允价值计量且其变动计入当期损益的金融资产或金融负债公允价值变动形成的应计入当期损益的利得或损失，也在本科目核算。

企业开展套期保值业务的，有效套期关系中套期工具或被套期项目的公允价值变动，也可以单独设置"6102套期损益"科目核算。

（2）本科目可按交易性金融资产、交易性金融负债、投资性房地产等进行明细核算。

（3）公允价值变动损益的主要账务处理。

① 资产负债表日，企业应按交易性金融资产的公允价值高于其账面余额的差额，借记"交易性金融资产——公允价值变动"科目，贷记本科目；公允价值低于其账面余额的差额做相反的会计分录。

出售交易性金融资产时，应按实际收到的金额，借记"银行存款""存放中央银行款项"等科目，按该金融资产的账面余额，贷记"交易性金融资产"科目，按其差额，借记或贷记"投资收益"科目。同时，将原计入该金融资产的公允价值变动转出，借记或贷记本科目，贷记或借记"投资收益"科目。

② 资产负债表日，交易性金融负债的公允价值高于其账面余额的差额，借记本科目，贷记"交易性金融负债"等科目；公允价值低于其账面余额的差额做相反的会计分录。

处置交易性金融负债，应按该金融负债的账面余额，借记"交易性金融负债"科目，按实际支付的金额，贷记"银行存款""存放中央银行款项""结算备付金"等科目，按其差额，贷记或借记"投资收益"科目。同时，按该金融负债的公允价值变动，贷记或借记本科目，借记或贷记"投资收益"科目。

③ 采用公允价值模式计量的投资性房地产、衍生工具、套期工具、被套期项目等形成的公允价值变动，按照"投资性房地产""衍生工具""套期工具""被套期项目"等科目的相关规定进行处理。

④ 期末，应将本科目余额转入"本年利润"科目，结转后本科目无余额。

（五）6111投资收益

（1）本科目核算企业确认的投资收益或投资损失。

企业（金融）债券投资持有期间取得的利息收入，也可在"利息收入"科目核算。

（2）本科目可按投资项目进行明细核算。

（3）投资收益的主要账务处理。

① 长期股权投资采用成本法核算的，企业应按被投资单位宣告发放的现金股利或利润中属于本企业的部分，借记"应收股利"科目，贷记本科目；属于被投资单位在取得本企业投资前实现净利润的分配额，应作为投资成本的收回，借记"应收股利"等科目，贷记"长期股权投资"科目。

长期股权投资采用权益法核算的，应按根据被投资单位实现的净利润或经调整的净利润计算应享有的份额，借记"长期股权投资——损益调整"科目，贷记本科目。被投资单位发生净亏损的，比照"长期股权投资"科目的相关规定进行处理。

处置长期股权投资时，应按实际收到的金额，借记"银行存款"等科目，按其账面余额，贷记"长期股权投资"科目，按尚未领取的现金股利或利润，贷记"应收股利"科目，按其差额，贷记或借记本科目。已计提减值准备的，还应同时结转减值准备。

处置采用权益法核算的长期股权投资，除上述规定外，还应结转原计入资本公积的相关金额，借记或贷记"资本公积——其他资本公积"科目，贷记或借记本科目。

② 企业持有交易性金融资产、持有至到期投资、可供出售金融资产期间取得的投资

收益以及处置交易性金融资产、交易性金融负债、指定为以公允价值计量且其变动计入当期损益的金融资产或金融负债、持有至到期投资、可供出售金融资产实现的损益，比照"交易性金融资产""持有至到期投资""可供出售金融资产""交易性金融负债"等科目的相关规定进行处理。

（4）期末，应将本科目余额转入"本年利润"科目，本科目结转后应无余额。

（六）6301 营业外收入

（1）本科目核算企业发生的与其经营活动无直接关系的各项净收入，主要包括处置非流动资产利得、非货币性资产交换利得、债务重组利得、罚没利得、政府补助利得、确实无法支付而按规定程序经批准后转作营业外收入的应付款项等。

（2）本科目应当按照营业外收入项目进行明细核算。

（3）企业发生的营业外收入，借记"现金""银行存款""应付账款""待处理财产损溢""固定资产清理"等科目，贷记本科目。

（4）期末，应将本科目余额转入"本年利润"科目，结转后本科目应无余额。

[例 7-5] 星海建筑公司将报废清理固定资产的净收益 4 000 元转作营业外收入。

借：固定资产清理 4 000

    贷：营业外收入——非流动资产处理利得 4 000

（七）6401 主营业务成本

（1）本科目核算企业根据收入准则确认销售商品、提供劳务等主营业务收入时应结转的成本。

（2）本科目应当按照主营业务的种类进行明细核算。

（3）主营业务成本的主要账务处理

① 月末，企业应根据本月销售各种商品、提供的各种劳务等实际成本，计算应结转的主营业务成本，借记本科目，贷记"库存商品""劳务成本"科目。

采用计划成本或售价核算库存商品的，平时的营业成本按计划成本或售价结转，月末，还应结转本月销售商品应分摊的产品成本差异或商品进销差价。

企业以库存商品进行非货币性资产交换（在非货币性资产交换具有商业实质且公允价值能够可靠计量的情况下）或债务重组，应按照该用于交换或抵债的库存商品的账面余额，借记本科目，贷记"库存商品"科目。已计提存货跌价准备的，还应同时结转已计提的存货跌价准备。

② 企业本期发生的销售退回，一般可以直接从本月的销售商品数量中减去，也可以单独计算本月销售退回商品成本，借记"库存商品"等科目，贷记本科目。

③ 根据建造合同准则确认合同收入时，按应确认的合同费用，借记本科目，按应确认的合同收入，贷记"主营业务收入"科目，按其差额，借记或贷记"工程施工——合同毛利"科目。

合同完工时，还应按相关建造合同已计提的预计损失准备，借记"存货跌价准备——合同预计损失准备"科目，贷记本科目。

（4）期末，应将本科目的余额转入"本年利润"科目，结转后本科目应无余额。

（八）6402 其他业务支出

（1）本科目核算企业除主营业务活动以外的其他经营活动所发生的支出，包括销售材料的成本、出租固定资产的累计折旧、出租无形资产的累计摊销、出租包装物的成本或摊销额、采用成本模式计量的投资房地产的累计折旧或累计摊销等。

企业主营业务活动以外的其他经营活动发生的相关税费，在"税金及附加"科目核算，不在本科目核算。

（2）本科目应当按照其他业务支出的种类进行明细核算。

（3）企业发生的其他业务支出，借记本科目，贷记"原材料""包装物及低值易耗品""累计折旧""累计摊销""应付职工薪酬""银行存款"等科目。

企业以原材料进行非货币性资产交换（在非货币性资产交换具有商业实质且公允价值能够可靠计量的情况下）或债务重组，应按照该用于交换或抵债的原材料的账面余额，借记本科目，贷记"原材料"科目。已计提存货跌价准备的，还应同时结转已计提的存货跌价准备。

（4）期末，应将本科目余额转入"本年利润"科目，结转后本科目应无余额。

（九）6403 税金及附加

（1）本科目核算企业经营活动发生的消费税、城市维护建设税、资源税和教育费附加等相关税费。房产税、车船使用税、土地使用税、印花税在"管理费用"等科目核算，不在本科目核算。但与投资性房地产相关的房产税、土地使用税在本科目核算。

（2）企业按规定计算确定的与经营活动相关的税费，借记本科目，贷记"应交税费"等科目。企业收到的返还的消费税等原计入本科目的各种税金，应按实际收到的金额，借记"银行存款"科目，贷记本科目。

（3）期末，应将本科目余额转入"本年利润"科目，结转后本科目应无余额。

（十）6601 销售费用

（1）本科目核算企业销售商品和材料、提供劳务的过程中发生的各种费用，包括保险费、包装费、展览费和广告费、商品维修费、预计产品质量保证损失、运输费、装卸费等以及为销售本企业商品而专设的销售机构（含销售网点、售后服务网点等）的职工薪酬、业务费、折旧费等经营费用。

企业（金融）应将本科目改为"6601业务及管理费"科目，核算企业（保险）在业务经营和管理过程中所发生的各项费用，包括折旧费、业务宣传费、业务招待费、电子设备运转费、钞币运送费、安全防范费、邮电费、劳动保护费、外事费、印刷费、低值易耗品摊销、职工工资、差旅费、水电费、修理费、职工教育经费、工会经费、税金、会议费、诉讼费、公证费、咨询费、无形资产摊销、长期待摊费用摊销、取暖降温费、聘请中介机构费、技术转让费、绿化费、董事会费、财产保险费、劳动保险费、待业保险费、住房公积金、物业管理费、研究费用等。

企业（金融）不应再设置"管理费用"科目。

（2）本科目应当按照费用项目进行明细核算。

（3）销售费用的主要账务处理。

① 企业在销售商品过程中发生的包装费、保险费、展览费和广告费、运输费、装卸费等费用，借记本科目，贷记"现金""银行存款"科目。

② 企业发生的为销售本企业商品而专设的销售机构的职工薪酬、业务费等经营费用，借记本科目，贷记"应付职工薪酬""银行存款""累计折旧"等科目。

（4）期末，应将本科目余额转入"本年利润"科目，结转后本科目应无余额。

（十一）6602管理费用

（1）本科目核算企业为组织和管理企业生产经营所发生的管理费用，包括企业的董事会和行政管理部门在企业的经营管理中发生的或者应由企业统一负担的公司经费（包括行政管理部门职工薪酬、修理费、物料消耗、低值易耗品摊销、办公费和差旅费等）、工会经费、董事会费（包括董事会成员津贴、会议费和差旅费等）、聘请中介机构费、咨询费（含顾问费）、诉讼费、业务招待费、房产税、车船使用税、土地使用税、印花税、技术转让费、矿产资源补偿费、研究费用、排污费等。

商品流通企业管理管理不多的，可不设置本科目，本科目的核算内容可并入"销售费用"科目核算。

企业与固定资产有关的后续支出，包括固定资产发生的日常修理费、大修理费用、更新改造支出、房屋的装修费用等，没有满足固定资产准则规定的固定资产确认条件的，也在本科目核算。

（2）本科目应当按照费用项目进行明细核算。

（3）管理费用的主要账务处理。

① 企业在筹建期间内发生的开办费，包括人员工资、办公费、培训费、差旅费、印刷费、注册登记费以及不计入固定资产价值的借款费用等，借记"管理费用"科目，贷记银行存款。

② 行政管理部门人员的职工薪酬，借记本科目，贷记"应付职工薪酬"科目。

③ 行政管理部门计提的固定资产折旧，借记本科目，贷记"累计折旧"科目。

发生的办公费、修理费、水电费、业务招待费、聘请中介机构费、咨询费、诉讼费、技术转让费、研究费用时，借记本科目，贷记"银行存款""研发支出"等科目。

按规定计算确定的应交矿产资源补偿费的金额，借记本科目，贷记"应交税费"科目。

按规定计算确定的应交的房产税、车船使用税、土地使用税，借记本科目，贷记"应交税费"科目。

（4）期末，应将本科目的余额转入"本年利润"科目，结转后本科目应无余额。

（十二）6603财务费用

（1）本科目核算企业为筹集生产经营所需资金等而发生的筹资费用，包括利息支出（减利息收入）、汇兑差额以及相关的手续费、企业发生的现金折扣或收到的现金折扣等。

为购建或生产满足资本化条件的资产发生的应予资本化借款费用，在"在建工程""制造费用"等科目核算，不在本科目核算。

（2）本科目应当按照费用项目进行明细核算。

（3）企业发生的财务费用，借记本科目，贷记"预提费用""银行存款""应收账款"等科目。发生的应冲减财务费用的利息收入、汇兑差额、现金折扣，借记"银行存款""应付账款"等科目，贷记本科目。

（4）期末，应将本科目余额转入"本年利润"科目，结转后本科目应无余额。

（十三）6801所得税费用

（1）本科目核算企业确认的应从当期利润总额中扣除的所得税费用。

（2）本科目可按"当期所得税费用""递延所得税费用"进行明细核算。

（3）所得税费用的主要账务处理。

① 资产负债表日，企业按照税法规定计算确定的当期应交所得税，借记本科目（当期所得税费用），贷记"应交税费——应交所得税"科目。

② 资产负债表日，根据递延所得税资产的应有余额大于"递延所得税资产"科目余额的差额，借记"递延所得税资产"科目，贷记本科目（递延所得税费用）、"资本公积——其他资本公积"等科目；递延所得税资产的应有余额小于"递延所得税资产"科目余额的差额做相反的会计分录。

企业应予确认的递延所得税负债，应当比照上述原则调整本科目、"递延所得税负债"科目及有关科目。

（4）期末，应将本科目的余额转入"本年利润"科目，结转后本科目无余额。

任务二　所　得　税

一、基本知识

（一）核算方法

所得税会计研究的是按照会计计算的税前会计利润与按照税法计算的应税所得之间的差异进行会计处理的方法。《企业会计准则第 18 号——所得税》准则中明确指出企业所得税核算采用资产负债表债务法。

通过比较资产负债表上列示的资产、负债按照会计准则确定的账面价值与按照税法规定确定的计税基础，对于两者之间的差异分别应纳税暂时性差异与可抵扣暂时性差异，确认相关的递延所得税负债与递延所得税资产，并在此基础上确定每一会计期间利润表中的所得税费用。

（二）所得税核算的基本程序

（1）按会计准则确定资产负债表中出递延所得税资产与递延所得税负债以外的其他资产和负债项目的账面价值——资产负债表列示金额。

（2）以适用的税收法规为基础确认各项目的计税基础。

（3）计算递延所得税。

比较项目的账面价值与计税基础，存有差异的，分别应纳税暂时性差异与可抵扣暂时性差异并乘以适用所得税率，确定资产负债表日递延所得税资产与递延所得税负债的应有金额（期末余额），并与期初递延项目余额比较，确定当期应予进一步确认的递延金额或应予转销的金额，作为所得税费用的一个组成部分——递延所得税。

应纳税暂时性差异是指在确定未来收回资产或清偿负债期间的应纳税所得额时，将导致产生应税金额的暂时性差异。包括资产的账面价值大于其计税基础，负债的账面价值小于其计税基础。

可抵扣暂时性差异是指在确定未来收回资产或清偿负债期间的应纳税所得额时，将导致产生可抵扣金额的暂时性差异。包括资产的账面价值小于其计税基础，负债的账面价值大于其计税基础。

递延所得税＝递延所得税负债(期末－期初)－递延所得税资产(期末－期初)

（4）计算当期所得税。按照税法规定计算当期应纳税所得额，并乘以适用所得税率，确定所得税费用的另一组成部分——当期所得税。

应交所得税＝应纳税所得额×所得税率

应纳税所得额的计算公式有不同的表述方法。

公式1：应纳税所得额＝每一纳税年度的收入总额－不征税收入－免税收入－各项扣除

－允许弥补的以前年度亏损

公式2：应纳税所得额＝税前会计利润±纳税调整额

＝税前会计利润＋纳税调整增加项目金额－纳税调整减少项目金额

（5）计算利润表中的所得税费用。

递延所得税＋当期所得税

借：所得税费用

　　递延所得税资产

　　贷：应交税费——应交所得税

　　　　递延所得税负债

（三）常见资产计税基础与账面价值的差异分析

▶ **1. 固定资产账面价值与计税基础产生差异的原因**

一般而言，固定资产的初始计量在税法上是认可的，因此固定资产的起始计量标准不存在差异。两者的差异均来自于以下两个方面。

（1）折旧方法、折旧年限产生差异。

（2）因计提资产减值准备产生的差异。

[例7-6] 星海建筑公司于2016年12月20日购置工程车一台，原价为500万元，使用年限为10年，会计上采用双倍余额递减法计提折旧，净残值为零。税法规定该类固定资产采用年限平均法计提折旧，净残值为零。2018年12月31日，该公司估计该项固定资产的可收回金额为280万元。

分析：该项固定资产账面价值＝500－500×20％－400×20％－40＝280(万元)

其计税基础＝500－500×10％－500×10％＝400(万元)

该项固定资产的账面价值280万元与其计税基础400万元之间的120万元差额，将于未来期间减少企业的应纳税所得额，为可抵扣暂时性差异，在符合确认条件的情况下，应确认与其相关的递延所得税资产。

▶ **2. 无形资产账面价值与计税基础产生差异的原因**

（1）对于内部研究开发形成的无形资产，企业会计准则规定有关研究开发支出区分两个阶段，研究阶段的支出应当费用化计入当期损益，开发阶段符合资本化条件的支出应当资本化作为无形资产的成本；税法规定，企业发生的研究开发支出均在发生当期税前扣除。

（2）无形资产后续计量时，会计与税收的差异主要产生于对无形资产是否需要摊销及无形资产减值准备的提取。比如会计准则规定，使用寿命不确定的无形资产不要求摊销，税法则要求在不少于10年的期限内摊销；会计上提取的减值准备在税法上是不承认的。

注意：企业为开发新技术、新产品、新工艺发生的研究开发费用，未形成无形资产计入当期损益的，在按照规定据实扣除的基础上，按照研究开发费用的50%加计扣除；形成无形资产的，按照无形资产成本的150%摊销。

[例7-7] 星海建筑公司当期发生研究开发支出共计1 000万元，其中研究阶段支出200万元，开发阶段符合资本化条件前发生的支出的200万元，符合资本化条件后发生的支出600万元。假定税法规定企业的研究开发支出可按150%扣除。该企业开发形成的无形资产在当期期末已达到预定用途。

分析：该公司当期发生的研究开发支出中，按照会计规定应予费用化的金额为400万元，形成无形资产的成本为600万元，即期末所形成无形资产的账面价值为600万元。

该公司当期发生的1 000万元研究开发支出，可在税前扣除的金额为1 500万元。有关支出全部在发生当期税前扣除后，其于未来期间形成的无形资产可税前扣除的金额为零，即其计税基础为零。

该项无形资产的账面价值600万元与其计税基础零之间的差额600万元将于未来期间计入企业的应纳税所得额，产生未来期间应交所得税的义务，属于应纳税暂时性差异，符合确认条件时，应确认相关的递延所得税负债。

▶ **3. 以公允价值计量且其变动计入当期损益的金融资产账面价值与计税基础的差异分析**

《企业会计准则第22号——金融工具确认和计量》的规定，对于以公允价值计量且其变动计入当期损益的金融资产，其于某一会计期末的账面价值应修正至此时点的公允价值，税法则对此通常不认定，只承认其原始入账成本。

[例7-8] 2017年10月20日，星海建筑公司自公开市场取得一项权益性投资，支付价款2 000万元，作为交易性金融资产核算。2015年12月31日，该投资市价为2 200万元。

分析：该项交易性金融资产的期末市价为2 200万元，其按照会计准则规定进行核算，在2017年资产负债表日的账面价值为2 200万元。

因税法规定交易性金融资产在持有期间的公允价值变动不计入应纳税所得额，其在2017年资产负债表日的计税基础应维持原取得成本不变，为2 000万元。

该交易性金融资产的账面价值2 200万元与其计税基础2 000万元之间产生了200万元的暂时性差异，该暂时性差异在未来期间转回时会增加未来期间的应纳税所得额，为应纳税暂时性差异，符合确认条件时，应确认相关的递延所得税负债。

▶ **4. 其他资产**

(1) 投资性房地产，企业持有的投资性房地产进行后续计量时，会计准则规定可以采用两种模式，一种是成本模式，采用该种模式计量的投资性房地产其账面价值与计税基础的确定与固定资产、无形资产相同；另一种是在符合规定条件的情况下，可以采用公允价值模式对投资性房地产进行后续计量。对于采用公允价值进行后续计量的投资性房地产，其计税基础的确定类似于以公允价值模式计量且其变动计入当期损益的金融资产。

[例7-9] 星海建筑公司于2017年1月1日将其自用房屋用于对外出租，该房屋成本为750万元，预计使用年限为20年。转为投资性房地产之前，已使用4年，企业按照年限平均法计提折旧，净残值为零。转为投资性房地产核算后，能够持续可靠取得该投资性房地产的公允价值，星海建筑公司采用公允价值对该项房地产进行后续计量。假定税法规定的

折旧方法、折旧年限及净残值与会计相同。同时，税法规定资产在持有期间公允价值的变动不计入应纳税所得额，待处置时一并计算确定应计入应纳税所得额的金额。该项投资性房地产在 2017 年 12 月 31 日的公允价值为 900 万元。

分析：该投资性房地产在 2017 年 12 月 31 日的账面价值为期公允价值 900 万元，其计税基础为取得成本扣除按照税法规定允许税前扣除的折旧额后的金额，即其计税基础 = $750-750÷20×5=562.5$（万元）。

该项投资性房地产的账面价值 900 万元与其计税基础 562.5 万元之间产生了 337.5 万元的暂时性差异，会增加企业在未来期间的应纳税所得额，为应纳税暂时性差异，符合确认条件时，应确认与其相关的递延所得税负债。

（2）其他计提了资产减值准备的各项资产。减值准备在税法上一概不予承认。

（四）常见负债计税基础与账面价值的差异分析

▶ 1. 企业因销售商品提供售后服务等原因确认的预计负债账面价值与计税基础的差异分析

此类预计负债通常在支付时允许扣税，其计税基础一般为 0（此类预计负债的计税基础 = 账面价值 - 未来支付时允许扣税的全部账面价值 = 0）。

[例 7-10] 恒达公司 2017 年因销售产品承诺提供 3 年的保修服务，在当年度利润表中确认了 500 万元的销售费用同时确认为预计负债。当年度发生任何保修支出。按照税法规定，与产品售后服务相关的费用在实际发生时允许税前扣除。

分析：该项预计负债在恒达公司 2017 年 12 月 31 日资产负债表中的账面价值为 500 万元。该项预计负债的计税基础为：$500-500=0$（元）。

▶ 2. 预收账款账面价值与计税基础的差异分析

（1）如果税法与会计的收入确认时间均为发出商品时，预收账款的计税基础为账面价值，即会计上未确认收入时，计税时一般也不计入应纳税所得额，该部分经济利益在未来期间计税时可税前扣除的金额为 0，计税基础等于账面价值；

（2）如果税法确认的收入的时间在收到该预收账款时，预收账款的计税基础为 0，即因其产生时已经计算交纳所得税，未来期间可全额税前扣除，计税基础为账面价值减去在未来期间可全额税前扣除的金额，即其计税基础为 0。

（五）特殊项目产生的暂时性差异

▶ 1. 未作为资产、负债确认的项目产生的暂时性差异

较为典型的是企业发生的符合条件的广告费和业务宣传费用，除另有规定外，不超过当年销售收入 15% 的部分，准予扣除；超过部分准予在以后纳税年度结转扣除。该类费用在发生时按照会计准则规定即计入当期损益，不形成资产负债表中的资产，但按照税法规定可以确定其计税基础的，两者之间的差异也形成暂时性差异。

[例 7-11] 某企业 2018 年广告费超过销售收入 15% 的部分为 60 万元，计算应交企业所得税为 65 万元。2019 年度广告费未超出 15% 比例，计算应交所得税为 35 万元。

2018 年的会计分录如下。

借：所得税费用   500 000

  递延所得税资产   150 000

  贷：应交税费——应交所得税   650 000

2019 年的会计分录如下。

借：所得税费用   500 000

    贷：应交税费——应交所得税   350 000

          递延所得税资产   150 000

▶ 2. 可抵扣亏损及税款抵减产生的暂时性差异

税法中的亏损和财务会计中的亏损是不同的。财务会计上的亏损是指当年总收益小于当年总支出；企业所得税法中所称亏损，是指依照税法的规定将纳税年度的收入总额减除不征税收入、免税收入和各项扣除后小于零的数额。企业发生的亏损，经税务部门核准后，可以允许在连续 5 年内以税前利润进行弥补，企业对能够结转后期的尚可抵扣的亏损，应当以可能获得用于抵扣尚可抵扣的亏损的未来应税利润为限，确认递延所得税资产。一般称之为当期确认法，即后转抵减所得税的利益在亏损当年确认。

使用该方法，企业应当对五年内可抵扣暂时性差异是否能在以后经营期内的应税利润充分转回做出判断，如果不能，企业不应确认。

[例 7-12] 企业在 2017 年至 2020 年间每年应税收益分别为 －1 000 万元、400 万元、200 万元、500 万元，适用税率始终为 20%，假设无其他暂时性差异。

（1）2017 年的会计分录如下。

借：递延所得税资产   2 000 000

    贷：所得税费用——补亏减税   2 000 000

（2）2018 年的会计分录如下。

借：所得税费用   800 000

    贷：递延所得税资产   800 000

（3）2019 年的会计分录如下。

借：所得税费用   400 000

    贷：递延所得税资产   400 000

（4）2020 年的会计分录如下。

借：所得税费用   1 000 000

    贷：递延所得税资产   800 000

          应交税费——应交企业所得税   200 000

（六）汇算清缴后所得税的账务处理

在年度财务报告外部审计或者税务稽查过程中，企业年末进行汇算清缴后的应纳所得税额往往与企业计提的应交所得税不一致。如果企业不对差额进行账务处理，那么当实际应纳所得税额大于企业计提额时，在企业账面上"应交所得税"明细科目就会出现借方余额，表面上看就是企业多缴了所得税或者是企业预缴了所得税；反之，当实际应纳所得税额小于企业计提额时，在"应交所得税"明细科目就会出现贷方余额，表面上看就是企业少缴了所得税，即欠税。实质上，企业并没有少缴或多缴企业所得税，只是企业在所得税汇算后未根据纳税调整额进行账务处理。

▶ 1. 对于盈利企业

1）对永久性差异的账务处理

永久性差异是指在某一会计期间，税前会计利润与纳税所得之间由于计算口径不同而形成的差异。这是因税法规定与会计准则规定在收入和费用确认的范围和标准不一致所造成的。这种差异一旦发生，即永久存在。这种差异仅影响以利润总额为基础的纳税调整，不产生递延所得税影响。

账务处理时一般仅调整留存收益和应交税费。

（1）调整增加所得税。

借：利润分配——未分配利润

　　盈余公积

　　贷：应交税费——应交企业所得税

（2）调整减少所得税。

借：应交税费——应交企业所得税

　　贷：利润分配

　　　　盈余公积

2）对暂时性差异的账务处理

（1）应纳税暂时性差异的账务处理。

借：应交税费——应交企业所得税

　　贷：递延所得税负债（应纳税暂时性差异额×企业所得税税率）

（2）可抵性暂时性差异的账务处理。

借：递延所得税资产（可抵扣暂时性差异额×企业所得税税率）

　　贷：应交税费——应交企业所得税

[**例 7-13**] B公司（所得税税率为 25%）2018 年度会计利润为 1 000 万元，企业按会计利润计提应交所得税 250 万元。2019 年 3 月份，公司委托 C 税务师事务所对所得税进行汇算清缴后的应纳税所得额为 1 200 万元。计算调整事项如下。

① 不得税前扣除的罚款、不合规票据支出 50 万元，调增应纳税所得额。

② 权益法确认的投资收益 100 万元，调减应纳税所得额。

③ 本期计提存货跌价准备 50 万元，调增应纳税所得额。

解析：

第①项属于永久性差异。

借：利润分配——未分配利润　　　　　　　　　（500 000×25%×90%）/12 500

　　盈余公积　　　　　　　　　　　　　　　　（500 000×25%×10%）12 500

　　贷：应交税费——应交企业所得税　　　　　　（500 000×25%）125 000

第②项属于应纳税暂时性差异。

借：应交税费——应交企业所得税　　　　　　　　　　　　　　　　250 000

　　贷：递延所得税负债　　　　　　　　　　　　（1 000 000×25%）250 000

第③项属于可抵扣暂时性差异。

借：递延所得税资产　　　　　　　　　　　　　　（500 000×25%）125 000

　　贷：应交税费——应交企业所得税　　　　　　　　　　　　　　125 000

▶ **2. 对于亏损企业**

1）永久性差异

企业不用进行账务处理，将来盈利补亏时，按照所得税汇算清缴鉴证报告确认的亏损额进行弥补即可。

2）暂时性差异

（1）应纳税暂时性差异。

借：利润分配——未分配利润

　　贷：递延所得税负债（差异额×所得税税率）

（2）可抵扣暂时性差异

借：递延所得税资产（差异额×所得税税率）

　　贷：利润分配——未分配利润

二、跨地区经营汇总纳税企业所得税

▶ **1. 基本依据**

国家税务总局关于印发《跨地区经营汇总纳税企业所得税征收管理办法》的公告（国家税务总局 2012 年第 57 号）

▶ **2. 汇总纳税企业范围**

（1）汇总纳税企业是指居民企业在中国境内跨地区（指跨省、自治区、直辖市和计划单列市，下同）设立不具有法人资格的营业机构、场所（以下称为分支机构）的居民企业。

（2）铁路运输企业（包括广铁集团和大秦铁路公司）、国有邮政企业、中国工商银行股份有限公司、中国农业银行、中国银行股份有限公司、国家开发银行、中国农业发展银行、中国进出口银行、中央汇金投资有限责任公司、中国建设银行股份有限公司、中国建银投资有限责任公司、中国石油天然气股份有限公司、中国石油化工股份有限公司以及海洋石油天然气企业（包括港澳台和外商投资、外国海上石油天然气企业）等缴纳所得税未纳入中央和地方分享范围的企业，不适用本办法。

▶ **3. 企业所得税征收管理办法**

企业实行"统一计算、分级管理、就地预缴、汇总清算、财政调库"的企业所得税征收管理办法。

（1）统一计算，是指企业总机构统一计算包括企业所属各个不具有法人资格的营业机构、场所在内的全部应纳税所得额、应纳税额。

（2）分级管理，是指总机构、分支机构所在地的主管税务机关都有对当地机构进行企业所得税管理的责任，总机构和分支机构应分别接受机构所在地主管税务机关的管理。

（3）就地预缴，是指总机构、分支机构应按本办法的规定，分月或分季分别向所在地主管税务机关申报预缴企业所得税。

（4）汇总清算，是指在年度终了后，总机构负责进行企业所得税的年度汇算清缴，统一计算企业的年度应纳税所得额，抵减总机构、分支机构当年已就地分期预缴的企业所得税款后，多退少补税款。

（5）财政调库，是指财政部定期将缴入中央国库的跨地区总分机构企业所得税待分配收入，按照核定的系数调整至地方金库。

▶ **4. 二级分支机构的判定及其所得税预缴**

1）二级分支机构的判定

二级分支机构是指总机构对其财务、业务、人员等直接进行统一核算和管理的领取非法人营业执照的分支机构。

总机构应及时将其所属二级分支机构名单报送总机构所在地主管税务机关,并向其所属二级分支机构及时出具有效证明(支持证明的材料包括总机构拨款证明、总分机构协议或合同、公司章程、管理制度等)。

二级分支机构在办理税务登记时应向其所在地主管税务机关报送非法人营业执照(复印件)和由总机构出具的二级分支机构的有效证明。其所在地主管税务机关应对二级分支机构进行审核鉴定,督促其及时预缴企业所得税。

以总机构名义进行生产经营的非法人分支机构,无法提供有效证据证明其二级及二级以下分支机构身份的,应视同独立纳税人计算并就地缴纳企业所得税,不执行《国家税务总局关于印发〈跨地区经营汇总纳税企业所得税征收管理暂行办法〉的通知》(国税发〔2008〕28号)的相关规定。

2)所得税预缴规定

(1)总机构和具有主体生产经营职能的二级分支机构,就地分期预缴企业所得税。

(2)二级分支机构及其下属机构均由二级分支机构集中就地预缴企业所得税;三级及以下分支机构不就地预缴企业所得税,其经营收入、职工工资和资产总额统一计入二级分支机构。

(3)总机构设立具有独立生产经营职能部门,且具有独立生产经营职能部门的经营收入、职工工资和资产总额与管理职能部门分开核算的,可将具有独立生产经营职能的部门视同一个分支机构,就地预缴企业所得税。具有独立生产经营职能部门与管理职能部门的经营收入、职工工资和资产总额不能分开核算的,具有独立生产经营职能的部门不得视同一个分支机构,不就地预缴企业所得税。

(4)不具有主体生产经营职能,且在当地不缴纳增值税的产品售后服务、内部研发、仓储等企业内部辅助性的二级及以下分支机构,不就地预缴企业所得税。

(5)上年度认定为小型微利企业的,其分支机构不就地预缴企业所得税。

(6)新设立的分支机构,设立当年不就地预缴企业所得税。

(7)撤销的分支机构,撤销当年剩余期限内应分摊的企业所得税款由总机构缴入中央国库。

(8)企业在中国境外设立的不具有法人资格的营业机构,不就地预缴企业所得税。

企业计算分期预缴的所得税时,其实际利润额、应纳税额及分摊因素数额,均不包括其在中国境外设立的营业机构。

▶ 5. 汇总纳税企业总分机构企业所得税的计缴

1)计算应纳税所得额

(1)依据当期实际利润额,在税收实务中最为普遍。

(2)经总机构所在地主管税务机关认可,依据上一年度1/12或1/4的应纳税所得额。

2)计算总机构和分支机构的企业所得税预缴额

总机构和分支机构分期预缴的企业所得税,50%在各分支机构间分摊预缴,50%由总机构预缴。总机构预缴的部分,其中25%就地入库,25%预缴入中央国库。

分支机构分摊的比例=0.35×(该分支机构经营收入/各分支机构经营收入之和)+0.35×(该分支机构工资总额/各分支机构工资总额之和)+0.30×(该分支机构资产总额/

各分支机构资产总额之和)

三项指标的归属时间：上半年(1～6月)计算时选取上上年度数据，下半年(7～12月)计算时选取上年度数据。

具体的比例及税额由总机构负责计算，并通知各分支机构。

以上公式中分支机构仅指需要就地预缴的分支机构，该税款分摊比例按上述方法一经确定后，当年不作调整。

分支机构经营收入，是指分支机构在销售商品或者提供劳务等经营业务中实现的全部营业收入。其中，生产经营企业的经营收入是指销售商品、提供劳务等取得的全部收入；金融企业的经营收入是指利息和手续费等全部收入；保险企业的经营收入是指保费等全部收入。

分支机构职工工资，是指分支机构为获得职工提供的服务而给予职工的各种形式的报酬。

分支机构资产总额，是指分支机构拥有或者控制的除无形资产外能以货币计量的经济资源总额。

各分支机构的经营收入、职工工资和资产总额的数据均以企业财务会计决算报告数据为准。

(1) 总分支机构企业所得税适用税率相同时，计算与分配较为简单。

(2) 总分支机构适用税率不同时企业所得税款的计算和缴纳。

① 由总机构统一计算全部应纳税所得额。

② 计算不同税率地区机构(包括总分支机构，以下相同)的应纳税所得额。

将总机构统一计算的全部应纳税所得额分别乘以50%得到总机构应分摊的所得额以及各分支机构总计应分摊的所得额；再将50%的企业全部应纳税所得额乘以各分支机构根据三因素确定的分摊比例(该分摊比例具体见上面公式，以下相同)，从而得到不同税率地区分支机构的应纳税所得额。

③ 计算企业的应纳所得税总额

根据第二步得到的不同税率地区机构的应纳税所得额，再分别按各自的适用税率计算应纳税额后，加总计算出企业的应纳所得税总额。

④ 计算总机构和分支机构分摊就地预缴的所得税款。

总机构应分摊的所得税额＝企业应纳所得税总额×50%

各分支机构应分摊的所得税额＝企业应纳所得税总额×50%×

各分支机构根据三因素所确定的分摊比例

3) 由总机构和分支机构分月或者分季就地预缴

(略)

4) 总分支机构企业所得税年度汇算清缴

由总机构在年度终了后5个月内，依照法律、法规和其他有关规定进行汇总纳税企业的所得税年度汇算清缴。不存在需要各分支机构税款分摊比例的问题，各分支机构不进行企业所得税汇算清缴。

经汇算，当年应补缴或多缴的所得税款，均由总机构缴入中央国库或按规定程序从中央国库办理退库。

三、跨地区经营建筑企业所得税征收管理

（1）实行总分机构体制的跨地区经营建筑企业应严格执行国税发〔2008〕28号文件规定，按照"统一计算，分级管理，就地预缴，汇总清算，财政调库"的办法计算缴纳企业所得税。

（2）建筑企业所属二级或二级以下分支机构直接管理的项目部（包括与项目部性质相同的工程指挥部、合同段等，下同）不就地预缴企业所得税，其经营收入、职工工资和资产总额应汇总到二级分支机构统一核算，由二级分支机构按照国税发〔2008〕28号文件规定的办法预缴企业所得税。

（3）建筑企业总机构直接管理的跨地区设立的项目部，应按项目实际经营收入的0.2%按月或按季由总机构向项目所在地预分企业所得税，并由项目部向所在地主管税务机关预缴。

（4）建筑企业总机构应汇总计算企业应纳所得税，按照以下方法进行预缴。

① 总机构只设跨地区项目部的，扣除已由项目部预缴的企业所得税后，按照其余额就地缴纳。

② 总机构只设二级分支机构的，按照国税发〔2008〕28号文件规定计算总、分支机构应缴纳的税款。

③ 总机构既有直接管理的跨地区项目部，又有跨地区二级分支机构的，先扣除已由项目部预缴的企业所得税后，再按照国税发〔2008〕28号文件规定计算总、分支机构应缴纳的税款。

（5）建筑企业总机构应按照有关规定办理企业所得税年度汇算清缴，各分支机构和项目部不进行汇算清缴。总机构年终汇算清缴后应纳所得税额小于已预缴的税款时，由总机构主管税务机关办理退税或抵扣以后年度的应缴企业所得税。

（6）跨地区经营的项目部（包括二级以下分支机构管理的项目部）应向项目所在地主管税务机关出具总机构所在地主管税务机关开具的《外出经营活动税收管理证明》，未提供上述证明的，项目部所在地主管税务机关应督促其限期补办；不能提供上述证明的，应作为独立纳税人就地缴纳企业所得税。同时，项目部应向所在地主管税务机关提供总机构出具的证明该项目部属于总机构或二级分支机构管理的证明文件。

（7）建筑企业总机构在办理企业所得税预缴和汇算清缴时，应附送其所直接管理的跨地区经营项目部就地预缴税款的完税证明。

（8）建筑企业在同一省、自治区、直辖市和计划单列市设立的跨地（市、县）项目部，其企业所得税的征收管理办法，由各省、自治区、直辖市和计划单列市国家税务局、地方税务局共同制定，并报国家税务总局备案。

企业对被投资单位不具有控制、共同控制或重大影响，且在活跃市场中没有报价、公允价值不能可靠计量的长期股权投资。

四、境外所得抵扣税额的计算

（一）可抵免境外所得税的范围

可抵免境外所得税既包括居民企业直接或间接负担的境外所得税，也包括非居民企业

在华机构和场所直接缴纳的境外所得税以及符合税收协定规定的饶让抵免。

对来源于特定较高税率国家（地区）的符合条件的境外所得可直接以其抵免限额作为可抵免的境外所得税额，不再计算中国企业所得税；简而言之，就是对符合条件的境外所得实行免税。

（二）相关计算程序

▶ 1. 境外所得额的确定

按照"分国不分项"原则和所得来源地的规定，确认来源于某同一国家（地区）的境外所得。

（1）不具有独立纳税地位的中国居民企业境外分支机构的境外所得（例如，通过不具有独立纳税地位的境外分支机构，包括分公司、机构、承包工程和提供劳务场所等取得的所得），应当在扣除符合新税法规定的各项合理支出后的余额为应纳税所得额计征中国企业所得税。不论是否汇回，均应计入该居民企业的应纳税所得额，并且按企业所得税法及其实施条例的有关规定确定各项收入、支出。

（2）居民企业来源于境外的股息、红利等权益性投资收益，以及利息、租金、特许权使用费、转让财产等收入，扣除按照企业所得税法及其实施条例等规定的各项合理支出后的余额为应纳税所得额。非居民企业在境内设立机构、场所的，其发生在境外但与境内所设机构、场所有实际联系的各项应税所得按照同样规定计算。

（3）企业为取得境内、境外所得而在境内、境外发生的共同支出，应按合理比例进行分摊。

但不具有独立纳税地位的分支机构的亏损，不得抵减其境内或他国（地区）的应纳税所得额，可以用同一国家（地区）其他项目或以后年度的所得按规定弥补。

国外盈利可以抵扣国内亏损。

▶ 2. 可抵免境外所得税税额

居民企业就其来源于某同一国家（地区）的境外所得，在该国家（地区）所实际缴纳和负担的公司（法人）税和预提所得税等具有所得税性质的税款之和。

（1）"可抵免境外所得税税额"的概念：企业来源于中国境外的所得依照境外税收法律以及相关规定应当缴纳并已实际缴纳的企业所得税性质的税款。

如果设立为分公司，其取得利润应在当年计入中国企业的应纳税所得额，需立即按税率差补缴中国企业所得税。相反，如果设立为子公司，子公司的税后利润在汇回中国时才需要按税率差补缴中国企业所得税；因此，若投资者暂时将子公司的税后利润保留在境外，可有效递延中国所得税的纳税义务。

（2）税收饶让——免税或减税的数额，按照税收协定规定应视同已缴税额在中国的应纳税额中抵免的，可办理税收抵免。

企业应注意了解税收协定和所得来源国（地区）相关税法，按照规定及时、足额缴纳税款，但也应当防止多缴、错缴。因为错征、错缴或不应征收的所得税税款，和因少缴、迟缴境外所得税而追加的利息、滞纳金或罚款都无法获得抵免。这将加重纳税人的税收负担。当遇到错征、错缴时应及时与当地税务部门、司法部门联系复议、诉讼等事宜；如遇到被课征按照协定不应征收的税收，还可以申请启动税收协定的相互协商程序，由国家税务总局有关部门出面协商，避免损失。

注意保留相关证明材料。在税收饶让的情况下，主管税务机关将要求企业提供在境外享受减免税的情况说明和证明资料，缺乏相关证明材料将不能享受税收饶让。

（3）间接抵免。间接抵免的条件为：一是居民企业直接或者间接持有20%以上股份的外国企业，其中"一个或多个符合本条规定持股条件的"外国企业，应理解为被居民企业或上一层企业持股合计达20%的外国企业；二是限于三个层级。

第一层，单一居民企业直接持有20%以上股份的外国企业；第二层，单一第一层外国企业直接持有20%以上股份，且由单一居民企业直接持有或通过一个或多个符合本条规定持股条件(直接持有20%以上的股份，下同)的外国企业间接持有总和达到20%以上股份的外国企业；第三层，单一第二层外国企业直接持有20%以上股份，且由单一居民企业直接持有或通过一个或多个符合本条规定持股条件的外国企业间接持有总和达到20%以上股份的外国企业。

间接抵免中"境外投资收益间接负担的税额"按以下公式逐层计算：(本层企业就利润和投资收益所实际缴纳的税额＋符合125号文规定的由本层企业间接负担的税额)×本层企业向一家上一层企业分配的股息(红利)÷本层企业所得税后利润额＝本层企业所纳税额属于由一家上一层企业负担的税额。

[例7-14]我国居民企业X直接持有A国外国企业Y20%的股份，X直接持有B国外国企业Z10%的股份，Y企业直接持有Z企业20%的股份，居民企业X直接或间接持股Z企业合计为多少？

按照政策要求，应该为：$10\%+20\%\times20\%=14\%$。

因此，Z企业不符合间接抵免条件。

▶ 3. 抵免限额

居民企业应继续按照"分国不分项"原则，计算出源于某同一国家(地区)的境外所得税抵免限额。

（1）抵免限额的计算公式。按"分国不分项"原则计算某国(地区)所得税抵免限额的规定，具体计算公式如下。

某国(地区)所得税抵免限额＝中国境内、境外所得依照企业所得税法及实施条例的规定计算的应纳税总额×来源于某国(地区)的应纳税所得额÷中国境内、境外应纳税所得总额

计算上述"中国境内、境外所得依照企业所得税法及实施条例的规定计算的应纳税总额"所使用的税率通常为25%。

从该计算公式中可以看出，如果增加境外收入、降低境外成本费用，则来源于境外的应纳税所得额会相应增加，从而提高境外所得税抵免限额。例如，在境外某国家(地区)实际缴纳的境外所得税不变的前提下，如果能够将境内外业务共同发生的某些费用在合理的基础上更多的分摊到境内，则可以提高境外业务的应纳税所得额，相应提高该国家(地区)的境外所得税抵免限额。

（2）确定企业当年实际应抵免的境外所得税额采取"孰小原则"，即为境外所得税额与抵免限额较小者，并明确了超过限额部分只能用次年起5个年度的抵免限额余额抵补。

[例7-15]我国居民企业X境内应纳税所得1 000万元，A国分支机构Y应纳税营业所得400万元，A国企业所得税税率为20%。假设A国给予Y免税待遇，且两国签订的税

收协定有饶让条款。B国分支机构 Z 应纳税营业所得 300 万元，B国企业所得税税率为 40%。

① A国境外所得税收抵免。

饶让情况下：

抵免限额：1 700×25%×400÷1 700＝100(万元)。

可抵免所得税税额：400×20%－80(万元)(视同已缴纳)。

实际应抵免：80 万元(80 万元＜抵免限额 100 万元)。

非饶让情况下：

实际应抵免：0 万元

② B国境外所得税收抵免。

抵免限额：1 700×25%×300÷1 700＝75(万元)。

境外所得税额：300×40%＝120(万元)。

当期实际应抵免：75 万元(抵免限额 75 万元＜120 万元)。

可用次年起 5 年内抵免限额余额抵补：120－75＝45(万元)。

③ 税收饶让情况下，当期企业实际应纳所得税额＝1 700×25%－80－75＝270(万元)。

(3) 简易办法。125 号文规定，企业从境外取得营业利润所得以及符合境外税额间接抵免条件的股息所得，虽有所得来源国(地区)政府机关核发的具有纳税性质的凭证或证明，但因客观原因无法真实、准确地确认应当缴纳并已经实际缴纳的境外所得税税额的，除例外条件外可按境外应纳税所得额的 12.5% 作为抵免限额。

在实践中，各地税务机关可能出于征管方便和增加税源的考虑，较多的采用这一简易计算方法，使企业从境外高税负国家(地区)取得的股息收入无法充分享受抵免待遇。

注意：125 号文第十条并非一个 12.5% 简单征税的条款，而是抵免限额，就是说企业在交了税且税率高于 12.5% 而由于不能及时取得完税凭证只有政府机关发放的具有纳税性质的凭证和证明时才可以申请按照 12.5% 进行抵扣，满足的条件是 3 个：已经交了税且高于 12.5%；没有正规的完税证明但有政府机关发放的其他凭证或证明；向税务机关申请并取得同意。实际上国外税收不能按照 12.5% 的比率简单征收。

[例 7-16] 接例 7-15，假定 A国对 Y 没有免税待遇，Y 的凭证不能准确反映境外所得税额，所以 X 选择简易办法。

凭证准确时应抵免：400×20%＝80(万元)，小于抵免限额，可据实抵免。

简易办法时应抵免：400×12.5%＝50(万元)，比据实抵免少抵免 80－50＝30(万元)。

▶ 4. 计算实际应纳中国所得税额

在完成以上三个步骤后，按照"通知"规定的下列公式计算实际应纳中国所得税额，对居民企业来说将不再困难。

实际应纳所得税额＝境内外所得应纳税总额－企业所得税减免、抵免优惠税额－境外所得税抵免额

特别值得注意的是，居民企业如果不能准确计算上述项目实际可抵免分国家(地区)的境外所得税税额的，在相应国家(地区)缴纳的税收均不得在该企业当期应纳税额中抵免，也不得结转以后年度抵免。

（三）其他规定

（1）企业"走出去"，在境外设立分支机构的，在税务登记管理上有什么规定？

纳税人在境外设立分支机构，应该按照《税务登记管理办法》（国家税务总局7号令）的规定，办理变更税务登记。《税务登记管理办法》第十八条规定："纳税人税务登记内容发生变化的，应当向原税务登记机关申报办理变更税务登记"。

纳税人在办理税务登记时，需要填写税务登记表，如实填写分支机构和资本构成等有关情况。当纳税人在境外设立分支机构，税务登记表和税务登记证副本中的分支机构和资本构成等情况发生了改变，纳税人应按照规定办理变更税务登记，向税务机关反映其境外分支机构的有关情况。

（2）境外所得如何预缴和清缴所得税？

纳税人来源于境外的所得和境内的所得，应依照《中华人民共和国企业所得税条例》及其实施细则，计算缴纳企业所得税。税款预缴分开进行，年终汇算清缴合并进行。即境内所得部分的税款预缴仍按统一规定执行；境外所得部分的应缴税款可按半年或按年计算预缴，具体预缴日期和税款数额由当地税务机关审核确定。纳税人应于次年1月15日之前预缴全年应交税款。年度终了后4个月内，税务机关对纳税人来源于境外的所得和境内的所得，合并统一进行汇算清缴。

（3）纳税人来源于境外所得如何申报？

纳税人来源于境外的所得，不论是否汇回，均应按照《中华人民共和国企业所得税暂行条例》和实施细则的有关规定的纳税年度（公历1月1日至12月31日）计算申报并缴纳企业所得税。

（4）纳税人的境外所得优惠政策有哪些？

① 纳税人在境外遇有风、火、水、震等严重自然灾害，损失较大，继续维持投资、经营活动确有困难的，应取得中国政府驻当地使、领馆等驻外机构的证明后，按现行规定报经税务机关批准，按照条例和实施细则的有关规定，对其境外所得给予一年减征或免征所得税的照顾。

② 纳税人举办的境外企业或其他投资活动（如工程承包、劳务承包等），由于所在国（地区）发生战争或政治动乱等不可抗拒的客观因素造成损失较大的，可比照前款规定办理。

（5）我国现行税法有哪些税收饶让的条款？

① 纳税人在与中国缔结避免双重征税协定的国家，按照所在国（地区）的税法规定获得的减免所得税，可由纳税人提供有关证明，经税务机关审核后，视同已缴税款准予抵免。

② 纳税人承揽中国政府援外项目，当地国家（地区）的政府项目，世界银行等国际经济组织的援建项目和中国政府驻外使、领馆项目，获得该国家（地区）政府减免的所得税，可由纳税人提供有关证明，经税务机关批准，视同已缴纳的所得税准予抵免。

（6）抵免法有哪些具体计算方式？

按计算方式的不同，抵免法又可分为全额抵免法和限额抵免法。全额抵免法是指本国居民纳税人在向本国政府就来源于国内外的所得汇总计算缴税时，可以将其在国外缴纳的税款在向本国政府应缴的税款中全额扣除。限额抵免法是指本国居民纳税人就其来源于国内、国外的所得汇总向本国政府计算缴税时，可以扣除其在国外缴纳的税款，但扣除的限额应是其来源于国外的所得按本国税法规定计算的应纳税额。我国目前采用的是限额抵免法。

任务三 财务成果分配

一、利润分配程序

▶ 1. 本年度可供分配利润

本年度可供分配利润＝企业当年实现的净利润＋以前年度尚未弥补的亏损。

▶ 2. 提取法定盈余公积

法定盈余公积提取额＝可供分配利润×10％。

▶ 3. 投资者利润分配

可供分配的利润减去提取的法定盈余公积后为可供投资者分配的利润，按下列顺序分配(以前年度未分配的利润可以并入本年度一起向投资者分配)。

(1) 应付优先股股利(我国股份公司暂不发行)

优先股股利是指企业按优先股发放章程的有关规定，按约定的股息率或金额发放给优先股股东的报酬。由于优先股股东拥有股息分配的优先权，因此，普通股股东分派股利时，要以付清当年或积欠的优先股股利为条件。优先股股利的分派必须在普通股股利的分派之前。优先股股利是公司按定额或定率分派给优先股股东的股息，不含红利，而普通股股利会随公司利润的大小相应地增减，只含红利，不计股息；当公司利润多时，普通股股利会大于优先股股利，反之，普通股股利会小于优先股股利。

(2) 提取任意盈余公积。

(3) 应付普通股现金股利。可供分配的利润由董事会提出分配方案，经股东会批准。利润分配方案经股东会批准后，未分配利润由所有者权益转为负债。

(4) 应付普通股股票股利，是指企业按照利润分配方案以分派股票股利的形式转作的资本(或股本)，及以利润转增的资本。

二、账务处理

"利润分配"科目核算企业利润的分配(或亏损的弥补)和历年分配(或弥补)后的积存余额。

"利润分配"科目应当分别"提取法定盈余公积""提取任意盈余公积""应付现金股利或利润""转作股本的股利""盈余公积补亏"和"未分配利润"等进行明细核算。

企业(外商投资)还应分别"提取储备基金""提取企业发展基金""提取职工奖励及福利基金"进行明细核算。企业(中外合作经营)在合作期间归还投资者的投资，应在本科目设置"利润归还投资"明细科目进行核算。企业(金融)按规定提取的一般风险准备，应在本科目设置"提取一般风险准备"明细科目进行核算。

利润分配的主要账务处理如下。

（1）企业按规定提取的盈余公积，借记本科目（提取法定盈余公积、提取任意盈余公积），贷记"盈余公积——法定盈余公积、任意盈余公积"科目。

企业（外商投资）按规定提取的储备基金、企业发展基金、职工奖励及福利基金，借记本科目（提取储备基金、提取企业发展基金、提取职工奖励及福利基金），贷记"盈余公积——储备基金、企业发展基金""应付职工薪酬"科目。

企业（金融）按规定提取的一般风险准备，借记本科目（提取一般风险准备），贷记"一般风险准备"科目。

（2）企业经股东大会或类似机构决议，分配给股东或投资者的现金股利或利润，借记本科目（应付现金股利或利润），贷记"应付股利"科目。

经股东大会或类似机构决议，分配给股东的股票股利，应在办理增资手续后，借记本科目（转作股本的股利），贷记"股本"科目。如其差额，贷记"资本公积——股本溢价"科目。

企业用盈余公积弥补亏损，借记"盈余公积——盈余公积补亏"科目，贷记本科目（盈余公积补亏）。

企业（金融）用一般风险准备弥补亏损，借记"一般风险准备"科目，贷记本科目（一般风险准备补亏）科目。

企业（中外合作经营企业）在经营期间用利润归还的投资，应按实际归还投资的金额，借记本科目（利润归还投资），贷记"盈余公积——利润归还投资"科目。

年度终了，企业应将全年实现的净利润，自"本年利润"科目转入本科目，借记"本年利润"科目，贷记本科目（未分配利润），为净亏损的，做相反的会计分录；同时，将"利润分配"科目所属其他明细科目的余额转入本科目的"未分配利润"明细科目。结转后，本科目除"未分配利润"明细科目外，其他明细科目应无余额。

本科目年末余额，反映企业历年积存的未分配利润（或未弥补亏损）。

（1）本年利润转入。

① 本年度实现净利润时的账务处理。

借：本年利润

　　贷：利润分配——未分配利润

建议：考虑到亏损弥补的问题，在"未分配利润"明细账户下可开设三级明细账户，以便正确区分符合税法规定的纳税亏损和超过税法规定的亏损；具体名称可以定为："纳税亏损"和"超额亏损"；纳税亏损可以在以后年度税前利润中抵减，超额亏损可以在以后年度税后利润抵减。

② 本年度发生亏损时的账务处理。

借：利润分配——未分配利润

　　贷：本年利润

（2）实际分配利润。

借：利润分配——提取法定盈余公积

　　　　　　——提取任意盈余公积

　　　　　　——应付现金股利

贷：盈余公积——法定盈余公积

　　　　——任意盈余公积

　　　　——应付股利

（3）年终结转。

借：利润分配——未分配利润

　　贷：利润分配——提取法定盈余公积

　　　　　　——提取任意盈余公积

　　　　　　——应付现金股利

[例7-17] 某建筑公司系中外合资经营企业，2017年实现的净利润为800万元。年终，董事会根据公司章程形成利润分配决议：提取储备基金15%，提取企业发展基金8%，提取职工奖励及福利基金5%，分配给投资者利润450万元。其会计处理如下。

① 借：利润分配——提取储备基金　　　　　　　　　　　　　1 200 000

　　　　　　——提取企业发展基金　　　　　　　　　　640 000

　　　　　　——提取职工奖励及福利基金　　　　　　400 000

　　贷：盈余公积——储备基金　　　　　　　　　　　　1 200 000

　　　　　　——企业发展基金　　　　　　　　　　640 000

　　　应付职工薪酬　　　　　　　　　　　　　　400 000

② 分配投资者利润

借：利润分配——应付普通股股利　　　　　　　　　　　　4 500 000

　　贷：应付股利　　　　　　　　　　　　　　　　　　4 500 000

③ "利润分配"科目下的其他明细科目的余额转入"未分配利润"明细科目。

借：利润分配——未分配利润　　　　　　　　　　　　　　6 740 000

　　贷：利润分配——提取储备基金　　　　　　　　　　1 200 000

　　　　　　——提取企业发展基金　　　　　　　　640 000

　　　　　　——提取职工奖励及福利基金　　　　400 000

　　　　　　——应付普通股股利　　　　　　　　4 500 000

课后习题

1. 简述利润的构成。
2. 简述所得税与利润总额之间的差异。

8 项目八
施工企业财务报表

学习目标

知识目标

1. 掌握施工企业会计报表的种类
2. 掌握施工企业主要会计报表的结构
3. 掌握报表附注的相关知识
4. 掌握合并会计报表

能力目标

1. 能了解施工企业的三大报表
2. 能对施工企业会计报表进行简单分析

任务一 财务报表概述

财务报表是会计要素确认、计量的结果和综合性描述。投资者等报表使用者通过全面阅读和综合分析财务报表，可以了解和掌握企业过去和当前的状况，预测企业未来的发展趋势，从而做出相关决策。

一套完整的财务报表至少应当包括"四表一注"，及资产负债表、利润表、现金流量表、所有者权益(或股东权益，下同)变动表以及附注。

一、财务报表的分类

按编报期间的不同分类如下。

▶ 1. 中期财务报表

中期，指短于一个完整的会计年度的报告期间；中期财务报表是以中期为基础编制的财务报表，包括月报、季报和半年报等。

中期财务报表至少应当包括资产负债表、利润表、现金流量表和附注。其中，中期资产负债表、利润表和现金流量表应当是完整报表，其格式和内容应当与年度财务报表相一致；中期财务报表中的附注披露可以适当简略。

▶ 2. 年度财务报表

以年度为基础编制的财务报表，严格按准则规定列报。

二、财务报表列报的基本要求

▶ 1. 依据各项会计准则确认和计量的结果编制财务报表

企业应当根据实际发生的交易和事项，遵循各项具体会计准则的规定进行确认和计量，在此基础上编制财务报表。企业应当在附注中声明"遵循了企业会计准则"。

企业如果采用了不恰当的会计政策，不得通过在附注中披露等形式予以更正，企业应当对交易和事项进行正确的确认和计量。

▶ 2. 列报基础

持续经营是会计的基本假设，企业以持续经营为基础编制财务报表。

对于非持续经营情况应当在附注中声明财务报表未以持续经营为基础列报，披露其原因以及财务报表的编制基础。

一般而言，企业如果存在以下情况之一，则通常表明其处于非持续经营状态。

（1）企业已在当期进行清算或停止营业。

（2）企业已经正式决定在下一个会计期间进行清算或停止营业。

（3）企业已经确定在当期或下一个会计期间没有其他可供选择的方案而将被迫进行清算或停止营业。

▶ 3. 重要性和项目列报

财务报表是对大量交易和事项进行处理而形成的，是由若干个项目而组成的；这些项目在财务报表中是单独列报还是合并列报，应当依据重要性原则来判断。如果财务报表某项目的省略或错报会影响使用者据此做出经济决策的，则该项目就具有重要性。重要性应当根据企业所处环境，从项目的性质和金额大小两方面予以判断。性质判断主要考虑是否属于企业日常活动、是否对企业的财务状况和经营成果具有较大应影响等；金额大小主要考虑单项金额占资产总额、负债总额、所有者权益总额、营业收入总额、净利润等直接相关项目的比重等。

（1）性质或功能不同的项目，一般应当在财务报表中单独列报，但是不具有重要性的项目可以合并列报。比如存货和固定资产，在性质和功能上都有显著差别，必须单独列报。

（2）性质或功能类似的项目，一般可以合并列报，但是对其具有重要性的类别，应当按其类别在财务报表中单独列报。比如，库存现金、银行存款、其他货币资金合并作为货币资金列报；原材料、在产品、库存商品的性质类似，合并作为存货项目列报。

（3）项目单独列报的原则不仅适用于报表，还适用于附注。

（4）企业会计准则规定单独列报的项目，企业都应当予以单独列报。

▶ 4. 列报的一致性

可比性是会计信息质量的重要要求，目的是使同一企业不同期间和不同企业同一期间的财务报表相互可比。为此，财务报表项目的列报应当在各个会计期间保持一致，不得随意变更，但下列情况除外。

（1）会计准则要求改变财务报表项目的列报。

（2）企业经营业务的性质发生重大变化后，变更财务报表项目的列报能够提供更可靠、更相关的会计信息。

▶ 5. 财务报表项目金额间的相互抵销

财务报表项目应当以总额列报，资产和负债、收入和费用不得相互抵销，但会计准则另有规定的除外。下列两种情况不属于抵销，可以净额列示。

（1）非日常活动产生的损益，以收入扣减费用后的净额列示，不属于抵销。比如固定资产清理净损益，不需要将清理收入、发生的清理费用等单独列报。

（2）资产项目按扣除减值准备后的净额列示，不属于抵销，只有这样才反映了资产的真实价值。

▶ 6. 比较信息的列报

我国的报表是比较报表，即至少提供两期的数据。比如，资产负债表有年初余额和期末余额，利润表、现金流量表、所有者权益变动表都有本年数和上年数，这就是比较报表。

企业在列报当期财务报表时，至少应当提供所有列报项目上一可比会计期间的比较数据，以及与理解当期财务报表相关的说明。

▶ 7. 财务报表表首的列报要求

财务报表一般分为表首正、表两部分。企业编制的财务报表应当在表首部分概括说明下列基本信息。

（1）编报企业的名称。

（2）资产负债表日或财务报表涵盖的会计期间。

（3）企业应当以人民币列报，并标明金额单位，如人民币元、万元等。

（4）财务报表是合并财务报表的，应当予以标明。

▶ 8. 报告期间

企业至少应当编制年度财务报表，我国会计年度为公历 1 月 1 日起至 12 月 31 日止。年度财务报表涵盖的期间短于一年的，应当披露年度财务报表的涵盖期间，以及短于一年的原因；短于一年的报告称为中期财务报告。

任 务 二 　 资产负债表

一、资产负债表的内容和格式

资产负债表是反映企业在某一特定日期财务状况的报表。

资产负债表一般有表首、正表两部分。其中，表首概括地说明报表名称、编制单位、编制日期、报表编号、货币名称、计量单位等。正表是资产负债表的主体，列示了用以说明企业财务状况的各个项目。资产负债表正表的格式一般有两种：报告式资产负债表和账户式资产负债表。报告式资产负债表是上下结构，上半部列示资产，下半部列示负债和所有者权益。具体排列形式又有两种：一是按"资产＝负债＋所有者权益"的原理排列；二是按"资产－负债＝所有者权益"的原理排列。账户式资产负债表是左右结构，左边列示资产，右边列示负债和所有者权益。不管采取什么格式，资产各项目的合计等于负债和所有者权益各项目的合计这一等式不变。

在我国，资产负债表采用账户式。每个项目又分为"年初数"和"期末数"两栏分别填列。一般企业资产负债表的样式如表 8-1 所示。

表 8-1　资产负债表

会企 01 表

编制单位：　　　　　　　　　　　年　月　日　　　　　　　　　　单位：元

资　产	期末余额	年初余额	负债和所有者权益	期末余额	年初余额
流动资产：			流动负债：		
货币资金			短期借款		
交易性金融资产			交易性金融负债		
应收票据			应付票据		
应收账款			应付账款		
预付款项			预收款项		
应收利息			应付职工薪酬		
应收股利			应交税费		
其他应收款			应付利息		
存货			应付股利		
一年内到期的非流动资产			其他应付款		
其他流动资产			一年内到期的非流动负债		
流动资产合计			其他流动负债		
非流动资产：			流动负债合计		
可供出售金融资产			非流动负债：		
持有至到期投资			长期借款		
长期应收款			应付债券		
长期股权投资			长期应付款		
投资性房地产			专项应付款		
固定资产			预计负债		
在建工程			递延所得税负债		
工程物资			其他非流动负债		

资　产	期末余额	年初余额	负债和所有者权益	期末余额	年初余额
固定资产清理			非流动负债合计		
生产性生物资产			负债合计		
油气资产			所有者权益(或股东权益):		
无形资产			实收资本(或股本)		
开发支出			资本公积		
商誉			减：库存股		
长期待摊费用			盈余公积		
递延所得税资产			未分配利润		
其他非流动资产			所有者权益(或股东权益)合计		
非流动资产合计					
资产总计			负债和所有者权益总计		

二、资产负债表的列报方法

▶ 1．"年初余额"的填列方法

表中"年初余额"栏内各项目数字，应根据上年末资产负债表"期末余额"栏内所列数字填列。

（1）如果企业发生了会计政策变更、前期差错更正，应当对"年初余额"栏中的有关项目进行相应调整；

（2）如果企业上年度资产负债表规定的项目名称和内容与本年度不一致，应当对上年年末报表相关项目的名称和数字按照本年度的规定进行调整，填入"年初余额"栏。

▶ 2．"期末余额"栏的填列方法

1）根据总账科目余额填列

包括交易性金融资产、工程物资、固定资产清理、递延所得税资产、短期借款、交易性金融负债、应付票据、应付职工薪酬、应交税费、应付利息、应付股利、其他应付款、专项应付款、预计负债、递延所得税负债、实收资本或股本、资本公积、库存股、盈余公积等项目，应根据总账科目余额填列。

有些项目则应根据几个总账科目余额计算填列，如货币资金项目，应根据库存现金、银行存款、其他货币资金三个总账科目的期末余额的合计数填列。

2）根据明细账科目余额计算填列

（1）开发支出项目。应根据"研发支出"科目中所属的"资本化支出"明细科目期末余额填列。

（2）应付账款项目。应根据"应付账款"和"预付账款"两个科目所属的相关明细科目的期末贷方余额合计数填列。

（3）预收账款项目。应根据"预收账款"和"应收账款"科目所属明细科目的期末贷方余额合计数填列。

（4）一年内到期的非流动资产、非流动负债。应根据有关非流动资产或非流动负债科目的明细科目余额分析填列。

（5）长期借款、应付债券项目。应分别根据"长期借款""应付债券"科目的明细科目余额分析填列。

（6）未分配利润项目。应根据"利润分配"科目所属的"未分配利润"明细科目余额填列（中期报表中需加上本年实现净利润）。

3）根据总账科目和明细科目余额分析填列

（1）长期借款项目。应根据"长期借款"总账科目余额扣除"长期借款"科目所属的明细科目中将在资产负债表日起一年内到期且企业不能自主地将清偿义务展期的长期借款后的金额计算填列。

（2）长期待摊费用项目。应根据"长期待摊费用"科目的期末余额减去将于一年内（含一年）摊销的数额后的金额填列。

（3）其他非流动负债项目。应根据科目的期末余额减去将于一年内（含一年）到期偿还数额后的金额填列。

4）根据有关科目余额减去其备抵科目余额后的净额填列

（1）可供出售金融资产、持有至到期投资、长期股权投资、在建工程、商誉项目。应根据相关科目的期末余额填列，已计提减值准备的，还应扣减相应的减值准备。

（2）固定资产、无形资产、投资性房地产、生产性生物资产、油气资产项目。应根据相关科目的期末余额扣减相关的累计折旧（或摊销、折耗）填列，已计提减值准备的，还应扣减相应的减值准备。

采用公允价值计量的上述资产，应根据有关科目的期末余额填列。

（3）长期应收款项目。应根据"长期应收款"科目的期末余额，减去相应的"为实现融资收益"科目和"坏账准备"科目所属的相关明细科目期末余额后的金额填列。

（4）长期应付款项目。应根据"长期应付款"科目的期末余额，减去相应的"未确认融资费用"科目期末余额后的金额填列。

5）综合运用上述方法分析填列

（1）应收票据、应收利息、应收股利、其他应收款项目。根据相关科目的期末余额，减去其相应的坏账准备期末余额后的金额填列。

（2）应收账款项目。应根据"应收账款"和"预收账款"科目所属各明细科目的期末借方余额合计数，减去"坏账准备"科目中有关应收账款计提的坏账准备期末余额后的金额填列。

（3）预付款项项目。应根据"预付账款"和"应付账款"科目所属的明细科目期末余额合计数，减去"坏账准备"科目中有关预付款项计提的坏账准备后的金额填列。

（4）存货项目。应根据"材料采购""材料成本差异""生产成本""原材料""发出商品""库存商品""周转材料""委托加工物资""受托代销商品""在途物资""商品进销差价"等科目的期末余额，减去"受托代销商品款""存货跌价准备"科目期末余额后的金额填列。

注意：施工企业"已完工尚未结算款"="工程施工"期末余额—"工程结算"期末余额，在存货项目列报；对于"已结算尚未完工工程"项目＝"工程结算"期末余额—"工程施工"期末余额，反映施工企业在建施工合同未完工部分已办理了结算的价款，在预收款项项目列报。

任务三 利 润 表

一、利润表的内容和格式

利润表（见表 8-2）是反映企业在一定会计期间的经营成果的会计报表。

表 8-2 利 润 表

会企 02 表

编制单位： 年 月 单位：元

项 目	本 期 金 额	上 期 金 额
一、营业收入		
减：营业成本		
税金及附加		
销售费用		
管理费用		
财务费用		
资产减值损失		
加：公允价值变动收益（损失以"－"号填列）		
投资收益（损失以"－"号填列）		
其中：对联营企业和合营企业的投资收益		
二、营业利润（亏损以"－"号填列）		
加：营业外收入		
减：营业外支出		
其中：非流动资产处置损失		
三、利润总额（亏损总额以"－"号填列）		
减：所得税费用		
四、净利润（净亏损以"－"号填列）		
五、每股收益		
（一）基本每股收益		
（二）稀释每股收益		
六、其他综合收益		
七、综合收益总额		

二、一般企业利润表的列报方法

▶ 1. "本期金额"栏和"上期金额"栏的填列方法

本表中的栏目分为"本期金额"栏和"上期金额"栏。"本期金额"栏根据"营业收入""营业成本""税金及附加""销售费用""管理费用""财务费用""资产减值损失""公允价值变动收益""营业外收入""营业外支出""所得税费用"等损益类科目的发生额和"资本公积"科目的明细发生额分析填列。其中,"营业利润""利润总额""净利润""综合收益总额"项目根据本表中相关项目计算填列。

本表中的"上期金额"栏应根据上年该期利润表"本期金额"栏内所列数字填列。如果上年该期利润表规定的各个栏目的名称和内容同本期不相一致,应对上年该期利润表各项目的名称和数字按本期的规定进行调整,填入"上期金额"栏。

▶ 2. 利润表可以生成的经济指标

利用本表本期和上期净利润可以计算生成净利润增长率,反映企业获利能力的增长情况和长期的盈利能力趋势;利用净利润和营业收入可以计算生成销售利润率,反映企业经营的获利能力;利用净利润、营业成本、销售费用、管理费用和财务费用可以计算生成成本费用利用率,反映企业投入产出情况。

利用本表数据与其他报表或有关资料,可以生成反映企业投资回报等有关情况的指标。比如,利用净利润和净资产可以计算净资产的收益率,利用普通股每股市价与每股收益可以计算出市盈率等。

▶ 3. 关于"基本每股收益"和"稀释每股收益"指标

上述两个指标是向资本市场广大投资者反映上市公司(公众公司)每一股普通股票所创造的收益水平。对资本市场广大投资者(股民)而言,是反映投资价值的重要指标,是投资决策最直观最重要的参考依据,是广大投资者关注的重点。鉴于此,将这两项指标作为利润表的表内项目列示,同时要求在附注中详细披露计算过程,以供投资者投资决策参考。这两项指标应当按照《企业会计准则第34号——每股收益》的规定计算填列。

(1) 基本每股收益="归属于普通股股东的当期净利润"÷"当期发行在外普通股的加权平均数"。

当期发行在外普通股加权平均数=期初发行在外普通股股数+当期新发行普通股股数×发行在外时间÷报告期时间-当期回购普通股股数×回购时间÷报告期时间。

发行在外时间、报告期时间和回购时间一般按照天数计算,也可以按月份计算。按月计算的,发行在外时间是指普通股发行的次月份起至报告期末的月数,回购时间是指普通股回购的次月至报告期末的月数。

(2) 稀释每股收益="归属于普通股股东的当期净利润"÷"假定稀释性潜在普通股转换为已发行普通股的前提下普通股股数的加权平均数"。

▶ 4. 关于"其他综合收益"和"综合收益金额"项目

综合收益,是指企业某一时期与所有者之外的其他方面进行交易或发生其他事项所以起的净资产变动。综合收益的构成包括两部分:净利润和其他综合收益。其中,前者是企业已实现并已确认的利益,后者是企业未实现但根据会计准则的规定已确认的利益。

利润表中的"其他综合利益"反映企业根据企业会计准则规定未在损益中确认的各项所得和损失扣除所得税影响后的净额，主要包括可供出售金融资产产生的利得（或损失）、按照权益法核算的在被投资单位其他综合利益中所享有的份额、现金流量套期工具产生的利得（或损失）、外币财务报表折算差额等；"综合收益总额"项目反映企业净利润与其他综合收益的合计金额。

任 务 四　现金流量表

一、现金流量表概述

现金流量表，是指反映企业在一定会计期间现金和现金等价物流入和流出的报表。

▶ 1. 基本概念

1）现金

现金是指企业的库存现金以及可以随时用于支付的存款。

会计上所说的现金通常指企业的库存现金。而现金流量表中的"现金"不仅包括"库存现金"账户核算的库存现金，还包括企业"银行存款"账户核算的存入金融企业、随时可以用于支付的存款，也包括"其他货币资金"账户核算的外埠存款、银行汇票存款、银行本票存款和在途货币资金等其他货币资金。

应注意的是，银行存款和其他货币资金中有些不能随时用于支付的存款，如不能随时支取的定期存款等，不应作为现金，而应列作投资；提前通知金融企业便可支取的定期存款，则应包括在现金范围内。

2）现金等价物

现金等价物，是指企业持有的期限短、流动性强、易于转换为已知金额现金、价值变动风险很小的投资。

一项投资被确认为现金等价物必须同时具备四个条件：期限短、流动性强、易于转换为已知金额现金、价值变动风险很小。其中，期限较短，一般是指从购买日起，三个月内到期。例如，可在证券市场上流通的三个月内到期的短期债券投资等。

3）现金流量

现金流量是某一段时期内企业现金流入和流出的数量。企业现金形式的转换不会产生现金的流入和流出，如企业从银行提取现金，是企业现金存放形式的转换，并未流出企业，不构成现金流量；同样，现金与现金等价物之间的转换也不属于现金流量，比如，企业用现金购买将于 3 个月内到期的国库券。

▶ 2. 现金流量的分类

现金流量是指一定会计期间企业现金流入和流出的数量，可以分为三类，即经营活动产生的现金流量、投资活动产生的现金流量和筹资活动产生的现金流量。

1）经营活动产生的现金流量

经营活动是指企业投资活动和筹资活动以外的所有交易和事项。

2）投资活动产生的现金流量

投资活动是指企业长期资产的购建和不包括在现金等价物范围内的投资及其处置活动。

这里所指的长期资产是指固定资产、在建工程、无形资产、其他资产等有期限在一年或一个营业周期以上的资产。

投资活动主要包括取得和收回投资、购建和处置固定资产、无形资产和其他长期资产等。

3）筹资活动产生的现金流量

筹资活动是指导致企业资本及债务规模和构成发生变化的活动。

这里所说的资本，包括实收资本（股本）、资本溢价（股本溢价）。与资本有关的现金流入和流出项目，包括吸收投资、发行股票、分配利润等。

这里的"债务"是指企业对外举债所借入的款项，如发行债券、向金融企业借入款项以及偿还债务等。

二、现金流量表的内容与格式

现金流量表（见表8-3）分正表和补充资料两部分。

现金流量表正表部分是以"现金流入－现金流出＝现金流量净额"为基础，采取多步式，分别经营活动、投资活动和筹资活动，分项报告企业的现金流入量和流出量。

现金流量表补充资料部分又细分为三部分，第一部分是不涉及现金收支的投资和筹资活动；第二部分是将净利润调节为经营活动的现金流量，即所谓现金流量表编制的净额法；第三部分是现金及现金等价物净增加情况。

表 8-3　现金流量表

会企 03 表

编制单位：　　　　　　　　　　　年　月　　　　　　　　　　　单位：元

项　　　目	行次	本 期 金 额	上 期 金 额
一、经营活动产生的现金流量：	1		
销售商品、提供劳务收到的现金	2		
收到的税费返还	3		
收到其他与经营活动有关的现金	4		
经营活动现金流入小计	5		
购买商品、接受劳务支付的现金	6		
支付给职工以及为职工支付的现金	7		
支付的各项税费	8		
支付其他与经营活动有关的现金	9		
经营活动现金流出小计	10		
经营活动产生的现金流量净额	11		

续表

项　目	行次	本期金额	上期金额
二、投资活动产生的现金流量：	12		
收回投资收到的现金	13		
取得投资收益收到的现金	14		
处置固定资产、无形资产和其他长期资产收回的现金净额	15		
处置子公司及其他营业单位收到的现金净额	16		
收到其他与投资活动有关的现金	17		
投资活动现金流入小计	18		
购建固定资产、无形资产和其他长期资产支付的现金	19		
投资支付的现金	20		
取得子公司及其他营业单位支付的现金净额	21		
支付其他与投资活动有关的现金	22		
投资活动现金流出小计	23		
投资活动产生的现金流量净额	24		
三、筹资活动产生的现金流量：	25		
吸收投资收到的现金	26		
取得借款收到的现金	27		
收到其他与筹资活动有关的现金	28		
筹资活动现金流入小计	29		
偿还债务支付的现金	30		
分配股利、利润或偿付利息支付的现金	31		
支付其他与筹资活动有关的现金	32		
筹资活动现金流出小计	33		
筹资活动产生的现金流量净额	34		
四、汇率变动对现金及现金等价物的影响	35		
五、现金及现金等价物净增加额	36		
加：期初现金及现金等价物余额	37		
六、期末现金及现金等价物余额	38		
1. 将净利润调节为经营活动现金流量：	39		
净利润	40		
加：资产减值准备	41		
固定资产折旧、油气资产折耗、生产性生物资产折旧	42		
无形资产摊销	43		

续表

项 目	行次	本 期 金 额	上 期 金 额
长期待摊费用摊销	44		
处置固定资产、无形资产和其他长期资产的损失(收益以"—"号填列)	45		
固定资产报废损失(收益以"—"号填列)	46		
公允价值变动损失(收益以"—"号填列)	47		
财务费用(收益以"—"号填列)	48		
投资损失(收益以"—"号填列)	49		
递延所得税资产减少(增加以"—"号填列)	50		
递延所得税负债增加(减少以"—"号填列)	51		
存货的减少(增加以"—"号填列)	52		
经营性应收项目的减少(增加以"—"号填列)	53		
经营性应付项目的增加(减少以"—"号填列)	54		
其他	55		
经营活动产生的现金流量净额	56		
2. 不涉及现金收支的重大投资和筹资活动:	57		
债务转为资本	58		
一年内到期的可转换公司债券	59		
融资租入固定资产	60		
3. 现金及现金等价物净变动情况:	61		
现金的期末余额	62		
减:现金的期初余额	63		
加:现金等价物的期末余额	64		
减:现金等价物的期初余额	65		
现金及现金等价物净增加额	66		

三、一般企业现金流量表的编制

（一）经营活动产生的现金流量

▶ 1. 销售商品、提供劳务收到的现金

1）包括内容

本期销售商品和提供劳务本期收到的现金，前期销售商品和提供劳务本期收到的现金，本期预收的商品款和劳务款等，本期收回前期核销的坏账损失，本期发生销货退回而支付的现金(从本项目中扣除)。

2) 公式计算

销售商品、提供劳务收到的现金＝营业收入＋本期发生的增值税销项税额＋应收账款(期初余额－期末余额)(不扣除坏账准备)＋应收票据(期初余额－期末余额)＋预收款项项目(期末余额－期初余额)－本期由于收到非现金资产抵债减少的应收账款、应收票据的金额－本期发生的现金折扣－本期发生的票据贴现利息(不附追索权)＋收到的带息票据的利息±其他特殊调整业务。

▶ 2. 收到的税费返还

反映企业收到返还的各种税费。如收到的减免增值税退税、出口退税、减免消费税退税、减免所得税退税和收到的教育费附加返还等。按实际收到的金额填列。

▶ 3. 收到的其他与经营活动有关的现金

反映企业除上述各项外，收到的其他与经营活动有关的现金流入。包括企业收到的罚款收入、属于流动资产的现金赔款收入、经营租赁的租金和押金收入、银行存款的利息收入等。

▶ 4. 购买商品、接受劳务支付的现金

1) 包括内容

本期购买商品、接受劳务本期支付的现金，本期支付前期购买商品、接受劳务的未付款项，本期预付的购货款，本期发生购货退回而收到的现金应从购买商品或接受劳务支付的款项中扣除。

2) 计算公式

购买商品、接受劳务支付的现金＝营业成本＋存货项目(期末余额－期初余额)(不扣除存货跌价准备)＋本期发生的增值税进项税额＋应付账款项目(期初余额－期末余额)＋应付票据项目(期初余额－期末余额)＋预付款项项目(期末余额－期初余额)－本期以非现金资产抵债减少的应付账款、应付票据的金额＋本期支付的应付票据的利息－本期取得的现金折扣＋本期毁损的外购商品成本－本期销售产品成本和期末存货中产品成本中所包含的不属于购买商品、接受劳务支付现金的费用(如未支付的工资、职工福利费和制造费用中除材料以外的其他费用)±其他特殊调整业务。

▶ 5. 支付给职工以及为职工支付的现金

1) 包括内容

反映企业实际支付给职工以及为职工支付的现金。包括本期实际支付给职工的工资、奖金、各种津贴和补贴等；以及为职工支付的养老、失业等社会保险基金、补充养老保险、企业为职工支付的商业保险金、住房公积金、支付给职工的住房困难补助，以及企业支付给职工或为职工支付的福利费用等。

该项目不包括支付给离退休人员的各种费用；上述职工不包括"在建工程人员"。

2) 计算公式

支付给职工以及为职工支付的现金＝本期产品成本及费用中的职工薪酬＋应付职工薪酬(除在建工程人员)(期初余额－期末余额)。

▶ 6. 支付的各项税费

1）包括内容

反映企业实际支付的各种税金和支付的教育费附加、矿产资源补偿费等。不包括支付的计入固定资产价值的耕地占用税等。

2）计算公式

支付的各项税费＝税金及附加＋所得税费用＋管理费用中的印花税等税金＋已交纳的增值税＋应交税费（不包括增值税）（期初余额－期末余额）。

▶ 7. 支付的其他与经营活动有关的现金

1）包括内容

反映企业除上述各项目外，支付的其他与经营活动有关的现金流出。如罚款支出、支付的差旅费、经营租赁的租金、业务招待费现金支出、支付的保险费、支付给离退休人员的各种费用等。

2）计算公式

支付的其他与经营活动有关的现金＝"管理费用"中除职工薪酬、支付的税金和未支付现金的费用外的费用（即支付的其他费用）＋"制造费用"中除职工薪酬和未支付现金的费用外的费用（即支付的其他费用）＋"销售费用"中除职工薪酬和未支付现金的费用外的费用（即支付的其他费用）＋"财务费用"中支付的结算手续费＋"其他应收款"中支付职工预借的差旅费＋"其他应付款"中支付的经营租赁的租金＋"营业外支出"中支付的罚款支出等。

（二）投资活动产生的现金流量

▶ 1. 收回投资收到的现金

反映企业出售、转让或到期收回现金等价物以外的交易性金融资产、可供出售金融资产、长期股权投资（除处置子公司及其他营业单位）以及收回持有至到期投资本金而收到的现金。包括转让收益，但不包括收到的现金股利和利息。

▶ 2. 取得投资收益收到的现金

反映企业因各种投资收到的现金股利、利润和利息等。

▶ 3. 处置固定资产、无形资产和其他长期资产收回的现金净额

反映企业处置固定资产、无形资产和其他长期资产而收到的现金，减去处置资产而支付的有关费用后的净额。包括固定资产等因损失而收到的保险赔款等。

▶ 4. 处置子公司及其他营业单位收到的现金净额

反映企业处置子公司及其他营业单位收到的现金，减去相关税费以后的净额。

▶ 5. 收到的其他与投资活动有关的现金

反映企业除上述各项目外，收到的其他与投资活动有关的现金流入。如收到的属于购买时买价中所包含的现金股利或已到付息期的利息等。

▶ 6. 购置固定资产、无形资产和其他长期资产支付的现金

反映企业购买、建造固定资产，购买无形资产和其他长期资产所支付的现金。该项目不包括资本化的借款利息、融资租入固定资产所支付的租赁费以及分期付款购建固定资产除第一期外其他各期支付的款项，这些项目在筹资活动产生的现金流量中反映

▶ 7. 投资支付的现金

反映企业进行各种投资（除取得子公司及其他营业单位）所支付的现金。但不包括购买

股票和债券时，买价中所包含的已宣告发放但尚未领取的现金股利或已到付息期但尚未领取的利息等，这些现金支出应在投资活动中"支付的其他与投资活动有关的现金"项目中反映。

▶ 8. 取得子公司及其他营业单位支付的现金净额

反映企业取得子公司及其他营业单位支付的现金。

▶ 9. 支付的其他与投资活动有关的现金

反映企业除上述各项目外，支付的其他与投资活动有关的现金。如购买股票和债券时，支付的买价中所包含的已宣告发放但尚未领取的现金股利或已到付息期但尚未领取的利息等。

（三）筹资活动产生的现金流量

▶ 1. 吸收投资收到的现金

反映企业收到的投资者投入的现金。包括发行股票收到的股款净额（发行收入－券商直接从发行收入中扣除的发行费用）；发行债券收到的现金（发行收入－银行等直接从发行收入中扣除的发行费用）。

企业发行股票时由企业直接支付的评估费、审计费、咨询费以及发行债券支付的印刷费等发行费用，不能从本项目中扣除。

▶ 2. 取得借款收到的现金

反映企业本期实际借入短期借款、长期借款所收到的现金。但本期偿还借款支付的现金不能从本项目中扣除。

▶ 3. 收到的其他与筹资活动有关的现金

反映企业除上述各项目外，收到的其他与筹资活动有关的现金。

▶ 4. 偿还债务支付的现金

反映企业以现金偿还短期借款、长期借款和应付债券的本金。该项目不包括偿还的借款利息、债券利息。

▶ 5. 分配股利、利润和偿付利息支付的现金

反映企业实际支付的现金股利、利润和支付的借款利息、债券利息等。

▶ 6. 支付的其他与筹资活动有关的现金

反映企业除上述各项目外，支付的其他与筹资活动有关的现金。如支付的筹资费用、支付的融资租赁费、分期付款购建固定资产除第一期外其他各期支付的款项等。

任务五 所有者权益变动表

一、内容与格式

所有者权益变动表（见表8-4）是指反映构成所有者权益各组成部分当期增减变动情况的报表。

　　本表在一定程度上体现了企业综合收益的特点，不仅包括所有者权益总量的增减变动，还包括变动的重要结构性信息，特别是要反映直接计入所有者权益的利得和损失，让报表使用者准确把握所有者权益变动的根本原因。

表 8-4　所有者权益变动表

会企 04 表

编制单位：　　　　　　　　　　　　　年度　　　　　　　　　　单位：元

项目	本 年 金 额						上 年 金 额					
	实收资本（或股本）	资本公积	减：库存股	盈余公积	未分配利润	所有者权益合计	实收资本（或股本）	资本公积	减：库存股	盈余公积	未分配利润	所有者权益合计
一、上年年末余额												
加：会计政策变更												
前期差错更正												
二、本年年初余额												
二、本年增减变动金额（减少以"一"号填列）												
（一）净利润												
（二）直接计入所有者权益的利得和损失												
1 可供出售金融资产公允价值变动净额												
2.权益法下被投资单位其他所有者权益变动的影响												
3.与计入所有者权益项目相关的所得税影响												
4.其他												
上述（一）和（二）小计												
（三）所有者投入和减少资本												
1.所有者投入资本												
2.股份支付计入所有者权益的金额												
3.其他												
（四）利润分配												

续表

项目	本年金额						上年金额					
	实收资本（或股本）	资本公积	减：库存股	盈余公积	未分配利润	所有者权益合计	实收资本（或股本）	资本公积	减：库存股	盈余公积	未分配利润	所有者权益合计
1．提取盈余公积												
2．对所有者（或股东）的分配												
3．其他												
（五）所有者权益内部结转												
1．资本公积转增资本（或股本）												
2．盈余公积转增资本（或股本）												
3．盈余公积弥补亏损												
4．其他												
四、本年年末余额												

二、报表编制

▶ 1. 各项目列报

（1）上年末余额项目。反映上年资产负债表中实收资本（或股本）、资本公积、盈余公积、未分配利润的年末余额。

（2）会计政策变更和前期差错更正项目。分别反映企业采用追溯调整法处理的会计政策变更的累积影响金额和采用追溯重述法处理的会计差错更正的累积影响金额。

本项目根据"资本公积""利润分配""以前年度损益调整"等科目的发生额分析填列。

（3）本年增减变动额项目。

① 净利润项目。反映企业当年实现的净利润（或净亏损）金额，并对应列在"未分配利润"栏。

② 其他综合收益项目。反映企业当年未在损益中确认的各项利得和损失扣除所得税影响后的净额，并对应列在"资本公积"栏。

③ 所有者投入和减少资本项目。

所有者投入资本项目，反映企业接受投资者投入形成的实收资本（或股本）和资本溢价（或股本溢价），并对应列在"实收资本"和"资本公积"栏。

股份支付计入所有者权益的金额项目。反映企业处于等待期中的权益结算的股份支付当年计入资本公积的金额，并对应列在"资本公积"栏。

④ 利润分配项目。反映当年向所有者分配的利润和提取的盈余公积，并对应列在"未分配利润"和"盈余公积"栏。

⑤ 所有者权益内部结转项目。反映不影响当年所有者权益总额的所有者权益各组成部分之间的增减变动。

▶ **2. 上年金额栏的列报**

根据上年所有者权益变动表"本年金额"栏内所列数字填列；如果上年表中项目的名称和内容与本年度不一致，应对上年项目的名称和数字按本年度的规定进行调整。

▶ **3. 本年金额栏的列报**

一般应根据各相关科目的发生额分析填列。

任 务 六 附 注 认 识

附注是财务报表不可或缺的组成部分，是对财务报表中列示项目的文字描述或明细资料，以及对未能在报表中列示项目的说明等。

附注应当按照如下顺序披露有关内容。

一、企业的基本情况

（1）企业注册地、组织形式和总部地址。

（2）企业的业务性质和主要经营活动，如企业所处的行业、所提供的主要产品或服务、客户的性质、销售策略、监管环境的性质等。

（3）母公司以及集团最终母公司的名称。

（4）财务报告的批准报出者和财务报告批准报出日。

二、财务报表的编制基础

在编制财务报表时，企业应当以持续经营为基础编制报表。如果对持续经营能力怀疑，应当对其进行估计：

（1）如果已决定进行清算或停止营业，或者已确定在下一个会计期间将被迫进行清算或停止营业，则不应再以持续经营为基础编制财务报表；

（2）如果某些不确定的因素导致对企业能否持续经营产生重大怀疑时，则应当在报表附注中披露这些不确定因素；

（3）如果财务报表不是以持续经营为基础编制的，则企业在报表附注中对此应当首先予以披露，并进一步披露报表的编制基础，以及企业未能以持续经营为基础编制报表的原因。

三、遵循企业会计准则的声明

企业应当声明编制的财务报表符合企业会计准则的要求，真实、完整地反映了企业的财务状况、经营成果和现金流量等有关信息。以此明确企业编制财务报表所依据的制度基础。

如果企业编制的财务报表只是部分地遵循了企业会计准则，附注中不得做出这种表述。

四、重要会计政策和会计估计

根据财务报表列报准则的规定，企业应当披露采用的重要会计政策和会计估计，不重要的会计政策和会计估计可以不披露。

▶ 1. 重要会计政策的说明

由于企业经济业务的复杂性和多样化，某些经济业务可以有多种会计处理方法，也即存在不止一种可供选择的会计政策。例如，存货的计价可以有先进先出法、加权平均法、个别计价法等；固定资产的折旧，可以有平均年限法、工作量法、双倍余额递减法、年数总额法等。企业在发生某项经济业务时，必须从允许的会计处理方法中选择适合本企业特点的会计政策，企业选择不同的会计处理方法，可能极大地影响企业的财务状况和经营成果，进而编制出不同的财务报表。为了有助于报表使用者理解，有必要对这些会计政策加以披露。

需要特别指出的是，说明会计政策时还需要披露下列两项内容。

(1)财务报表项目的计量基础。会计计量属性包括历史成本、重置成本、可变现净值、现值和公允价值，这直接显著影响报表使用者的分析，这项披露要求便于使用者了解企业财务报表中的项目是按何种计量基础予以计量的，如存货是按成本还是可变现净值计量等。

(2)会计政策的确定依据，主要是指企业在运用会计政策过程中所作的对报表中确认的项目金额最具影响的判断。例如，企业如何判断持有的金融资产是持有至到期的投资而不是交易性投资；又如，对于拥有的持股不足50%的关联企业，企业为何判断企业拥有控制权因此将其纳入合并范围；再如，企业如何判断与租赁资产相关的所有风险和报酬已转移给企业，从而符合融资租赁的标准；以及投资性房地产的判断标准是什么等，这些判断对在报表中确认的项目金额具有重要影响。因此，这项披露要求有助于使用者理解企业选择和运用会计政策的背景，增加财务报表的可理解性。

▶ 2. 重要会计估计的说明

财务报表列报准则强调了对会计估计不确定因素的披露要求，企业应当披露会计估计中所采用的关键假设和不确定因素的确定依据，这些关键假设和不确定因素在下一会计期间内很可能导致对资产、负债账面价值进行重大调整。

在确定报表中确认的资产和负债的账面金额过程中，企业有时需要对不确定的未来事项在资产负债表日对这些资产和负债的影响加以估计。例如，固定资产可收回金额的计算需要根据其公允价值减去处置费用后的净额与预计未来现金流量的现值两者之间的较高者确定，在计算资产预计未来现金流量的现值时需要对未来现金流量进行预测，并选择适当的折现率，应当在附注中披露未来现金流量预测所采用的假设及其依据、所选择的折现率为什么是合理的等。又如，为正在进行中的诉讼提取准备时最佳估计数的确定依据等。这些假设的变动对这些资产和负债项目金额的确定影响很大，有可能会在下一个会计年度内做出重大调整。因此，强调这一披露要求，有助于提高财务报表的可理解性。

五、会计政策和会计估计变更以及差错更正的说明

企业应当按照《企业会计准则第 28 号——会计政策、会计估计变更和差错更正》及其应用指南的规定，披露会计政策和会计估计变更以及差错更正的有关情况。

六、报表重要项目的说明

企业应当以文字和数字描述相结合、尽可能以列表形式披露报表重要项目的构成或当期增减变动情况，并且报表重要项目的明细金额合计，应当与报表项目金额相衔接。在披露顺序上，一般应当按照资产负债表、利润表、现金流量表、所有者权益变动表的顺序及其项目列示的顺序。

七、其他需要说明的重要事项

这主要包括或有和承诺事项、资产负债表日后非调整事项、关联方关系及其交易等，具体的披露要求须遵循相关准则的规定。

任 务 七 会计政策、会计估计变更及前期差错更正

一、会计政策变更

（一）会计政策

会计政策，是指企业在会计确认、计量和报告中所采用的原则、基础和会计处理方法。

企业采用的会计计量基础也属于会计政策。企业会计准则体系涵盖了目前各类企业各项经济业务的确认、计量和报告。实务中某项交易或者事项如果没有相应具体会计准则或其应用指南加以规范的，应当根据《企业会计准则——基本准则》规定的原则、基础和方法进行处理；待发布新的具体规定时，从其规定。

（二）会计政策变更

▶ 1. 会计政策变更的概念

会计政策变更是指企业对相同的交易或事项由原来采用的会计政策改用另一会计政策的行为。

▶ 2. 会计政策变更的条件

（1）法律或国家统一的会计制度等行政法规、规章的要求。

（2）会计政策的变更可以使会计信息变得更相关、更可靠。

▶ 3. 不属于会计政策变更的情况

（1）当期发生与以前有本质区别的全新业务采用新的会计政策。

（2）初次发生业务采用新的会计政策。

（3）的确是同一业务前后所用的会计政策不一致但这一业务不是重要业务，按重要性原则的要求，可以不视为会计政策变更来处理。

[例 8-1] 下列各项中，属于会计政策变更的有（　　）。

A. 存货跌价准备由按单项存货计提变更为按存货类别计提

B. 固定资产的折旧方法由年限平均法变更为年数总和法

C. 投资性房地产的后续计量由成本模式变更为公允价值模式

D. 发出存货的计价方法由先进先出法变更为加权平均法

E. 应收账款计提坏账准备由余额百分比法变更为账龄分析法

[答案]C、D。

[解析]选项 A、B、E 属于会计估计变更。

（三）会计处理

▶ 1. 方法

1）追溯调整法

追溯调整法是指对某项交易或事项变更会计政策，视同该项交易或事项初次发生时即采用变更后的会计政策，并以此对财务报表相关项目进行调整的方法。即视同该业务从一开始用的就是新政策，并依此思路将以前政策下的所有会计核算指标进行"翻新"。

2）未来适用法

未来适用法是指将变更后的会计政策应用于变更日及以后发生的交易或者事项，或者在会计估计变更当期和未来期间确认会计估计变更影响数的方法。

▶ 2. 方法的选择

（1）企业依据法律或国家统一的会计制度等行政法规、规章的要求变更会计政策，分别以下情况处理。

① 国家如果明确规定了处理方法的则照规定去作即可。

② 国家未作明确规定的，按追溯调整法来处理。

（2）会计政策变更能够提供更可靠、更相关的会计信息的，应当采用追溯调整法处理，将会计政策变更累积影响数调整列报前期最早期初留存收益，其他相关项目的期初余额和列报前期披露的其他比较数据也应当一并调整，但确定该项会计政策变更累积影响数不切实可行的除外。

（3）确定会计政策变更对列报前期影响数不切实可行的，应当从可追溯调整的最早期间期初开始应用变更后的会计政策。在当期期初确定会计政策变更对以前各期累积影响数不切实可行的，应当采用未来适用法处理。

▶ 3. 追溯调整法的处理步骤

[例 8-2] A 公司 2020 年开始对闲置设备补提折旧，假定 2019 年应补提折旧 40 万元，2019 年以前年度应补提折旧 60 万元。A 公司的法定盈余公积提取比例为 10%。假定所得税率为 25%。A 公司采用了资产负债表债务法进行所得税处理。

（1）解析过程。

① 以前年度少提折旧 100 万元。

② 以前年度利润多计 100 万元。

③ 以前年度不存在多交所得税情况。

④ 以前年度递延所得税资产应借方追计 25 万元。

⑤ 以前年度所得税费用会因此调减 25 万元。

⑥ 以前年度净利润多计 75 万元。

⑦ 以前年度盈余公积多提 7.5 万元。

⑧ 以前年度未分配利润多计 67.5 万元。

（2）会计分录。

① 借：以前年度损益调整   1 000 000

  贷：累计折旧   1 000 000

② 借：递延所得税资产   250 000

  贷：以前年度损益调整   250 000

③ 借：利润分配——未分配利润   750 000

  贷：以前年度损益调整   750 000

④ 将以前年度多提的盈余公积进行反冲。

借：盈余公积——法定盈余公积   750 000

  贷：利润分配——未分配利润   750 000

（3）报表修正（见表 8-5）。

表 8-5 报 表 修 正

资产负债表

2020 年 12 月 31 日

资 产	年 初 数	负债、所有者权益	年 初 数
……			
固定资产	−1 000 000	盈余公积	−75 000
递延所得税资产	+250 000	未分配利润	−675 000
……			
资产合计	−750 000	负债及所有者权益	−750 000

利润表

2020 年

项 目	上 年 数
一、营业收入	……
……	……
管理费用	+400 000
二、营业利润（亏损以"−"号填列）	−400 000
……	……
三、利润总额（亏损总额以"−"填列）	−400 000
减：所得税费用	−300 000
四、净利润（净亏损以"−"填列）	−100 000

续表

所有者权益变动表
2020 年度

项　目	本 年 金 额	
	盈 余 公 积	未分配利润
一、上年年末余额	……	……
加：会计政策变更	−75 000	−675 000
前期会计差错	……	……
……	……	……

▶ 4. 未来适用法的处理程序

在未来适用法下，不需要计算会计政策变更产生的累积影响数，也无须重编以前年度的财务报表。企业会计账簿记录及财务报表上反映的金额，变更之日仍保留原有的金额，不因会计政策变更而改变以前年度的既定结果，并在现有金额的基础上再按新的会计政策进行核算。

虽然未来适用法不要求对以前的会计指标进行追溯调整，但应在会计政策变更当期比较出会计政策变更对当期净利润的影响数，并披露于报表附注。

▶ 5. 会计政策变更的报表披露

（1）会计政策变更的性质、内容和原因。

（2）当期和各个列报前期财务报表中受影响的项目名称和调整金额。

（3）无法进行追溯调整的，说明该事实和原因以及开始应用变更后的会计政策的时点、具体应用情况。

注意与会计估计变更的报表披露、前期差错更正的报表披露区分开来。

二、会计估计变更

▶ 1. 基本概念

会计估计是指企业对结果不确定的交易或者事项以最近可利用的信息为基础所作的判断。

会计估计的存在是由于经济活动中内在的不确定性因素的影响；但是，估计是建立在具有确凿证据的前提下，而不是随意的。

会计估计变更，是指由于资产和负债的当前状况及预期经济利益和义务发生了变化，从而对资产或负债的账面价值或者资产的定期消耗金额进行调整。

▶ 2. 会计处理方法——未来适用法

在会计估计变更当期及以后期间，采用新的会计估计，不改变以前期间的会计估计，也不调整以前期间的报告结果。

▶ 3. 未来适用法的处理思路

（1）如果会计估计的变更仅影响变更当期，有关估计变更的影响应于当期确认。

（2）如果会计估计的变更既影响变更当期又影响未来期间，有关估计变更的影响在当期及以后各期确认。

（3）为了保证一致性，会计估计变更的影响数应计入变更当期与前期相同的项目中。

会计估计变更和会计政策变更无法分清时，应按视为会计估计变更来进行处理。

▶ **4. 会计估计变更的报表披露**

（1）会计估计变更的内容和原因。

（2）会计估计变更对当期和未来期间的影响数。

（3）会计估计变更的影响数不能确定的，披露这一事实和原因。

[例 8-3] 甲工程有限公司于 2017 年 1 月 1 日起对一台管理用设备计提折旧，该设备价值 84 000 元，估计使用年限为 8 年，净残值为 4 000 元，按直线法计提折旧。至 2017 年年初，由于新技术的发展等原因，需要对原估计的使用年限和净残值做出修正，修改后该设备的耐用年限为 6 年，净残值为 2 000 元。

甲工程有限公司对上述估计变更的处理方式如下。

（1）不调整以前各期折旧，也不计算累积影响数。

（2）变更日以后发生的经济业务改按新估计使用年限提取折旧。按原估计，每年折旧额为 10 000 元，已提折旧 4 年，共计 40 000 元，固定资产净值为 44 000 元，则第 5 年相关科目的期初余额如下。

固定资产	84 000
减：累计折旧	40 000
固定资产净值	44 000

改变估计使用年限后，2017 年起每年计提的折旧费用为 21 000 元 [(44 000-2 000)÷(6-4)]。2017 年不必对以前年度已提折旧进行调整，只需按重新预计的使用年限和净残值计算确定的年折旧费用，编制会计分录如下。

借：管理费用	21 000
贷：累计折旧	21 000

（3）附注说明。本公司一台管理用设备，原始价值 84 000 元，原估计使用年限为 8 年，预计净残值 4 000 元，按直线法计提折旧。由于新技术的发展，该设备已不能按原估计使用年限计提折旧，本公司于 2017 年年初变更该设备的耐用年限为 6 年，预计净残值为 2 000 元，以反映该设备的真实耐用年限和净残值。此估计变更影响本年度净利润减少数为 8 250 元 [(21 000-10 000)×(1-25%)]。

▌三、前期差错更正

▶ **1. 概念**

前期差错是指由于没有运用或错误运用下列两种信息，而对前期财务报表造成省略漏报或错报。

（1）编报前期财务报表时预期能够取得并加以考虑的可靠信息。

（2）前期财务报告批准报出时能够取得的可靠信息。

前期差错通常包括计算错误、应用会计政策错误、疏忽或曲解事实以及舞弊产生的影响以及存货、固定资产盘盈等。

前期差错既包括重要的前期差错，又包括虽然不重要但故意造成的前期差错。前期差错的重要程度，应根据差错的性质和金额加以具体判断。例如，企业的存货盘盈，应将盘盈的存货计入当期损益。对于固定资产盘盈，应当查明原因，采用追溯重述法进行更正。

▶ 2. 前期差错的分类

(1) 采用法律或国家统一的会计制度等行政法规、规章所不允许的会计政策。

(2) 账户分类以及计算错误。

(3) 在期末应计项目与递延项目未予调整。

(4) 漏记已完成的交易。

(5) 对事实的忽视和误用。

(6) 提前确认尚未实现的收入或不确认已实现的收入。

(7) 资本性支出与收益性支出划分差错。

▶ 3. 前期差错的更正原则

(1) 企业应当采用追溯重述法更正重要的前期差错，但确定前期差错累积影响数不切实可行的除外。

追溯重述法，是指在发现前期差错时，视同该项前期差错从未发生过，从而对财务报表相关项目进行更正的方法。

(2) 当确定前期差错影响数不切实可行的，可以从可追溯重述的最早期间开始调整留存收益的期初余额，财务报表其他相关项目的期初余额也应当一并调整，也可以采用未来适用法。

(3) 发生在资产负债表日后期间的前期差错应参照资产负债表日后事项处理。

(4) 对于不重要的前期差错应视同当期差错进行修正。

▶ 4. 举例

[例 8-4] 甲施工股份有限公司 2017 年度的财务报告于 2018 年 4 月 10 日批准报出，2017 年度的所得税汇算清缴于 2018 年 3 月 25 日完成。该公司所得税税率为 25%，并按净利润 10% 提取法定盈余公积。

该公司发现的有关差错情况如下。

第一，如果 2017 年 12 月 31 日，发现 2017 年 5 月管理用固定资产漏提折旧款 600 万元。该差错的更正方法为：在 2017 年 12 月补提折旧 600 万元，直接调整相关项目如下。

借：管理费用 6 000 000

　　贷：累计折旧 6 000 000

第二，如果 2018 年 3 月 10 日，发现 2016 年 5 月管理用固定资产漏提折旧款 600 万元，在所得税申报表中未扣除该项费用。该差错属于前期重大差错，其更正的会计处理如下。

(1) 补提折旧。

借：以前年度损益调整 6 000 000

　　贷：累计折旧 6 000 000

(2) 调整应交所得税。

借：应交税费——应交所得税 1 500 000

　　贷：以前年度损益调整 1 500 000

（3）结转"以前年度损益调整"余额。

借：利润分配——未分配利润   450 000

  贷：以前年度损益调整   450 000

（4）调整盈余公积。

借：盈余公积   450 000

  贷：利润分配——未分配利润   450 000

（5）调整 2017 年度的财务报表相关项目。

资产负债表：调减固定资产 6 000 000 元；调减应交税费 1 500 000 元；调减盈余公积 450 000 元；调减未分配利润 4 050 000 元。

利润表：调减管理费用上年金额 6 000 000 元；调减所得税费用上年金额 1 500 000 元；调减净利润上年金额 4 500 000 元。

所有者权益变动表：调减前期差错更正项目中盈余公积上年金额 450 000 元，未分配利润上年金额 4 050 000 元，所有者权益合计上年金额 4 500 000 元。

▶ **5. 前期差错更正的报表附注披露**

（1）前期差错的性质。

（2）各个列报前期财务报表中受影响的项目名称和更正金额。

（3）无法进行追溯重述的，说明该事实和原因以及对前期差错开始进行更正的时点、具体更正情况。

任务八 资产负债表日后事项

一、基本概念

资产负债表日后事项是指自年度资产负债表日至财务会计报告批准报告日之间发生的需要调整或说明的事项。

▶ **1. 关于时间因素**

（1）年度资产负债表日指 12 月 31 日。

（2）财务报告批准报告日是由董事会或经理（厂长）会议或类似机构批准财务报告报出的日期。

（3）资产负债表日后事项所涵盖的期间，是指报告年度次年的 1 月 1 日至董事会、经理（厂长）会议或类似机构对财务报告的批准报出日之间的期间。

如果在财务报告的批准报出日至正式报出之间又发生了需调整或说明的事项，则需重新修正报告内容并再次确定财务报告的批准报出日，此时资产负债表日后事项的期间界限就要延至新确定的财务报告批准报出日。如果再次出现上述情况，又要重新确定财务报告批准报出日，资产负债表日后事项又得依此类推。

▶ **2. 关于事项因素**

调整事项在资产负债表日或以前已经存在，资产负债表日后得以证实的事项对按资产负债表日存在状况编制的会计报表产生重大影响的事项。

非调整事项资产负债表日并未发生或存在，完全是期后发生的事项对理解和分析财务会计报告有重大影响的事项。

不是卡在资产负债表日后期间的所有事项都定为资产负债表日后事项，而是那些与资产负债表日存在企业发生的资产负债日后调整事项，通常包括下列各项。

(1) 资产负债表日后发生重大诉讼、仲裁、承诺。

(2) 资产负债表日后资产价格、税收政策、外汇汇率发生重大变化。

(3) 资产负债表日后因自然灾害导致资产发生重大损失。

(4) 资产负债表日后发行股票和债券以及其他巨额举债。

(5) 资产负债表日后资本公积转增资本。

(6) 资产负债表日后发生巨额亏损。

(7) 资产负债表日后发生企业合并或处置子公司。

[例 8-5] 在报告年度资产负债表日至财务报告批准报出日之间发生的下列事项中，属于资产负债表日后调整事项的有(   )。

A. 发现报告年度财务报表存在严重舞弊

B. 发现报告年度会计处理存在重大差错

C. 国家发布对企业经营业绩将产生重大影响的产业政策

D. 发现某商品销售合同在报告年度资产负债表日已成为亏损合同的证据

E. 为缓解报告年度资产负债表日以后存在的资金紧张状况而发行巨额公司债券

[答案]A、B、D。

[解析]选项 C、E 属于日后非调整事项。

[例 8-6] 甲公司 2018 年度财务报告批准报出为 2019 年 4 月 25 日，下列事项中需要对 2018 年度会计报表进行调整的是(   )。

A. 2019 年 2 月 10 日发生了重大生产事故

B. 2018 年 11 月份售给乙公司的商品于 2019 年 2 月被退回

C. 2019 年 1 月 30 日得到债务人丙公司的破产通知，2018 年应收该公司的货款 300 万元，预计只能收回 80%，甲公司截至 2018 年年末累计对该应收账款提取了 10 万元的坏账准备

D. 2019 年 2 月 20 日公司股东大会批准了 2018 年度现金股利分配方案

[答案]B、C。

[解析]选项 A、D 属于资产负债表日后非调整事项。

[例 8-7] (2018 年)某企业 2017 年度的财务报告批准报出日为 2018 年 4 月 5 日。该企业 2018 年发生的下列事项中，属于资产负债表日后调整事项的是(   )。

A. 3 月 15 日退回上年已存在质量问题的销售商品

B. 3 月 20 日增发股票 5 000 万股

C. 3 月 31 日发生火灾估计损失 1 000 万元

D. 4 月 2 日公布利润分配方案并进行利润分配

[答案]A。

二、调整事项的处理原则

▶ 1. 调整事项的总的处理原则

视同编制当时就知道此事项，将相关报表项目调整至应有的数字口径。

▶ 2. 具体原则

（1）涉及损益的。通过"以前年度损益调整"来处理。

（2）涉及利润分配事项的，直接在"利润分配——未分配利润"科目核算。

对于按董事会批准的利润分配方案作利润分配的处理也属于资产负债表日后事项，需作整套的利润分配处理，而这里的事项是指除正式利润分配分录外的调整情况。

（3）不涉及损益和利润分配的事项，应调整相关项目。

（4）所需修改的报告项目。

① 资产负债表日编制的会计报表相关项目的数字。

② 当期编制的会计报表相关项目的年初数。

③ 提供比较会计报表时，还应调整相关会计报表的上年数。

④ 经过上述调整后，如果涉及会计报表附注内容的，还应当调整会计附注相关项目的数字。

三、调整事项常见案例解析

▶ 1. 发生在资产负债表日后期间的前期差错更正

[例 8-8] 甲公司自 2014 年初开始对管理部门用设备计提折旧，该设备原价 60 万元，折旧期为 5 年，假定无残值，税务上采用 10 年期直线法认定折旧费用。甲公司对固定资产的期末计价采用成本与可变现净值孰低法，2015 年末可收回价值为 30 万元，2017 年的年报于 2018 年 4 月 25 日批准报出，所得税的汇算清缴日为 2018 年 3 月 10 日。甲公司按净利润的 10%提取法定盈余公积。甲公司采用资产负债表债务法进行所得税核算，所得税率为 25%。注册会计师于 2018 年 3 月 1 日发现甲公司因工作疏忽未对此管理部门用设备作相关会计处理，提请企业做出调整。

根据以上资料，做出甲公司的调整处理。

（1）会计分录如下。

① 借：以前年度损益调整　　　　　　　　　　　　　　　　　　100 000
　　　贷：累计折旧　　　　　　　　　　　　　　　　　　　　　　　　100 000

② 借：应交税费——应交所得税　　　　　　　　　（60 000×25%）15 000
　　　贷：以前年度损益调整　　　　　　　　　　　　　　　　　　　　15 000

③ 借：递延所得税资产　　　　　　　　　　　　　（40 000×25%）10 000
　　　贷：以前年度损益调整　　　　　　　　　　　　　　　　　　　　10 000

④ 借：利润分配——未分配利润　　　　　　　　　　　　　　　75 000
　　　贷：以前年度损益调整　　　　　　　　　　　　　　　　　　　　75 000

⑤ 借：盈余公积——法定盈余公积　　　　　　　　　　　　　　7 500
　　　贷：利润分配——未分配利润　　　　　　　　　　　　　　　　　7 500

（2）报表修正（略）。

▶ 2. 资产负债表日后期间得以证实的预计损失调整

[例 8-9] 甲公司 2017 年的年报于 2018 年 4 月 25 日批准报出，所得税的汇算清缴日为 2018 年 3 月 10 日。甲公司按净利润的 10% 提取法定盈余公积。甲公司采用资产负债表债务法进行所得税核算，所得税率为 25%。甲公司于 2017 年 10 月 1 日销售给乙公司的一批商品形成应收账款 1 000 000 元，款项一直未收。甲公司于 2017 年末针对此应收账款提取了 10% 的坏账准备。由于乙公司长期经营不善于 2018 年 2 月 5 日破产，预计甲公司的应收账款只有收回 70%。根据上述资料，甲公司应作如何调整？

(1) 会计分录如下。

① 借：以前年度损益调整 　　　　　　　　　　(1 170 000×20%)234 000

　　贷：坏账准备 　　　　　　　　　　　　　　　　　　　　234 000

② 借：递延所得税资产 　　　　　[1 170 000×(30%−10%)×25%]58 500

　　贷：以前年度损益调整 　　　　　　　　　　　　　　　　　58 500

③ 借：利润分配——未分配利润 　　　　　　(234 000−58 500)175 500

　　贷：以前年度损益调整 　　　　　　　　　　　　　　　　　175 500

④ 借：盈余公积——法定盈余公积 　　　　　　　　　　　　　17 550

　　贷：利润分配——未分配利润 　　　　　　　　　　　　　　17 550

(2) 报表修正(略)。

▶ 3. 资产负债表日后期间得以证实的或有事项

[例 8-10] 甲公司 2017 年的年报于 2018 年 4 月 25 日批准报出，所得税的汇算清缴日为 2018 年 3 月 10 日。甲公司按净利润的 10% 提取法定盈余公积。甲公司采用资产负债表债务法进行所得税核算，所得税税率为 25%。甲公司于 2017 年 10 月 1 日被乙公司以侵犯专利权为由告上法庭，索赔 200 万元，经律师推定，预计赔付的可能性为 70%，最可能的赔付额为 170 万元，甲公司根据此意见认定了 170 万元的预计负债。2018 年 3 月 6 日法院最终判决甲公司赔付 200 万元，甲公司对此判决未提出异议，于 2018 年 4 月 2 日结清了此罚款。根据上述资料，甲公司和乙公司分别应作何调整？

1) 甲公司的调整处理

(1) 会计分录如下。

① 借：以前年度损益调整 　　　　　　　　　　　　　　　　300 000

　　贷：其他应付款 　　　　　　　　　　　　　　　　　　　300 000

② 借：预计负债 　　　　　　　　　　　　　　　　　　　1 700 000

　　贷：其他应付款 　　　　　　　　　　　　　　　　　　1 700 000

备注：2018 年 4 月 2 日结算此款项时作如下分录。

借：其他应付款 　　　　　　　　　　　　　　　　　　　2 000 000

　　贷：银行存款 　　　　　　　　　　　　　　　　　　2 000 000

③ 借：递延所得税资产 　　　　　　　　　　(300 000×25%)75 000

　　贷：以前年度损益调整 　　　　　　　　　　　　　　　75 000

④ 借：利润分配——未分配利润 　　　　　　　　　　　　225 000

　　贷：以前年度损益调整 　　　　　　　　　　　　　　　225 000

⑤ 借：盈余公积——法定盈余公积 　　　　　　　　　　　22 500

    贷：利润分配——未分配利润　　　　　　　　　　　　　22 500

（2）报表修正（略）。

2）乙公司的调整处理

（1）会计分录如下。

① 借：其他应收款　　　　　　　　　　　　　　　　　　2 000 000

   贷：以前年度损益调整　　　　　　　　　　　　　　　2 000 000

备注：2018 年 4 月 2 日乙公司收到甲公司的赔款时的会计分录如下。

  借：银行存款　　　　　　　　　　　　　　　　　　　2 000 000

   贷：其他应收款　　　　　　　　　　　　　　　　　　2 000 000

② 借：以前年度损益调整　　　　　　　　　　　　　　　500 000

   贷：递延所得税负债　　　　　　　　　　　　　　　　500 000

③ 借：以前年度损益调整　　　　　　　　　　　　　　1 500 000

   贷：利润分配——未分配利润　　　　　　　　　　　　1 500 000

④ 借：利润分配——未分配利润　　　　　　　　　　　　150 000

   贷：盈余公积——法定盈余公积　　　　　　　　　　　150 000

（2）报表调整（略）。

任务九　合并报表

  随着企业联合、兼并、重组等投资业务越来越多，使得集团企业的股权投资关系日趋复杂化。同时，政府、投资人对上市企业的监管与信息披露的要求也越来越高，及时编制合并会计报告成为集团企业财务部门最重要的业务之一。

  合并财务报表，是指反映母公司和其全部子公司形成的企业集团整体财务状况、经营成果和现金流量的财务报表。母公司是指有一个或一个以上子公司的企业（或主体，下同），子公司是指被母公司控制的企业。

  合并报表的会计主体是经济意义上的主体，而不是法律意义上的主体，反映的内容是母公司和子公司所组成的企业集团整体的财务状况和经营成果等，反映的对象是由若干个法人组成的会计主体。

  合并报表是由企业集团对其他企业有控制权的控股公司或母公司编制，并不是企业集团中所有企业都必须编制合并会计报告，更不是社会上所有企业都需要编制合并会计报表。

  合并财务报表至少应当包括合并资产负债表、合并利润表、合并现金流量表、合并所有者权益（或股东权益，下同）变动表和附注。

一、合并范围与程序

（一）合并范围

合并财务报表的合并范围应当以控制为基础予以确定。

▶ 1. 控制的含义

控制，是指投资方拥有对被投资方的权力，通过参与被投资方的相关活动而享有可变回报，并且有能力运用对被投资方的权力影响其回报金额。

相关活动，是指对被投资方的回报产生重大影响的活动。被投资方的相关活动应当根据具体情况进行判断，通常包括商品或劳务的销售和购买、金融资产的管理、资产的购买和处置、研究与开发活动以及融资活动等。

▶ 2. 控制的具体应用

（1）投资方应当在综合考虑所有相关事实和情况的基础上对是否控制被投资方进行判断。一旦相关事实和情况的变化导致对控制定义所涉及的相关要素发生变化的，投资方应当进行重新评估。相关事实和情况主要包括：

① 被投资方的设立目的。

② 被投资方的相关活动以及如何对相关活动做出决策。

③ 资方享有的权利是否使其目前有能力主导被投资方的相关活动。

④ 投资方是否通过参与被投资方的相关活动而享有可变回报。

⑤ 投资方是否有能力运用对被投资方的权力影响其回报金额。

⑥ 投资方与其他方的关系。

（2）投资方享有现时权利使其目前有能力主导被投资方的相关活动，而不论其是否实际行使该权利，视为投资方拥有对被投资方的权力。

（3）两个或两个以上投资方分别享有能够单方面主导被投资方不同相关活动的现时权利的，能够主导对被投资方回报产生最重大影响的活动的一方拥有对被投资方的权力。

（4）投资方在判断是否拥有对被投资方的权力时，应当仅考虑与被投资方相关的实质性权利，包括自身所享有的实质性权利以及其他方所享有的实质性权利。

实质性权利，是指持有人在对相关活动进行决策时有实际能力行使的可执行权利。判断一项权利是否为实质性权利，应当综合考虑所有相关因素，包括权利持有人行使该项权利是否存在财务、价格、条款、机制、信息、运营、法律法规等方面的障碍；当权利由多方持有或者行权需要多方同意时，是否存在实际可行的机制使得这些权利持有人在其愿意的情况下能够一致行权；权利持有人能否从行权中获利等。

某些情况下，其他方享有的实质性权利有可能会阻止投资方对被投资方的控制。这种实质性权利既包括提出议案以供决策的主动性权利，也包括对已提出议案做出决策的被动性权利。

（5）仅享有保护性权利的投资方不拥有对被投资方的权力。保护性权利，是指仅为了保护权利持有人利益却没有赋予持有人对相关活动决策权的一项权利。保护性权利通常只能在被投资方发生根本性改变或某些例外情况发生时才能够行使，它既没有赋予其持有人对被投资方拥有权力，也不能阻止其他方对被投资方拥有权力。

（6）除非有确凿证据表明其不能主导被投资方相关活动，下列情况，表明投资方对被投资方拥有权力。

① 投资方持有被投资方半数以上的表决权的。

② 投资方持有被投资方半数或以下的表决权，但通过与其他表决权持有人之间的协议能够控制半数以上表决权的。

（7）投资方持有被投资方半数或以下的表决权，但综合考虑下列事实和情况后，判断投资方持有的表决权足以使其目前有能力主导被投资方相关活动的，视为投资方对被投资方拥有权力。

① 投资方持有的表决权相对于其他投资方持有的表决权份额的大小，以及其他投资方持有表决权的分散程度。

② 投资方和其他投资方持有的被投资方的潜在表决权，如可转换公司债券、可执行认股权证等。

③ 其他合同安排产生的权利。

④ 被投资方以往的表决权行使情况等其他相关事实和情况。

（8）当表决权不能对被投资方的回报产生重大影响时，如仅与被投资方的日常行政管理活动有关，并且被投资方的相关活动由合同安排所决定，投资方需要评估这些合同安排，以评价其享有的权利是否足够使其拥有对被投资方的权力。

（9）某些情况下，投资方可能难以判断其享有的权利是否足以使其拥有对被投资方的权力。在这种情况下，投资方应当考虑其具有实际能力以单方面主导被投资方相关活动的证据，从而判断其是否拥有对被投资方的权力。投资方应考虑的因素包括但不限于下列事项。

① 投资方能否任命或批准被投资方的关键管理人员。

② 投资方能否出于其自身利益决定或否决被投资方的重大交易。

③ 投资方能否掌控被投资方董事会等类似权力机构成员的任命程序，或者从其他表决权持有人手中获得代理权。

④ 投资方与被投资方的关键管理人员或董事会等类似权力机构中的多数成员是否存在关联方关系。

⑤ 投资方与被投资方之间存在某种特殊关系的，在评价投资方是否拥有对被投资方的权力时，应当适当考虑这种特殊关系的影响。特殊关系通常包括：被投资方的关键管理人员是投资方的现任或前任职工、被投资方的经营依赖于投资方、被投资方活动的重大部分有投资方参与其中或者是以投资方的名义进行、投资方自被投资方承担可变回报的风险或享有可变回报的收益远超过其持有的表决权或其他类似权利的比例等。

（10）投资方自被投资方取得的回报可能会随着被投资方业绩而变动的，视为享有可变回报。投资方应当基于合同安排的实质而非回报的法律形式对回报的可变性进行评价。

（11）投资方在判断是否控制被投资方时，应当确定其自身是以主要责任人还是代理人的身份行使决策权，在其他方拥有决策权的情况下，还需要确定其他方是否以其代理人的身份代为行使决策权。

代理人仅代表主要责任人行使决策权，不控制被投资方。投资方将被投资方相关活动的决策权委托给代理人的，应当将该决策权视为自身直接持有。

（12）在确定决策者是否为代理人时，应当综合考虑该决策者与被投资方以及其他投资方之间的关系。

存在单独一方拥有实质性权利可以无条件罢免决策者的，该决策者为代理人。

除此以外的情况下，应当综合考虑决策者对被投资方的决策权范围、其他方享有的实质性权利、决策者的薪酬水平、决策者因持有被投资方中的其他权益所承担可变回报的风险等相关因素进行判断。

(13) 投资方通常应当对是否控制被投资方整体进行判断。但极个别情况下，有确凿证据表明同时满足下列条件并且符合相关法律法规规定的，投资方应当将被投资方的一部分(以下简称"该部分")视为被投资方可分割的部分(单独主体)，进而判断是否控制该部分(单独主体)。

该部分的资产是偿付该部分负债或该部分其他权益的唯一来源，不能用于偿还该部分以外的被投资方的其他负债。

除与该部分相关的各方外，其他方不享有与该部分资产相关的权利，也不享有与该部分资产剩余现金流量相关的权利。

(14) 母公司应当将其全部子公司(包括母公司所控制的单独主体)纳入合并财务报表的合并范围。

如果母公司是投资性主体，则母公司应当仅将为其投资活动提供相关服务的子公司(如有)纳入合并范围并编制合并财务报表；其他子公司不应当予以合并，母公司对其他子公司的投资应当按照公允价值计量且其变动计入当期损益。

(15) 当母公司同时满足下列条件时，该母公司属于投资性主体。

① 该公司是以向投资者提供投资管理服务为目的，从一个或多个投资者处获取资金。

② 该公司的唯一经营目的，是通过资本增值、投资收益或两者兼有而让投资者获得回报。

③ 该公司按照公允价值对几乎所有投资的业绩进行考量和评价。

(16) 母公司属于投资性主体的，通常情况下应当符合下列所有特征。

① 拥有一个以上投资。

② 拥有一个以上投资者。

③ 投资者不是该主体的关联方。

④ 其所有者权益以股权或类似权益方式存在。

(17) 投资性主体的母公司本身不是投资性主体，则应当将其控制的全部主体，包括那些通过投资性主体所间接控制的主体，纳入合并财务报表范围。

(18) 当母公司由非投资性主体转变为投资性主体时，除仅将为其投资活动提供相关服务的子公司纳入合并财务报表范围编制合并财务报表外，企业自转变日起对其他子公司不再予以合并，并参照本准则第四十九条的规定，按照视同在转变日处置子公司但保留剩余股权的原则进行会计处理。

当母公司由投资性主体转变为非投资性主体时，应将原未纳入合并财务报表范围的子公司于转变日纳入合并财务报表范围，原未纳入合并财务报表范围的子公司在转变日的公允价值视同为购买的交易对价。

(二) 合并程序

(1) 统一会计政策和会计期间

境外子公司发生的交易或事项，我国企业会计准则未做出规范的，可以在符合基本准则的原则下，按照国际财务报告准则进行调整后，并入境内母公司合并财务报表的相关项目。

(2) 编制合并工作底稿

将母公司和所有子公司的个别报表各项目的数据全部过入同一合并工作底稿。

（3）编制调整分录和抵销分录

处理内部交易事项，目的在于将个别财务报表项目的加总金额中重复的因素予以抵销。在合并工作底稿中编制分录，阶级或待机的均为财务报表项目，而不是具体的会计科目。

（4）计算合并财务报表各项目的合并金额

① 资产类各项目。在项目加总金额的基础上，加上该项目抵销分录有关的借方发生额，减去该项目抵销分录有关的贷方发生额计算确定。

② 负债类和所有者权益类项目。在项目加总金额的基础上，加上该项目抵销分录有关的贷方发生额，减去该项目抵销分录有关的借方发生额计算确定。

③ 有关收入类和有关所有者权益变动各项目。在该项目加总金额基础上，加上该项目抵销分录有关的贷方发生额，减去该项目抵销分录有关的借方发生额计算确定。

④ 有关费用类项目。在项目加总金额的基础上，加上该项目抵销分录有关的借方发生额，减去该项目抵销分录有关的贷方发生额计算确定。

（5）填列正式合并财务报表。

二、常见的母子公司之间的内部抵销事项

母公司和子公司之间发生的业务放在整个企业集团的角度看，实际相当于企业内部资产的转移，没有发生损益，而在各自的财务报表中分别确认了损益；在编制合并财务报表时应该编制调整分录和抵销分录将有关项目的影响予以抵销。

▶ 1. 与母公司对子公司长期股权投资项目直接有关的抵销处理

（1）母公司对子公司长期股权投资项目与子公司所有者权益项目的调整和抵销。

（2）母公司内部投资收益与子公司期初、期末未分配利润及利润分配项目的抵销。

▶ 2. 与企业集团内部债权债务项目有关的抵销处理

（1）内部债权债务的抵销。涉及应收账款与应付账款、应收票据与应付票据、预付账款与预收账款、持有至到期投资与应付债券投资、其他应收款与其他应付款等。

（2）内部利息收入与利息支出的抵销。

▶ 3. 与企业集团内部购销业务有关的抵销处理

（1）内部商品交易。内部销售收入与存货中包括的未实现内部利润的抵销。

（2）内部固定资产、无形资产交易。内部固定资产、无形资产原值和累计折旧、摊销中包含的未实现内部利润的抵销。

▶ 4. 相关的减值准备的抵销

因内部购销和内部利润导致坏账准备、存货、固定资产、无形资产、长期股权投资等计提减值准备的抵销。

三、合并资产负债表等（除现金流量表外）相关事项分录的编制

合并财务报表的编制，其一开始就涉及调整。编制者按照母公司的标准对母子公司相关的业务和事项进行调整。调整是为抵销做基础准备的。这些工作在以后的若干年仍然会起作用。也就是说，若干年后的会计人员在编制合并财务报表的时候，仍然要考虑你在第一次做的某些调整分录。

（一）内部投资的抵销

▶ 1. 母公司的长期股权投资与子公司所有者权益的抵销

1）对子公司的个别财务报表进行调整

长期股权投资有两种类型，同一控制下企业合并取得的子公司和非同一控制下企业合并取得的子公司。

对于同一控制下企业合并中取得的子公司，其采用的会计政策、会计期间与母公司一致的情况下，编制合并财务报表时，应以有关子公司的个别财务报表为基础，不需要进行调整；子公司采用的会计政策、会计期间与母公司不一致的情况下，则需要考虑重要性原则，按照母公司的会计政策和会计期间，对子公司的个别财务报表进行调整。即不需要将子公司的个别财务报表调整为公允价值反映的财务报表，只需要抵销内部交易对合并财务报表的影响即可。

对于非同一控制下企业合并中取得的子公司，除应考虑会计政策及会计期间的差别，需要对子公司的个别财务报表进行调整外；还应当根据母公司在购买日设置的备查簿中登记的该子公司有关可辨认资产、负债的公允价值，对子公司的个别财务报表进行调整，使子公司的个别财务报表反映为在购买日公允价值基础上确定的可辨认资产、负债等在本期资产负债表日应有的金额，并将对子公司的长期股权投资调整为权益法（调整分录）

如果不按照权益法调整，投资单位的长期股权投资仍然是按照其成本法核算，而被投资单位的所有者权益是处于变动状态的。它们各自确认的部分是不相等的，如何进行抵销？

调整步骤如下：

（1）以合并日为基础确认被合并方资产负债公允价值和合并商誉。注意调整账面价值与公允价值的差额。

（2）按权益法对被投资方净利润做出调整，按调整后的净利润确认成本法与权益法的投资收益差额。

借：长期股权投资

　　贷：投资收益

（3）收到现金股利。

借：投资收益

　　贷：长期股权投资

（4）子公司除净损益外的所有者权益的其他变动。

借（或贷）：长期股权投资

　　　　贷（或借）：资本公积——其他资本公积

2）长期股权投资与子公司所有者权益的抵销处理

从企业集团整体来看，母公司对子公司的长期股权投资相当于母公司将资本划拨下属核算单位，不引起集团资产、负债和所有者权益的增减变动。

借：（子公司）所有者权益各项目

　　贷：（母公司）长期股权投资

这里仍需要考虑两方面的问题：

（1）母公司对子公司的控股不一定是100%，假设拥有子公司80%的股权，即子公司所有者权益中 20% 部分不是属于母公司，作为"少数股东权益"即可。

借：（子公司）所有者权益各项目

贷：（母公司）长期股权投资

少数股东权益

（2）商誉的问题。在初始投资时，母公司的长期股权投资初始成本不一定与应享有的被投资单位可辨认净资产的公允价值份额一致；如果母公司长期股权投资初始成本大，前期处理是视同商誉，不作调整；如果母公司长期投资初始成本小，其差额作为营业外收入处理。

长期股权投资与子公司所有者权益的抵销处理如下。

借：股本

资本公积——年初

——本年

盈余公积——年初

——本年

未分配利润——年末

商誉

贷：长期股权投资

少数股东权益

说明：所有者权益分年初、本年单列，是为了编制所有者权益变动表的需要。

▶ 2. 母公司投资收益与子公司利润分配的抵销

子公司持续经营过程中的利润按持股比例计算就形成母公司的投资收益。如果将母子公司作为一个整体来看，就没有所谓的投资收益，而应将子公司的营业收入、营业成本和期间费用视为母公司的营业收入、营业成本和期间费用来看。所以在编制合并会计报表时，应该将对子公司长期股权投资的投资收益予以抵销。

从子公司角度看，本年实现净利润有三个去向：提取盈余公积、对所有者的分配、未分配利润，这三个部分也要予以抵销。

抵销分录如下。

借：投资收益

贷：提取盈余公积

对所有者的分配

未分配利润

如果存在少数股东情况，借方加上"少数股东权益"；另外，为编制所有者权益变动表，未分配利润应该分解为"年末""年初"，也可以看作是对长期股权投资与子公司所有者权益的抵销分录的说明。

调整之后的分录变为：

借：投资收益

少数股东权益

未分配利润——年初

贷：提取盈余公积

　　对所有者的分配

　　未分配利润——年末

在连续编制合并财务报表情况下，应怎样编制调整分录？

假如2017年某集团公司编制了涉及长期股权投资的合并财务报表，这一事件是连续的，2018年连续编制合并财务报表。2017年编制合并报表时根据调整分录把涉及项目的期末余额都进行了调整；2018年编制的合并财务报表是根据2018年母公司、子公司的单独财务报表编制的，它们的期初数并没有根据2017年编制合并报表时的调整数进行调整，也就是说我们得到的资料中2018年期初数和2017年期末数是不一致的，那么在编制报表前应该把它们调整一致。

很简单，把2017年的调整分录照抄下来，只是将涉及利润的部分替换为"未分配利润—年初"。这样调整后的期初、期末余额是一致的，再根据本年发生的事项做正常的调整分录即可。

（二）存货内部交易的抵销

▶ **1. 当年内部购进商品并形成存货情况下**

[**例 8-11**] 母公司将成本为 800 000 元的存货出售给子公司，价格 1 000 000 元。母公司确认收入 1 000 000 元、成本 800 000 元，子公司确认存货 1 000 000 元。站在集团整体角度，集团内部企业之间的商品购销活动相当于企业内部的物资调拨活动，不应该确认收入、成本，也不能确认存货价值中虚增的 200 000 元，虚增的 200 000 元实质是"存货价值中包含的未实现内部损益"。

抵销分录如下。

抵销内部销售实现的收入与成本：

借：营业收入　　　　　　　　　　　　　　　　　　　　　1 000 000

　　贷：营业成本　　　　　　　　　　　　　　　　　　　　　1 000 000

抵销内部购进存货价值中包含的未实现内部销售损益：

借：营业成本　　　　　　　　　　　　　　　　　　　　　　200 000

　　贷：存货　　　　　　　　　　　　　　　　　　　　　　　200 000

同时，该存货可抵扣暂时性差异的递延所得税影响 $20 \times 25\% = 5$（万元）。

借：递延所得税资产　　　　　　　　　　　　　　　　　　　50 000

　　贷：所得税费用　　　　　　　　　　　　　　　　　　　　50 000

这里可能会存在几种变化：

（1）如果子公司将存货以 110 万元的价格将存货全部销售出去了。如何编制抵销分录？首先看母、子公司的业务分录。

母公司：

借：银行存款　　　　　　　　　　　　　　　　　　　　　1 000 000

　　贷：营业收入　　　　　　　　　　　　　　　　　　　　　1 000 000

借：营业成本　　　　　　　　　　　　　　　　　　　　　800 000

　　贷：存货　　　　　　　　　　　　　　　　　　　　　　　800 000

子公司：

借：存货　　　　　　　　　　　　　　　　　　　　　　　1 000 000

　　　　贷：银行存款　　　　　　　　　　　　　　　　　　　　　　1 000 000
　　借：银行存款　　　　　　　　　　　　　　　　1 100 000
　　　　贷：营业收入　　　　　　　　　　　　　　　　　　　　　　1 100 000
　　借：营业成本　　　　　　　　　　　　　　　　1 000 000
　　　　贷：存货　　　　　　　　　　　　　　　　　　　　　　　　1 000 000

将上述分录汇总，收入、成本与事实不符，多确认了 100 万元，应该编制的抵销分录如下。

　　借：营业收入　　　　　　　　　　　　　　　　1 000 000
　　　　贷：营业成本　　　　　　　　　　　　　　　　　　　　　　1 000 000

（2）如果当年购入的存货留一部分卖一部分呢？

首先假定全部出售：

　　借：营业收入
　　　　贷：营业成本

再对留存存货的虚增价值进行抵销。

　　借：营业成本
　　　　贷：存货
　　借：递延所得税资产
　　　　贷：所得税费用

▶ **2. 连续编制合并报表时内部购进商品的抵销处理**

1）对于上期购进商品全部实现对外销售的情况

由于不涉及内部存货价值中包含的未实现损益的抵销处理，在本期连续编制合并报表时不涉及对其进行处理的问题。

2）对于上期内部购进并形成期末存货的情况

上期编制合并财务报表时抵销的内部购进存货中包含的未实现内部销售损益，对本期的期初未分配利润产生影响。在连续编制合并财务报表时，首先应该将上期抵销的存货价值中包含的未实现内部损益对本期期初未分配利润的影响予以抵销，调整本期期初未分配利润的金额；然后再对本期内部购进存货进行抵销处理。

（1）将上期抵销的存货价值中包含的未实现内部销售损益对本期期初未分配利润的影响进行抵销。

　　借：未分配利润——年初（期初存货中包含的未实现损益）
　　　　贷：存货

（2）本期发生的内部购销活动，按内部销售收入。

　　借：营业收入
　　　　贷：营业成本

（3）期末内部购销的存货中包含的未实现内部销售损益予以抵销。

　　借：营业成本
　　　　贷：存货

▶ **3. 考虑所得税的影响**

站在集团整体角度，没有实现销售收入，销售方因销售收入缴纳的所得税在未来期间可以抵减,应该作为一项递延所得税资产。编制合并财务报表的分录如下。

借:递延所得税资产

　　贷:所得税费用

如果是连续编制合并财务报表,期初应该调整未分配利润,分录如下。

借:递延所得税资产

　　贷:未分配利润——年初

▶ **4. 考虑存货跌价准备**

个别财务报表的存货跌价准备是站在个别公司角度认定应提或应冲额,在编制合并财务报表时应该站在整体的角度再认定,两个数额比较,再来确定应该补提还是应该冲减的数额。

借:存货——存货跌价准备

　　贷:资产减值损失

比如说对于子公司来说,一项内部交易存货的入账价值为100,从母公司角度,真实成本为80,如果可变现净值为60,那么从子公司角度应该计提减值＝100－60＝40,母公司角度应该计提减值＝80－60＝20,所以合并报表就应把多计提的减值＝40－20＝20转回。

如果涉及所得税问题,应该相应将个别公司确认的递延所得税资产或负债进行调整。

借:所得税费用

　　贷:递延所得税资产

(三) 内部固定资产交易的抵销处理

▶ **1. 集团内部企业将自身生产的产品销售给其他企业作为固定资产使用时**

对于内部交易形成的固定资产,不仅需要在交易当期进行抵销处理,而且在以后使用期间也需要进行抵销处理。固定资产原价——折旧——减值准备——所得税。

第一年:

(1) 将与内部交易形成的固定资产包含的未实现内部销售损益予以抵销。

借:营业收入(内部销售企业的不含税收入)

　　贷:营业成本(内部销售企业的成本)

　　　　固定资产——原价(内部购进企业多计的原价)

(2) 将内部交易形成的固定资产当期多计提的折旧费和累计折旧(或少提的折旧费和累计折旧)予以抵销。

借:固定资产——累计折旧

　　贷:管理费用(管理用固定资产)

(3) 确认该固定资产可抵扣暂时性差异的递延所得税影响。

借:递延所得税资产

　　贷:所得税费用

第二年:

(1) 按照原价中包含的未实现内部损益,调整期初未分配利润。

借:未分配利润——年初

　　贷:固定资产——原价

（2）将内部交易形成的固定资产上期和本期多计提的折旧费和累计折旧予以抵销，以调整期初未分配利润。

借：固定资产——累计折旧

贷：未分配利润——年初（以前会计期间、上年多计提部分）

管理费用（管理用资产本年多计提部分）

（3）确认递延所得税资产。

借：递延所得税资产

所得税费用（差额）

贷：未分配利润——年初

所得税费用（差额）

以后各年处理同第二年。

▶ 2. 集团企业将其自用的固定资产出售给其他企业时

销售方行为属于固定资产处置行为。从整个企业集团来看，这一交易，既不能产生收益，也不会发生损失；固定资产既不能增值，也不会减值。因此，必须将销售企业因该内部交易所实现的固定资产处置损益予以抵销，同时将购买企业固定资产原价中所包含的未实现内部销售损益予以抵销。抵销后，合并财务报表中该资产的原价仍然以销售企业的原账面价值反映。

第一年：

（1）处置损益。

借：营业外收入

贷：固定资产——原价

或：借：固定资产——原价

贷：营业外支出

（2）确认应纳税暂时性差异的递延所得税影响。

借：递延所得税资产

贷：所得税费用

或：借：所得税费用

贷：递延所得税负债

（3）计提折旧。

借：固定资产——累计折旧

贷：管理费用

在固定资产清理期间如果仍然计提了折旧，则本期计提的折旧费中仍然包含多计提的折旧额，需要将多计提的折旧额予以抵销。

第二年：

（1）未实现损益。

借：未分配利润——年初

贷：固定资产——原价

（2）上年折旧及本年计提折旧。

借：固定资产——累计折旧

贷：未分配利润——年初

管理费用

（3）上年确认的递延所得税资产和本年确认数。

借：递延所得税资产

所得税费用

贷：未分配利润——年初

无形资产原价中包含的未实现内部销售利润的抵销，比照固定资产原价中包含的未实现内部销售利润抵销的处理方法。

（四）内部债权债务的抵销

以应收账款与应付账款的抵销处理为例（其他类比）。

[例 8-12] 2020 年 A 公司投资于 B 公司，占 B 公司表决权资本 80%，A 公司所得税税率为 25%，税法规定计提的资产减值损失不得税前扣除。A、B 公司均采用应收账款余额百分比法计提坏账准备，计提比例 1%，有关资料如下。

(1) 2020 年 A 公司应收账款中对 B 公司应收账款为 2 000 万元（含增值税）；

(2) 2021 年 A 公司应收账款中对 B 公司应收账款为 5 000 万元（含增值税）；

（1）第一年初次编制合并报表的抵销处理。

① 将内部应收账款与应付账款相互抵销。

借：应付账款　　　　　　　　　　　　　　　　　20 000 000

　　贷：应收账款　　　　　　　　　　　　　　　　　　　20 000 000

② 将内部应收账款计提的坏账准备予以抵销。

借：应收账款——坏账准备　　　　　（20 000 000×1%）200 000

　　贷：资产减值损失　　　　　　　　　　　　　　　　　200 000

③ 抵销递延所得税资产。

借：所得税费用　　　　　　　　　　　（200 000×25%）50 000

　　贷：递延所得税资产　　　　　　　　　　　　　　　　50 000

（2）第二年连续编制合并报表时的账务处理。

① 将本期内部应收账款与应付账款相互抵销：

借：应付账款　　　　　　　　　　　　　　　　　50 000 000

　　贷：应收账款　　　　　　　　　　　　　　　　　　　50 000 000

② 将上期内部应收账款计提的坏账准备予以抵销，同时调整本期初未分配利润的数额；即按上期资产减值损失项目中抵销的内部应收账款计提的坏账准备的金额：

借：应收账款——坏账准备　　　　　　　　　　　　200 000

　　贷：未分配利润——年初　　　　　　　　　　　　　　200 000

同时，按照本期个别资产负债表中期末内部应收账款相对应的坏账准备的增加额，将本期内部应收账款冲销的坏账准备予以抵销：

借：应收账款——坏账准备　（50 000 000×1%－20 000 000×1%）300 000

　　贷：资产减值损失　　　　　　　　　　　　　　　　　300 000

如果是减少额，则做相反分录。

③ 抵销递延所得税资产

借：未分配利润——年初　　　　　　　　　　　　　　（200 000×25%）50 000

　　贷：递延所得税资产　　　　　　　　　　　　　　　　　　　　　　50 000

借：所得税费用　　　　　　　　　　　　　　　　　　（300 000×25%）75 000

　　贷：递延所得税资产　　　　　　　　　　　　　　　　　　　　　　75 000

（3）第三年编制报表时，必须将第二年内部应收账款期末余额相对应的坏账准备予以抵销，以调整期初未分配利润的金额；然后计算确定本期坏账准备增减变动的金额，并将其抵销。抵销分录同第二年。

四、合并现金流量表

《企业会计准则31号——现金流量表》明确规定应当采用直接法列示经营活动产生的现金流量。该法以合并利润表有关项目的数据为基础，调整计算本期的现金流入和现金流出。

需要说明的是，某些现金流量在进行抵销处理后，需站在集团的角度，重新对其进行分类。例如，母公司持有子公司向其购买商品所开具的商业承兑汇票向商业银行申请贴现，母公司所取得现金在其个别现金流量表反映为经营活动的现金流入，在将该内部商品销售活动所产生的债权债务抵销后，母公司向商业银行申请贴现取得的现金在合并现金流量表中应重新归类为筹资活动的现金流量列示。

（1）企业集团内部当期以现金投资或收购股权增加的投资所产生的现金流量的抵销处理。

借：取得子公司及其他营业单位支付的现金净额

　　贷：吸收投资收到的现金

（2）企业集团内部当期取得投资收益收到的现金与分配股利、利润或偿付利息支付的现金的抵销处理。

借：分配股利、利润或偿付利息支付的现金

　　贷：取得投资收益收到的现金

（3）企业集团内部当期销售商品所产生的现金流量的抵销处理。

借：购买商品、接受劳务支付的现金

　　贷：销售商品、提供劳务收到的现金

（4）企业集团内部处置固定资产等收回的现金净额与购建固定资产等支付的现金的抵销处理。

借：购建固定资产、无形资产和其他长期资产支付的现金

　　贷：处置固定资产、无形资产和其他长期资产收回的现金净额

五、报告期内增减资公司的处理

▶ 1. 增加子公司

应区分同一控制和非同一控制。

（1）同一控制下要调整合并资产负债表的期初数，应当将该子公司合并当期期初至报告期末的收入、费用、利润纳入合并利润表，应当将该子公司合并当期期初至报告期末的现金流量纳入合并现金流量表。

（2）非同一控制下不应调整合并资产负债表的期初数，应当将该子公司购买日至报告期末的收入、费用、利润纳入合并利润表，应当将该子公司购买日至报告期末的现金流量纳入合并现金流量表。

▶ 2. 处置子公司

不需要区分同一控制和非同一控制，不应当调整合并资产负债表的期初数，应当将该子公司期初至处置日的收入、费用、利润纳入合并利润表，应将该子公司期初至处置日的现金流量纳入合并现金流量表。

参 考 文 献

[1] 程姣. 施工企业会计易犯的 72 个错误[M]. 北京：中国电力出版社，2015.

[2] 白蓉，安淑名，马静怡. 施工企业会计[M]. 北京：机械工业出版社，2014.

[3] 平准. 施工企业会计核算与纳税实务[M]. 北京：人民邮电出版社，2014.

[4] 田凤英，陈跃辉. 施工企业会计项目化精解[M]. 北京：化学工业出版社，2014.

[5] 丁元霖. 施工企业会计[M]. 北京：北京交通大学出版社，2012.

[6] 李志远，黄芳，陈晨. 施工企业会计[M]. 北京：中国市场出版社，2010.

[7] 周龙腾. 施工会计[M]. 北京：中国宇航出版社，2014.

[8] 赵庚学. 施工企业财务管理与会计实务[M]. 北京：中国财政经济出版社，2012.

[9] 孙丙义. 施工企业工程项目目标责任成本管理应用研究[D]. 2012.